U0612685

马克思主义
研究文库

解释学内部之争与马克思
交往实践观

赵全洲 著

SPM 南方出版传媒·广东人民出版社

·广州·

图书在版编目（CIP）数据

解释学内部之争与马克思交往实践观 / 赵全洲著. —广州：广东人民出版社，2021.12

（马克思主义研究文库）

ISBN 978-7-218-14955-4

Ⅰ. ①解… Ⅱ. ①赵… Ⅲ. ①阐释学 ②马克思主义—人际关系学—研究 Ⅳ. ① B089.2 ② A811.64

中国版本图书馆 CIP 数据核字（2021）第 033484 号

JIESHIXUE NEIBU ZHI ZHENG YU MAKESI JIAOWANG SHIJIANGUAN

解释学内部之争与马克思交往实践观

赵全洲 著　　　　　　　　　　　　　　　　　版权所有　翻印必究

出 版 人：肖风华

出版统筹：卢雪华
责任编辑：伍茗欣　李宜励
装帧设计：书窗设计工作室
责任技编：吴彦斌　周星奎

出版发行：广东人民出版社
地　　址：广州市海珠区新港西路 204 号 2 号楼（邮政编码：510300）
电　　话：（020）85716809（总编室）
传　　真：（020）85716872
网　　址：http://www.gdpph.com
印　　刷：广州市豪威彩色印务有限公司
开　　本：787mm×1092mm　1/16
印　　张：17.25　字　　数：265千
版　　次：2021年12月第1版
印　　次：2021年12月第1次印刷
定　　价：59.00元

如发现印装质量问题，影响阅读，请与出版社（020-85716849）联系调换。
售书热线：020-85716826

马克思主义研究文库

编委会

危旭芳	庄伟光	关　锋
严金海	吴灿新	吴育林
沈成飞	张　宁	张其学
陈金龙	易　钢	周　云
周　霞	郑奋明	胡小勇
胡国胜	袁建新	袁洪亮
柴　盈	徐长福	涂良川
黄铁苗	梁育民	魏海苓

（以姓氏笔画为序）

总　序

　　马克思主义深刻揭示了自然界、人类社会、人类思维发展的普遍规律，是科学的理论、人民的理论、实践的理论，为人类社会发展进步指明了方向。这一理论，犹如壮丽的日出，照亮了人类探索历史规律和寻求自身解放的道路。在人类思想史上，还没有哪一种理论像马克思主义那样对人类文明进步产生了如此广泛而巨大的影响。无论时代如何变迁，马克思主义依然显示出科学思想的伟力，依然占据着真理和道义的制高点，人类社会仍然生活在马克思所阐明的发展规律之中。

　　一个民族要走在时代前列，就一刻不能没有理论思维，一刻不能没有思想指引。当今世界正经历百年未有之大变局，我国正处于实现中华民族伟大复兴的关键时期。中华民族要实现伟大复兴，同样一刻也不能没有理论思维和思想指引。马克思主义是我们认识世界、把握规律、追求真理、改造世界的强大思想武器，是党和人民事业不断发展的参天大树之根本，是党和人民不断奋进的万里长河之源泉，是我们党和国家必须始终遵循的指导思想。新时代，我们仍然要学习和实践马克思主义，坚持马克思主义在意识形态领域指导地位的根本制度，确保中华民族伟大复兴的巨轮始终沿着正确航向破浪前行。

理论的生命力在于不断创新。我们党的历史，就是一部不断推进马克思主义中国化的历史，就是一部不断推进理论创新、进行理论创造的历史，推动马克思主义不断发展是中国共产党人的神圣职责。为深入推进马克思主义理论研究、马克思主义经典著作研究、马克思主义中国化研究，特别是当代中国马克思主义、21世纪马克思主义研究，不断赋予马克思主义新的生机和活力，推动马克思主义不断焕发出强大的生命力、创造力、感召力，放射出更加灿烂的真理光芒，引导人们不断深化对共产党执政规律、社会主义建设规律、人类社会发展规律的认识，不断增强"四个意识"、坚定"四个自信"、做到"两个维护"，中共广东省委宣传部理论处组织编写了"马克思主义研究文库"丛书。该套丛书作为一个开放性的文库，将定期集中推出一批有分量、有价值、有影响的马克思主义研究学术著作，通过系列研究成果的出版，解答理论之思，回答实践之问，推进我省马克思主义研究，促进哲学社会科学繁荣发展。

"只要进一步发挥我们的唯物主义论点，并且把它应用于现时代，一个强大的、一切时代中最强大的革命远景就会立即展现在我们面前。"在全面建设社会主义现代化国家新征程中，我们要继续高扬马克思主义伟大旗帜，推动马克思、恩格斯设想的人类社会美好前景不断在广东大地、中国大地生动展现出来。

中 篇 伽达默尔与哈贝马斯的论争

下 篇 伽达默尔、哈贝马斯与马克思

导　论

　　本部分主要阐述伽达默尔和哈贝马斯争论的起源与经过，简单介绍国内外对二者学术争论的研究状况以及本著作的框架结构和理论创新之处。

一、论争的源起与经过

汉斯－格奥尔格·伽达默尔（Hans-Georg Gadamer）生于 1900 年，于 2002 年逝世，是德国当代最著名哲学家之一，在哲学界广为人知，他是现代西方哲学解释学的创始人，在解释学的发展史上进行了划时代的变革。伽达默尔的一生经历了一个完整的 20 世纪人类的历史征程和历史变迁，先后经历两次世界大战的苦难以及现代高科技给人类带来的繁荣昌盛和危机与危害。因此，伽达默尔的哲学思想丰富而深邃，他被称为 20 世纪下半叶德国哲学界的泰斗。1960 年，伽达默尔开创哲学解释学，从伽达默尔之后，解释学迅速地渗透并运用到哲学、宗教神学、语言学、美学、历史学、文学批评和法学等各领域，在世界范围内广为传播和流行，赫然成为一门人们最关注的学问之一。

《真理与方法》一书的出版，把伽达默尔卷入了 20 世纪哲学对话的风暴中心。德国著名哲学家尤尔根·哈贝马斯（Jürgen Habermas）无疑成了这场风暴最有力的推波助澜之人。肇始于哈贝马斯《论社会科学的逻辑》一文的两人的争论，围绕着伽达默尔的《真理与方法》一书所提出的"解释学普遍性"与"权威与理性的关系"等重要问题展开了深度对话。

尤尔根·哈贝马斯（Jürgen Habermas，1929 年 6 月 18 日—），也是德国当代最重要的哲学家之一。历任海德堡大学教授、法兰克福大学教授、法兰克福大学社会研究所所长以及德国马普协会生活世界研究所所长。哈贝马斯也是西方马克思主义中法兰克福学派第二代的中坚人物。哈贝马斯对公共领域的形成和瓦解进行了历史性的探讨，对资本主义社会中现代科学技术的地位进行了深入考察，为批判理论制订了一种哲学框架，促使行动理论有了较大的发展，对资本主义社会的危机的类型进行了深入的分析，对社会进化论进行了重新建设。这些都是哈贝马斯在哲学理论上的重大贡献。由于思想庞杂而深刻，体系宏大而完备，哈贝马斯被公认是"当代最有影响力的思想家""当代的黑格尔"和"后工业革命的最伟大的哲学家"，在西方学术界占有举足轻重的地位。

1961 年，哈贝马斯在伽达默尔的推荐下做了德国海德堡大学的编外教授，那时的哈贝马斯在德国法兰克福大学还没有获得教授资格。这一时期，哈贝马斯和伽达默尔一同研究解释学，并对伽达默尔的哲学解释学给予很高的评价，把伽达默尔的哲学解释学作为深入发展自己学说的基础。此时，他们的对话和合作是很有成果的。哈贝马斯于 1964 年到法兰克福接替马克斯·霍克海默（M.Max Horkheimer）的工作，在《认识与旨趣》这篇就职演说中，他表达了对伽达默尔哲学解释学十分赞同的观点，并站在伽达默尔的立场上对威廉·狄尔泰（Wilhelm Dilthey）的传统解释学进行了批判。所以一年以后，在哈贝马斯的推动下，伽达默尔的《真理与方法》一书再版了。可好景不长，两年后即 1967 年哈贝马斯发表的《论社会科学的逻辑》一文却一改以前对伽达默尔哲学解释学的态度，开始对哲学解释学提出质疑。为回答哈贝马斯的质疑，伽达默尔紧随其后，于同年发表了《修辞学、诠释学和意识形态批判》一文，通过针对性回答哈贝马斯的挑战展开了两个人为时不短的大论争。哈贝马斯认为理性和权威、传统是相对立的，伽达默尔为传统和权威正名，立场是保守的。伽达默尔把理解的真理与科学研究的方法对立起来，必将走进相对主义的泥潭。伽达默尔注重解释学的本体论地位，否定只把解释学作为一种方法的论点。他认为，那种只把解释学作为一种方法是实证主义的倾向，这种倾向必将把解释学退回到以施莱尔马赫和狄尔泰为代表的方法论的解释学的立场上，这将是一种历史的倒退，完全不符合理解中的"效果历史"意识，是一种社会科学中的唯科学论。《诠释学与意识形态批判》一书收录了这场论争的详细资料，记述了论争的整个过程。

内容包括效果历史意识、视域融合、经验的语言性、解释学循环、理性与权威和传统之间的关系以及解释学的范围等问题。

伽达默尔和哈贝马斯在解释学方面的批判与反批判持续进行了好几年，这场论争对他们各自学说的深入发展都起到了很大的推动作用。伽达默尔的哲学解释学思想在论争中逐渐趋向有关现实社会和人生的实践哲学主题，所以伽达默尔晚年更多地研究了有关实践哲学的问题。从总体上看，这场论争并没有真正改变两个人对解释学的根本态度，但是通过这场论争，人们比较真实地认识到了解释学的思想应该包括理解、解释、批判、反思、应用和实践等各要素，而且各要素共同构成了一个不可分割的、有机的、开放的解释学统一体，这就无疑加深了人们对解释学的进一步认识。

二、国内外研究现状

从 20 世纪 80 年代至今，解释学问题一直是国内哲学界所关注的一个热点问题。其中伽达默尔与哈贝马斯的论争成为我国对解释学研究的重点，也可以说是一个出发点。哈贝马斯于 1967 年发表的《论社会科学的逻辑》开始了两个人的论争，随后伽达默尔发表《修辞学、诠释学和意识形态批判》予以回应，直到 20 世纪 70 年代，这场论争还在持续着。哈贝马斯一方的文章有《论社会科学的逻辑》（1967）、《诠释学的普遍性要求》（1970）、《评伽达默尔的〈真理与方法〉》（1971）等。伽达默尔一方的文章有《修辞学、诠释学和意识形态批判》（1967）、《论解释学反思的范围和作用》（1967）、《真理与方法》第三版后记（1972）、《在现象学和辩证法之间 —— 一种自我批判的尝试》（1985）等。国内学者对这场论争产生的原因、具体内容及论争的意义和结果等都进行了广泛的研究，取得了丰硕的研究成果。但总的来看不够系统，比较零散。对于论争对人们的启示、对研究马克思主义哲学有哪些意义等阐述得还不够深入和全面，基本上停留在就论争本身来研究论争和对论争的描述上。

李锦程认为，哈贝马斯的交往理性充分发掘了理性的潜能，但也彻底暴露了理性本身的有限性和非自足性，而在这一点上，伽达默尔的哲学解释学却为他提供了有益的参考，"哈贝马斯囿于理性万能，导致其所构建的基于语言交往的主体脱离了历史唯物主义的实践原则。借助伽达默尔的哲学解释学，我们看到理性的有限性和理解的历史性，也看到了后形而上学时代的主体建构必须恢复为启蒙理性所遮蔽的传统视域"[1]。胡军良认为，哈贝马斯是对伽达默尔的一种继承和批判，他指出，"哈贝马斯在更加纵深的方向上承续伽达默尔的对话之思，批判性地吸收伽达默尔的解释学原则，但却将对话得以可能的条件置于以理性与现代性为主题的社会批判理论的脉络中来进行考察与探究，批判了伽达默尔解释学的历史主义倾向"[2]。杨生平和李鹏认为，哈贝马斯实现了对伽达默尔的批判和超越，"哈贝马斯在哲学解释学异军突起时主动捍卫解释学方法论意义并完成解释学向批判解释学转型，这有着重要的理论与实践意义"[3]。鲁路认为，伽达默尔和哈贝马斯虽然有着激烈的争论，但二者更应该结合起来，相互吸收和借鉴。他指出："哈贝马斯虽然与伽达默尔展开了激烈的争论，但交往理论是批判理论这一流派中最适于同解释学进行对话的理论。这场争论更像一场对话，在这一对话中，解释学有关传统与共识的思想都可为交往理论所吸收与借鉴，充实对批判的认识，限定批判理论主张的普遍有效性，正像批判理论可以限定解释学主张的普遍性、指明解释学有必要发展为实践

① 李锦程：《理性危机与主体重建——哈贝马斯、伽达默尔与泰勒的现代性反思》，《理论界》2018年第2期，第33页。

② 胡军良：《现代西方哲学的"对话"之维：从布伯、伽达默尔到哈贝马斯》，《浙江社会科学》2016年第11期，第77页。

③ 杨生平、李鹏：《论哈贝马斯对伽达默尔解释学的批判》，《哲学动态》2016年第5期，第37页。

哲学一样。解释学与交往理论作为不同的哲学流派，它们彼此之'间'的关系为它们彼此有可能的'共'的关系奠定了基础。"① 陈欣白在《对话与沟通》一书中，分别从历史传统、语言和意识形态等方面，指出"哈贝马斯的批判解释学虽然承认伽达默尔对前见、传统等观点，但是认为伽达默尔过度地重视历史要素而失去了反思和批判的精神，从而将人禁锢于意识形态当中而自己却浑然不知"②。汪行福的《解释学：意义理解还是意识形态批判？》③ 则以解释学和意识形态批判为核心，揭示了两类解释学所包含的不同的起源、目的与任务。汪行福是以伽达默尔与哈贝马斯对待理性与传统的不同态度着手进行阐述的。龚群在《哲学诠释学的方法论问题》④ 一文中，对《真理与方法》和《论社会科学的逻辑》两部著作的内容进行了比较研究，对解释学方法问题进行深入探讨。傅永军在《批判的社会知识何以可能？——伽达默尔和哈贝马斯的诠释学论争与批判理论基础的重建》⑤ 一文中，对哈贝马斯的批判解释学进行了大量研究与较为深入的阐述，并从哈贝马斯和伽达默尔的解释学论争的角度，认为哈贝马斯的批判解释学在理性证成批判基础问题上起到关键性作用。

国外对伽达默尔与哈贝马斯论争的研究较之国内要相对深刻一些。比如保罗·利科尔（Paul Ricoeur）的研究不是停留在伽达默尔与哈贝马斯之间的争论的表面，而是从深层次上认为这场论争是18世纪的浪漫主义和启蒙精神斗争的继续，是在新的历史境遇中传统主义和理性主义交锋的一

---

① 鲁路：《对话与交往——伽达默尔与哈贝马斯之争的一个角度》，《山东社会科学》2010年第8期，第6页。

② 陈欣白：《对话与沟通》，扬智文化实业股份有限公司2003年版，第85页。

③ 汪行福：《解释学：意义理解还是意识形态批判》，《复旦学报》（社会科学版）1995年第6期，第15页。

④ 龚群：《哲学诠释学的方法论问题》，《哲学动态》2001年第2期，第42–45页。

⑤ 傅永军：《批判的社会知识何以可能？——伽达默尔和哈贝马斯的诠释学论争与批判理论基础的重建》，《文史哲》2006年第1期，第136–144页。

种新的表现形式。但总体上来说，国外学者还只是站在自己的哲学立场上来研究，缺乏历史唯物主义的维度，也不可能看到这场论争对研究马克思主义哲学的意义。哈灵顿（Austin Harrington）在《解释学对话与社会科学：对伽达默尔和哈贝马斯的批判》（Hermeneutic Dialogue and Social Science:A Critique of Gadamer and Habermas）① 中，认为伽达默尔与哈贝马斯的解释学是有一些明显差别的，但两个人也有一些相同和相似的地方。相同的地方表现在他们在基本立场上都坚持了对话，相似的地方表现在他们对解释学对话的批判上。哈灵顿认为，伽达默尔和哈贝马斯都强调了对话的实效性和有效性，都认为社会科学与自然科学不同，是对文化生活进行解释的一门学科。这与自然科学所追求的"客观性"是完全不同的。解释学的对话要在参与者本身负载的文化背景下展开，这是社会科学与自然科学的根本区别，解释学作为社会科学必须坚持积极的解释对话的原则和态度，才能使社会科学驱散笼罩在自己头上的自然科学的阴霾。提更斯（Demetrius Teigas）在《知识与解释理解：哈贝马斯—伽达默尔论战研究》（Knowledge and Hermeneutic Understanding:A Study of the Habermas—Gadamer Debate）② 一文中则认为，伽达默尔和哈贝马斯站在不同的角度论述了自己的解释学，他们在解释学的一些思想上确实有一定的分歧，但是哈贝马斯是在伽达默尔解释学基础上来阐发他的所谓的深层解释学的，从两个人的解释学最终的发展来看，很难看出哈贝马斯对伽达默尔的超越。对哈贝马斯和伽达默尔在传统及权威方面的论争，提更斯表示赞同利科尔的观点。伽达默尔的解释学并不缺乏意识形态批判的内容，因为伽达默尔的解释学本身内在地

① Austin Harrington, *Hermeneutic Dialogue and Social Science:A Critique of Gadamer and Habermas*, New York: Routledge, 2001, p12.

② Demetrius Teigas, *Knowledge and Hermeneutic Understanding:A Study of the Habermas—Gadamer Debate*, Lewisburg:Bucknell University Press;London;Cranbury;NJ:Assoeiated University Press，1995, p23。

包含着面向可能的世界的一种开放性的态度；而哈贝马斯所主张的"意识形态批判"，也必须建立在历史传承的基础之上。从解释学的普遍性问题上来看，提更斯认为，哈贝马斯并没有说明伽达默尔，而伽达默尔在这一点上一直表现出非常强势的立场，反倒是哈贝马斯不能自圆其说。

三、本书框架和创新之处

（一）框架

本书分导言及上、中、下三篇共四个部分。导言中主要论述这场论争的源起与经过，国内外对这场论争的研究情况以及本文的框架和创新之处。上篇主要论述伽达默尔与哈贝马斯的合作，主要包括他们在反对实证主义的古典解释学、反对形而上学和客观主义以及承认语言在交往和实践中的本体论地位方面的一致性。中篇主要论述伽达默尔与哈贝马斯的论争，包括论争产生的原因、论争的主要内容和论争的主要结果。下篇主要论述伽达默尔、哈贝马斯和马克思在实践哲学和交往实践观上的关系，包括伽达默尔和哈贝马斯论争产生的结果以及伽达默尔实践哲学与马克思实践哲学的关系、哈贝马斯交往行动理论与马克思交往实践观的关系。

（二）本书的创新之处

本书的创新性在于以下三点：

第一，用辩证唯物主义和历史唯物主义的立场和观点全面、系统地研究伽达默尔与哈贝马斯的这场论争，不是就某一问题或某一侧面展开研究。

第二，把伽达默尔和哈贝马斯的论争放到解释学发展的历史中去研究。用历史和逻辑相统一的方法研究伽达默尔与哈贝马斯的论争对解释学本身的意义。

第三，研究论争对发展马克思主义哲学的意义。

上 篇
伽达默尔与哈贝马斯的合作

　　伽达默尔和哈贝马斯在一些重要问题上有不同的观点，分歧很大，但是他们并不是从一开始就存在分歧，他们也曾有过一段较长时间的合作和共同批判的话题。导言中已经提到在 1961 年伽达默尔邀请哈贝马斯到海德堡大学任编外教授，做自己的助手，当时的哈贝马斯还没有成名，也没有在法兰克福大学取得教授资格。伽达默尔完全是被哈贝马斯的才华和学术观点所吸引。这期间哈贝马斯对伽达默尔的哲学解释学作了深入的研究，在一些文章里也对伽达默尔一直持肯定态度，甚至可以说他的某些重要问题都是在伽达默尔的基础上展开研究的。直到 1964 年，在法兰克福研究所发表关于认识与兴趣的就职演说中，哈贝马斯还充分地表达了他对伽达默尔哲学解释学的赞同，对伽达默尔在解释学上实现的实质性变革表示肯定。同时他也促成伽达默尔的《真理与方法》一书在 1965 年再版。然而在 1967 年，哈贝马斯发表了《论社会科学的逻辑》一文，这篇论文在一些思想上与伽达默尔的哲学解释学出现了很大的分歧。因此，在 1967 年之前，他们二人还是有着富有成果的合作与对话的，对对方都曾经有过一些很好的评价。如伽达默尔赞扬哈贝马斯说："和哈贝马斯共事的几年也产生了富有成效的影响。……而应我们要求寄来的哈贝马斯手稿也证实了这位青年学者的天赋，我很早就为他的天赋所惊讶。"① 哈贝马斯也曾经说过："最近我重新翻阅了《存在与时间》，我惊奇地发现它的整体结构竟是采用大量的独白方式。这种写作方法是仿效胡塞尔的笛卡尔自我中心主义，这既是对胡塞尔的一种回应，又不完全依赖他。结果，海德格尔便走入了存在历史的领域，向语言提出了申请——不过在晚期的海德格尔哲学中则已没有了单一的语言分析。乞求于语言毕竟不是一件严肃的事。另一方面，以海德格尔为起点的伽达默尔才真正走向了阐释学本身——也就是走向了语言构成的前后关系和生活方式。"② 由此可见，哈贝马斯对伽达默尔哲学解释学曾经是高度赞扬的，对它的独立价值也持一种完全肯定的态度。从二人对对方的评价可以看出，他们之间的争论是纯粹学术性的。特别是伽达默尔作为一个长者和前辈，表现出了豁达的胸襟和崇高的境界。纵观论争的整个过程，他们都是真理的不懈追求者，他们都有着一种共同的、崇高的精神，这是值得人们学习和赞叹的。

从两个人的著述上看，尽管他们有很大的分歧，但也有很多共同而一致的观点。如在反对实证主义的古典解释学，反对形而上学和客观主义，承认语言在交往和实践中的本体论地位等观点都是一致的。本章将详细论述伽达默尔与哈贝马斯在这些问题上的一致性。

---

① 伽达默尔：《自我介绍，德国哲学论文集：第13集》，北京大学出版社1993年版，第10页。
② 哈贝马斯：《现代性的地平线——哈贝马斯访谈录》，上海人民出版社1997年版，第48页。

第一章

反对实证主义的古典解释学

　　尽管伽达默尔和哈贝马斯对解释学的理解都有自己独特的角度，甚至相去甚远，但对实证主义的古典解释学都是持否定态度的。他们都是在对实证主义的古典解释学批判的基础上建立了自己关于解释学的相关理论。伽达默尔对解释学进行了批判和创新，将解释学上升到了哲学，从而创立了哲学解释学，对这一点哈贝马斯给予了充分肯定和高度赞扬。

伽达默尔和哈贝马斯在反对实证主义的古典解释学上是一致的。二者在各自的基础上都展开了对实证主义的古典解释学的批判。

伽达默尔的哲学解释学最根本的是要通过研究和分析人类一切理解现象是在什么样的基本条件下形成的，探究一切理解活动是在什么样的基本条件上发生的，从而在人的世界经验中，在人类的有限的历史性的存在方式中探索人类与世界的根本关系。从这个角度讲，他就将解释学上升到了哲学，从而创立了哲学解释学。正如伽达默尔在《真理与方法》一书的导言中说："本书探究的出发点在于这样一种对抗，即在现代科学范围内抵制对科学方法的普遍要求。因此本书所关注的是，在经验所及并且可以追问其合法性的一切地方，去探寻那种超出科学方法论控制范围的对真理的经验。这样，精神科学就与那些处于科学之外的种种经验方式接近了，即与哲学的经验、艺术的经验和历史本身的经验接近了，所有这些都是那些不能用科学方法论手段加以证实的真理借以显示自身的经验方式。"①

哈贝马斯对伽达默尔之前的解释学也持批判态度，但对伽达默尔的哲学解释学给予了一定程度的肯定，甚至可以说是高度的赞扬。他认为伽达默尔之前的解释学把解释学当作一门文本理解和解释的方法和手段，是"探讨一种我们获得的能够'掌握'某种自然语言的'能力'，即理解语言上可交往的意义，以及在交往被曲解的各种情况下使得这种意义可被他人理解的艺术"②，而哲学解释学则是一种批判和反思。所谓反思，是指对熟悉的理解及使自己被理解方式的反思和对说服他人的解释方式的反思以及对日常交往的结构所进行的哲学上的反思。哈贝马斯指出："然而，在哲

---

① 伽达默尔著，洪汉鼎译：《真理与方法》（上卷），上海译文出版社2004年版，第17—18页。
② 哈贝马斯：《解释学要求普遍适用》，《哲学译丛》1986年第2期，第19页。

学解释学的问题上，情况就不同了：哲学解释学不是规则指导下的实用技能，而是一种批判；经过反思式的决定带给意识有关我们语言的体验，这些语言体验是我们在运用我们交往能力的过程中，也就是靠在语言中的运动获得的。"① 从潜在的趋势来说，我们自己的世界是不可理解的，因为我们已经完全被理解的语境可以随时被揭示为不可靠。理解的客观性也只能在效果历史的语境中进行思考才能获得。因为"言谈的主体不能把自己的语言看作一个封闭系统。语言学方面的能力似乎是在他们的背后：他们只能在特定范围内明确把握一个意义复合体，这个范围就是他们依照离不开的、根据教条传统化了的和内在的前给定的语境。解释学的理解离开任何先入之见都不能接近论题。相反，理解的主体不可避免地受到语境预先的影响，在这种语境中，他从一开始就已经获得了他的解释方案。……即使纠正这些不可避免的先入之见也不能打破语言对于言谈主体的客观性：在改进他的知识的过程中，他只能发展起一种新的前理解，然后，这种新的前理解在他进行新的解释时给予他指导。这就是伽达默尔宣称'效果历史的认识不可避免地比意识有更多的东西'所指的意义"②。

一、伽达默尔对解释学的批判和创新

伽达默尔的哲学解释学是在把以施莱尔马赫和狄尔泰为代表的传统的解释学从认识论和方法论性质的研究转变为本体论性质的研究过程中不断发展而来的，是从认识论解释学、方法论解释学到本体论的哲学解释学的飞跃。解释学在古代已经存在，以解释各类文本为主要任务，特别是研究解释文学、法律甚至宗教的系统的方法，所以最初的解释学的确是一种方

---

① 哈贝马斯：《解释学要求普遍适用》，《哲学译丛》1986 年第 2 期，第 19 页。
② 哈贝马斯：《解释学要求普遍适用》，《哲学译丛》1986 年第 2 期，第 20 页。

法论层面上的。到了 19 世纪，德国浪漫主义哲学代表施莱尔马赫和生命哲学代表狄尔泰经过不懈的努力，将解释学发展成为一门哲学理论。但是，施莱尔马赫和狄尔泰的解释学从内容和功能上来看，也并没有从根本上突破传统解释学的思维范式。在这样一个基础上，伽达默尔通过自己创造性的研究把解释学从方法论、认识论的解释学逐步上升为哲学解释学。应该承认，伽达默尔的哲学解释学离不开解释学的历史，施莱尔马赫和狄尔泰对解释学的发展作出了非常大的贡献，这也为伽达默尔在解释学上的突破打下了坚实的基础。从解释学发展的历史来看，施莱尔马赫的贡献在于他将传统解释学不断地发展成为一门普遍学说，不只是关于文本的理解，还包括关于历史事件的和关于人的理解。因为他坚持认为理解是普遍的而不只是在特殊的学科中孤立地发挥作用。施莱尔马赫对解释学的发展贡献在于使解释学的对象领域进一步扩大，从而扩大了解释学的任务范畴，使解释学不仅仅与某一种特定的文本相联系，这就进一步明确了解释学的根本任务，从根本上改变了解释学和真理之间的特殊关系。同时，施莱尔马赫又发展了"解释学循环的理论"，增加了对整体理解的丰富性，即从小的部分开始，然后置之于大的部分之中，理解越来越丰富。施莱尔马赫指出："……要解释的东西没有一个是可以一次就被理解的。"[1] 对于施莱尔马赫的解释学，伽达默尔肯定了他在解释学上的进步性，但同时也认为他的一个重要的局限就在于，神学是施莱尔马赫发展解释学的起点。伽达默尔指出："施莱尔马赫的解释学理论同那种可以作为精神科学方法论工具的历史学的距离还很远。这种解释学理论的目的是精确地理解特定的文本，而历史关系的普遍性应当服务于这种理解。这就是施莱尔马赫的局限性，而历史世界观不能停留在这种局限性上。"[2] 另一位深受施莱尔马赫的

---

[1] 伽达默尔著，洪汉鼎译：《真理与方法》（上卷），上海译文出版社 2004 年版，第 248 页。

[2] 伽达默尔著，洪汉鼎译：《真理与方法》（上卷），上海译文出版社 2004 年版，第 256 页。

影响，在解释学历史上进行了伟大革新的，在解释学发展史上占重要位置的人物则是德国哲学家狄尔泰。狄尔泰去掉施莱尔马赫解释学头上的神学枷锁，在施莱尔马赫的解释学循环理论基础上为哲学解释学奠定了坚实的基础。我国学者张汝伦指出，对施莱尔马赫来说，狄尔泰"将其改造成精神科学的基本方法和基础，让它面对人类的历史存在，让它不仅是精神科学的方法论，而且也是一般历史存在的理论。可以说，是狄尔泰，而不是后来的海德格尔和伽达默尔，使解释学真正成了哲学的基本方法和理论。是狄尔泰，为哲学解释学奠定了基础"①。那么，伽达默尔是如何看待狄尔泰的？伽达默尔认为，狄尔泰的解释学是对施莱尔马赫的解释学在一定程度上的继承和发展，狄尔泰没有停留在施莱尔马赫的心理理解的层次上而是通过思考历史经验的重要性实现了超越。但两个人的解释学有一些共同的缺陷，就是他们都没有能够将解释学和人们的生活存在本身紧密联系在一起，而只是将解释学与对事物意义的认识简单地等同起来，从而也不可能真正认识到人类生活经验的本质和形式其实就是理解的过程。伽达默尔指出："在狄尔泰看来，认识论的主体不过是无血无肉的抽象。虽说在精神科学中追求客观性的想法强烈地激励着他，但他仍然不可能简单地面对他的对象、面对历史生活，相反，历史学家仍是被同一种历史生命的运动所推动。尤其在他的晚年，狄尔泰越来越认为唯心主义的同一哲学具有正确性，因为在唯心主义的精神概念中我们可以设想主体和客体，我与你之间有一种实质性的共同性，有如狄尔泰自己的生命概念中所存在的那种共同性一样。"② 伽达默尔认为，真正的解释学是哲学解释学，是与人的存在内在同一的解释学。这种解释学必须破除狄尔泰那种力求建立自然科学式的精神科学（人文科学），不能仅仅从认识论上把解释学作为方法，而应

---

① 张汝伦：《现代西方哲学十五讲》，北京大学出版社2003年版，第93页。

② 伽达默尔著，洪汉鼎译：《真理与方法》（下卷），上海译文出版社2004年版，第682页。

该更为深刻地理解解释学的意义，要超越狄尔泰的自然科学式的精神科学的一般解释学。伽达默尔的哲学解释学力求把一切科学都看成是人的一种生存活动经验和世界经验，是一种理解和解释的活动，这里显然也包括自然科学而不局限于社会科学之内。从这点上看，不能不说伽达默尔深受海德格尔的影响，在伽达默尔的解释学中也能发现海德格尔的影子。

海德格尔作为伽达默尔的老师，在哲学思路上给伽达默尔很大的影响。也可以说，伽达默尔的哲学解释学是以海德格尔的存在论为基础而发展下来的。海德格尔认为，解释学意义的理解问题实质上就是哲学本体论上的存在问题。人的理解是对人自身存在的规定和创造，同时也是存在本身的意义显现。所以说海德格尔为伽达默尔哲学解释学奠定的基础主要在于，海德格尔把人的存在和人的理解同一在一起，把哲学的本体存在与理解同一在一起。这样，解释学就从方法论上升为本体论，由方法论解释学变成了本体论解释学。探讨存在意义成为解释学的根本任务，解释过程有人的存在本质特性参与其中，这种解释学就不再只是方法论意义上的解释的科学了。由此可以肯定地说，伽达默尔能够系统地建立哲学解释学是离不开海德格尔的存在论基础的，是对海德格尔存在论的一种发展。海德格尔确立了解释学的本体论发展方向，将理解和人的存在问题联系起来，这为伽达默尔的哲学解释学产生和发展打下了坚实的基础。但是伽达默尔关于理解的本性等问题，与海德格尔大相径庭，存在着很大的不同。伽达默尔明确地指出："海德格尔首先把理解这一概念刻划为此在的普遍规定性，他的意思正是指理解的筹划性质，亦即此在的未来性。然而我并不想否认，我曾经在理解诸因素的普遍关联中强调了接收过去流传下来的东西这一方面。"① 可见伽达默尔和海德格尔在一些问题的出发点上是完全不同的。如对理解来说，存在着从存在论来看理解，还是从解释学观点看待对此在

---

① 伽达默尔著，洪汉鼎译：《真理与方法》（上卷），上海译文出版社 2004 年版，第 14 页。

的理解；是偏重于存在本身，还是偏重于理解本身；理解只是此在的存在方式还是探寻使理解得以产生的条件；是强调对此在理解的历史性，还是着重此在的在场性和未来性；是重在理解历史流传物——文本，还是重在理解此在的人。

在海德格尔存在论及其对理解的定义基础上，伽达默尔通过"前见""视域融合""效果历史"等概念建构了他的哲学解释学。为了阐明哲学解释学所内含的实践哲学的理论诉求，在此对这三个概念作简要的论述。

伽达默尔在《真理与方法》第二版序言中指出："无论如何，我的探究目的决不是提供一种关于解释的一般理论和一种关于解释方法的独特学说，有如 E.贝蒂卓越地做过的那样，而是要探寻一切理解方式的共同点，并要表明理解从来就不是一种对于某个被给定的'对象'的主观行为，而是属于效果历史，这就是说，理解是属于被理解东西的存在。"[1] 从这段论述中我们能够体会伽达默尔哲学解释学中几个重要概念的意义所在。

第一，理解的前提条件——"前见"。伽达默尔认为，理解能够得以顺利实现的前提条件就是"前见"。在我们开始进行理解活动之前，在我们的思想意识领域里就已经有类似思维定式的某种东西，这就是伽达默尔所说的"前见"。它是主体所处的社会环境和时代背景对主体的一种思想渗透，是主体理解活动先入为主的一种头脑中事前已有的某种思想或意识。"前见"概念是伽达默尔哲学解释学的基础和出发点。所以，伽达默尔认为，"前见"是理解不可缺少的前提条件。

在伽达默尔之前，传统解释学认为理解是一种客观性的活动，正确的理解就在于最大限度地克服主观性，摆脱自身对对象的种种偏见，达到最大限度的"客观"，从而获得作者赋予对象的独特的内涵。理解中任何的

---

[1] 伽达默尔著，洪汉鼎译：《真理与方法》（上卷），上海译文出版社 2004 年版，第 6 页。

主观性都是一种偏见，任何偏见都会阻隔理解者达到文本或作者的原意。因此，真正的理解应该忘却自我的主体性，去接近和达到文本或作者所表达的意图。然而，正是在传统解释学中受到极力批判甚至力图克服的所谓的"偏见"，却被伽达默尔赋予了积极的意义。伽达默尔指出："一切理解都必然包含某种前见，这样一种承认给予诠释学问题尖锐的一击。按照这种观点，情况似乎是：尽管历史主义对唯理论和自然权利学说进行了批判，但历史主义却立于现代启蒙运动的基础上，并不自觉地分享了它的偏见。也就是说，它的本质里包含了并被规定了一种启蒙运动的前见：启蒙运动的基本前见就是反对前见本身的前见，因而就是对流传物的剥夺。"① 可见，伽达默尔批判了传统解释学以及历史主义对偏见的否定和批判，首次为"偏见"正名，把"偏见"理解成了"前理解"或"前见"，恢复了"偏见"的合法性。伽达默尔指出："解释者无需丢弃他内心已有的前见解而直接地接触文本，而是只要明确地考察他内心所有的前见解的正当性，也就是说，考察其根源和有效性。"②

伽达默尔在《真理与方法》一书中，对"前见"一词用现象学的方法作了详细的考察，他指出："实际上前见就是一种判断，它是在一切对于事情具有决定性作用的要素被最后考察之前被给予的。在法学词汇里，一个前见就是在实际终审判断之前的一种正当的先行判决。对于某个处于法庭辩论的人来说，给出这样一种针对他的先行判断，这当然会有损于他取胜的可能性。……（前见）只意味着损害、不利、损失。可是这种否定性只是一种结果上的否定性。这种否定性的结果正是依据于肯定的有效性，先行判决作为先见的价值——正如每一种先见之明的价值一样。"③ 这说明，前见存在着正确和错误两种可能性，不一定都是错误的，但无论是

---

① 伽达默尔著，洪汉鼎译：《真理与方法》（上卷），上海译文出版社 2004 年版，第 349 页。
② 伽达默尔著，洪汉鼎译：《真理与方法》（上卷），上海译文出版社 2004 年版，第 346 页。
③ 伽达默尔著，洪汉鼎译：《真理与方法》（上卷），上海译文出版社 2004 年版，第 349 页。

正确的还是错误的，都是理解所必不可少的前提要素。因此，伽达默尔认为："'前见'其实并不意味着一种错误的判断。它的概念包含它可以具有肯定的和否定的价值。"① 也就是说，正确的前见具有肯定的价值，能够使具有成见的人直接地达到理解；而错误的前见则具有否定的价值，能够使有成见的人间接地达到理解。因此，前见是有价值的，是我们理解事物时不可或缺的前提性条件。前见尽管是掺杂着主观意象的某种初级认识，有待进一步检验，但它是我们所拥有的知识系统，是认识和理解的必要准备和前提条件。伽达默尔在给前见以"合法"的地位的同时，还认为构成正确的前见包括传统和权威。伽达默尔认为传统和权威也是对本文得以正确理解的必要条件。伽达默尔反对启蒙运动中"坚决诋毁一切权威"的做法。他指出："启蒙运动所提出的权威信仰和使用自己理性之间的对立，本身是合理的。如果权威的威望取代了我们自身的判断，那么权威事实上就是一种偏见的源泉。但是，这并不排除权威也是一种真理源泉的可能性。当启蒙运动坚决诋毁一切权威时，它是无视了这一点。"② 在伽达默尔看来，权威是人们经过努力争取来的而不是现成的；另外，权威是承认理性而不是抛弃理性，自由的、理性的活动是权威的基础。伽达默尔指出："人的权威最终不是基于某种服从或抛弃理性的行动，而是基于某种承认和认可的行动——即承认和认可他人在判断和见解方面超出自己，因而他的判断领先，即他的判断对我们自己的判断具有优先性。与此相关联的是，权威不是现成被给予的，而是要我们去争取和必须去争取的，如果我们想要求权威的话。权威依赖于承认，因而依赖于一种理性本身的行动，理性和这种正确被理解的意义与盲目的服从命令毫无关联。而且权威根本就与服从毫无直接关系，而是与认可有关系。"③ 因此，启蒙运动中"诋毁一切权威"

① 伽达默尔著，洪汉鼎译：《真理与方法》（上卷），上海译文出版社2004年版，第349—350页。
② 伽达默尔著，洪汉鼎译：《真理与方法》（上卷），上海译文出版社2004年版，第360页。
③ 伽达默尔著，洪汉鼎译：《真理与方法》（上卷），上海译文出版社2004年版，第361页。

的做法是错误的。同样，"传统"这一概念在启蒙运动中也被认为是无理性的。伽达默尔对此也是持反对态度的，他说："我认为，传统和理性之间并不存在这样一种绝对的对立。……实际上，传统经常是自由和历史本身的一个要素。甚至最真实最坚固的传统也并不因为以前存在的东西的惰性就自然而然地实现自身，而是需要肯定、掌握和培养。传统按其本质就是保存，尽管在历史的一切变迁中它一直是积极活动的。但是，保存是一种理性活动，当然也是这样一种难以觉察的不显眼的理性活动。"[①]伽达默尔通过对传统和权威的论述，承认传统和权威最终也将走向理性，历史上的思想成果对当今的理解也起着不可否定的作用。但是伽达默尔也同时指出："诠释学的任务根本不是要发展一种理解的程序，而是要澄清理解得以发生的条件。但这些条件完全不具有这样一种'程序'的或方法论的性质，以致作为解释者的我们可以对它们随意地加以应用——这些条件其实必须是被给予的。占据解释者意识的前见和前见解，并不是解释者自身可以自由支配的。解释者不可能事先就把那些使理解得以可能的生产性前见与那些阻碍理解并导致误解的前见区分开来。"[②]可见，伽达默尔认为理解的这些前结构是客观地描述了理解的过程，而不包含任何主观的成分，解释者本身无法将正确的前见和错误的前见区分开。对解释来说，前见是必不可少的，但伽达默尔还指出："作为一切理解基础的这种循环的，还有一个进一层的诠释学结论，这个结论我想称之为'完全性的先把握'。显然，这也是支配一切理解的一种形式的前提条件。它说的是，只有那种实际上表现了某种意义完全统一性的东西才是可以理解的。所以，当我们阅读一段文本时，我们总是遵循这个完全性的前提条件，并且只有当这个前提条件被证明为不充分时，即文本是不可理解时，我们才对流传物发生怀

---

① 伽达默尔著，洪汉鼎译：《真理与方法》（上卷），上海译文出版社 2004 年版，第 363 页。

② 伽达默尔著，洪汉鼎译：《真理与方法》（上卷），上海译文出版社 2004 年版，第 382 页。

疑，并试图发现以什么方式才能进行补救。"① 可见，解释仅有前见还不行，还要有一个所谓支配一切理解的一种形式的前提条件，被伽达默尔称之为"完全性的先把握"，实际上就是指理解者需要对事物在概念上预先有一个把握，这种完全性的前概念或前把握也是我们前理解中的重要的一部分，这对于我们进一步理解本文具有重要的指导作用。

第二，视域融合与处境。在理解的前结构的基础上理解我们在相同的环境和相同的时代背景下所产生的文本时，理解者和作者就能够不约而同地处在同一个精神世界里，理解者就能够较为容易地把握理解的前结构，对文本做出基本上符合作者原意的理解，理解者可以以一种自由的方式去解释文本。但是，不可否认的是，在历史与现实、流传物与理解者间永远横亘着一个时间距离。也就是说，当我们致力于理解某种遥远的过去的文本或理解某种出自别的文化的文本时，文本中的观点会随着历史的改变而使理解者很难把握，甚至在理解的过程当中发生错误的认识而造成误解和曲解，致使我们无法领会到前人在文本中所表达的意思。传统解释学认为解释学的任务就是去克服这种历史与现实、流传物与理解者之间的时间障碍。而伽达默尔不仅不认为时间距离是一种障碍，反而把时间距离看成是理解的一种积极的可能性和创造性。他认为只有"时间距离才能使诠释学的真正批判性问题得以解决，也就是说，才能使我们得以进行理解的真前见与我们由之产生误解的假前见区分开"②。传统和习俗的连续性将时间距离填满，这种连续性使得一切流传物不断向我们呈现出来。不断扩展和运动的时间距离是开放的。时间距离是理解不断出新的源泉而不是必须克服的障碍。为了说明时间距离的重要性，伽达默尔提出了一个重要的概念："视域融合"。那么，什么是"视域融合"？伽达默尔认为："视域

---

① 伽达默尔著，洪汉鼎译：《真理与方法》（上卷），上海译文出版社2004年版，第379页。
② 伽达默尔著，洪汉鼎译：《真理与方法》（上卷），上海译文出版社2004年版，第386页。

就是看视的区域，这个区域囊括和包容了从某个立足点出发的所能看到的一切。"① 视域又与处境概念紧密相关，伽达默尔进一步指出，"我们并不处于这处境的对面，因而也就无从对处境有任何客观性的认识。我们总是处于这种处境中，我们总是发现自己已经处于某个处境里，因而要想阐明这种处境，乃是一项决不可能彻底完成的任务。这一点也适合于诠释学处境，也就是说，适合于我们发现我们自己重视与我们所要理解的流传物处于相关联的这样一种处境。对这种处境的阐释，也就是说，进行效果历史的反思，并不是可以完成的，但这种不可完成性不是由于缺乏反思，而是在于我们自身作为历史存在的本质。所谓历史地存在，就是说，永远不能进行自我认识"② 伽达默尔之所以说我们"永远不能进行自我认识"，是因为他认为我们一切的自我认识都有一个前提，自我认识开始前都有一个历史的"预先给定"存在着，理解历史流传物的一切可能性和有限性都是这种"先在性"所决定的。视域与处境概念是紧密相关的，视域为理解者不断展开的一种巨大的可能性空间，但是由于处境的关系理解者在他的视域中也必然遭遇到理解的限度问题，也就是说，视域要在处境的前提和范围内活动。在理解活动中，存在着理解者自己的视域和历史的视域这两种不同的视域：理解者自己的视域，就是"前见构成了某个现在的视域"，即理解者自身由于处境和先在性而形成的视域；而历史的视域主要是指，我们所理解的历史文本、艺术作品一般具有的它所处的时代的特殊的历史语境，因为它们都是特定的个人在特定的历史条件下创造的。在这种情况下理解如何能实现，也就是说理解者怎样能够在现在的视域下去理解带有历史视域的文本？伽达默尔提出了"视域融合"理论。他指出："其实，只要我们不断地检验我们的所有前见，那么，现在视域就是在不断形成的过程中被把握的。这种检验的一个重要部分就是与过去的接触，以及对我们

---

① 伽达默尔著，洪汉鼎译：《真理与方法》（上卷），上海译文出版社 2004 年版，第 391 页。
② 伽达默尔著，洪汉鼎译：《真理与方法》（上卷），上海译文出版社 2004 年版，第 390 页。

由之而来的那种传统的理解。所以，如果没有过去，现在视域就根本不能形成。正如没有一种我们误认为有的历史视域一样，也根本没有一种自为的现在视域。理解其实总是这样一些被误认为是独自存在的视域的融合过程。"①不可否定，在视域融合基础上所形成的融合的新的视域，内在地包含着文本的视域和理解者的视域的差异和交互作用，但是融合前的视域的最初的成见和问题已经被新的视域所超越，这就给了我们新的理解和新的经验的可能性，在这种情况之下，新视域和旧视域已经合二为一而无法明确区分了。对活动着的人来说视域又总是变化的和开放的，这就意味着我们完全能够超出作为理解者的视域的我们的直接立场去"观看"，而获得一种"远视"，即一种全新的视域。流传物、本文和理解者之间，横亘着一个时间距离，所以理解上总是存在着历史和现实之间的紧张关系。那么解释学的任务就是要有意识地去暴露这种紧张关系，而不是要掩盖和同化这种历史和现实的紧张关系。在这个意义上说，"诠释的活动就是筹划一种不同于现在视域的历史视域"②。但是构成一件文本的历史视域本身就已经是一种视域融合，内在地包含了历史视域和这个视域以前视域的一个融合。历史在不停地发展着，历史活动在不断发展的过程中不断否定自身而形成新的理解视域。新的理解视域又为下一轮的视域融合提供前提和基础，这就将解释学推向无限循环而理解具有了开放性和无限性。伽达默尔用效果历史意识的任务来概括这种视域融合的被控制的过程。

　　第三，效果历史。当视域达成融合，也就是说理解者和文本、流传物等理解对象通过相互作用而产生融合之时，便形成"效果历史"了。"效果历史"也是伽达默尔哲学解释学中的核心概念。伽达默尔认为："真正的历史对象根本就不是对象，而是自己和他者的统一体，或一种关系，在

---

　　① 伽达默尔著，洪汉鼎译：《真理与方法》（上卷），上海译文出版社 2004 年版，第 396 页。
　　② 伽达默尔著，洪汉鼎译：《真理与方法》（上卷），上海译文出版社 2004 年版，第 396 页。

这种关系中同时存在着历史的实在以及历史理解的实在。一种名副其实的诠释学必须在理解本身中显示历史的实在性。因此我就把所需要的这样一种东西称之为'效果历史'。理解按其本性乃是一种效果历史事件。"① 伽达默尔把"效果历史"概念作为他的哲学解释学中的核心概念和灵魂，认为解释学经验离不开效果历史，在效果历史中解释学经验才能够实现，所以伽达默尔认为从本性上看，理解就是效果历史事件。"效果历史"是"前见""视域融合"等概念统一而完整的体现，它贯穿整个理解活动的始终，在哲学解释学中占有极其重要的地位。伽达默尔还说："我们应当学会更好地理解我们自己，并且应当承认，在一切理解中，不管我们是否明确意识到，这种效果历史的影响总是在起作用。凡是在效果历史被天真的方法论信仰所否认的地方，其结果就只能是一种事实上歪曲变形了的认识。我们从科学史中认识到，效果历史正是对某种明显虚假的东西的不可辩驳的证明。但是，从整个情况来看，效果历史的力量并不依赖于对它的承认。历史高于有限人类意识的力量正在于：凡在人们由于信仰方法而否认自己的历史性的地方，效果历史就在那里获得认可。这一要求，即我们应当意识到这种效果历史，正是在这里有其迫切性——它是科学意识的一种必不可少的要求。"② 从这段论述中，我们不难发现，效果历史是客观存在的，即使理解者没有意识到，它也是在起着自己应有的作用。而只有理解者真正意识到并真正掌握了效果历史，才能从根本上达到对文本的理解和解读。伽达默尔进一步指出："当我们的历史意识置身于各种历史视域中，这并不意味着走进了一个与我们自身世界毫无关系的异己世界，而是说这些视域共同地形成了一个自内而运动的大视域，这个大视域超出现在的界限而包容着我们自我意识的历史深度。事实上这也是一种惟一的视域，这

---

① 伽达默尔著，洪汉鼎译：《真理与方法》（上卷），上海译文出版社 2004 年版，第 387 页。
② 伽达默尔著，洪汉鼎译：《真理与方法》（上卷），上海译文出版社 2004 年版，第 389 页。

个视域包括了所有那些在历史意识中所包含的东西。我们的历史意识所指向的我们自己的和异己的过去一起构成了这个运动着的视域，人类生命总是得自这个运动着的视域，并且这个运动着的视域把人类生命规定为渊源和传统。"① 这里，伽达默尔认为所谓的视域融合并不是要把理解者自身置入一种历史处境中而获得这种视域，虽然理解一种传统必须要有一种历史视域。因为理解者必然会带着自己的视域，所以他不可能抛开自己的视域而真正回到历史当中。理解者必须设身处地地深入到文本的历史处境之中去理解，这种设身处地"既不是一个个性移入另一个个性中，也不是使另一个人受制于我们自己的标准，而总是意味着向一个更高的普遍性的提升，这种普遍性不仅克服了我们自身的个别性，而且也克服了那个他人的个别性"②。这样，理解仿佛并不是一个主体性的行为，"理解甚至根本不能被认为是一种主体性的行为，而要被认为是一种置自身于传统中的行动，在这过程中过去和现在经常地得以中介"③。这是伽达默尔非常独到的观点。对于如何解决文本与理解者之间的紧张的关系，伽达默尔这样说道："与历史意识一起进行的每一种与流传物的接触，本身都经验着文本与现在的紧张关系。诠释学的任务就在于不以一种朴素的同化去掩盖这种紧张关系，而是有意识地去暴露这种紧张关系。"④ 所以，"流传物对于我们所具有的陌生性和熟悉性之间的地带，乃是具有历史意味的枯朽了的对象性和对某个传统的隶属性之间的中间地带。诠释学的真正位置就存在于这中间地带内"⑤。

伽达默尔认为，效果历史意识具有普遍的有效性，是理解者理解文本

---

① 伽达默尔著，洪汉鼎译：《真理与方法》（上卷），上海译文出版社 2004 年版，第 394 页。
② 伽达默尔著，洪汉鼎译：《真理与方法》（上卷），上海译文出版社 2004 年版，第 394 页。
③ 伽达默尔著，洪汉鼎译：《真理与方法》（上卷），上海译文出版社 2004 年版，第 375 页。
④ 伽达默尔著，洪汉鼎译：《真理与方法》（上卷），上海译文出版社 2004 年版，第 396 页。
⑤ 伽达默尔著，洪汉鼎译：《真理与方法》（上卷），上海译文出版社 2004 年版，第 388 页。

时必不可少的结构要素。伽达默尔认为效果历史意识概念包含在历史过程中获得并被历史所规定的意识和对这种获得、规定本身的意识两个方面的意义。前者是指任何理解都具有历史的条件性，后者是指解释者对自身效果历史意识的一种自觉状态。伽达默尔认为，由于效果历史意识本身具有开放性的逻辑结构，使得对问题的可能性回答已经包含于问题视域的本身了。伽达默尔说："重构给定文本所回答的问题，当然不能被认为是历史方法的纯粹成就。一开始出现的其实是文本向我们提出的问题，即我们对于流传物的文字的反应，以致对流传物的理解总是已经包含现代与流传物的历史自我中介的任务。所以问题和回答的关系事实上被颠倒了。对我们讲述什么的流传物 —— 文本、作品、形迹 —— 本身提出了一个问题，并因而使我们的意见处于开放状态。为了回答这个向我们提出的问题，我们这些被问的人就必须着手去提出问题。我们试图重构流传物好像是其回答的问题。但是，如果我们在提问上没有超出流传物所呈现给我们的历史视域，我们就根本不能这样做。重构文本应是其回答的问题，这一做法本身是在某种提问过程中进行的，通过这种提问我们寻求对流传物向我们提出的问题的回答。一个被重构的问题决不能处于它原本的视域之中。因为在重构中被描述的历史视域不是一个真正包容一切的视域。其实它本身还被那种包括我们这些提问、并对流传物文字作出反应的人在内的视域所包围。"[1] 所以想真正达到对文本确切的理解就必须重构文本，重构文本就是对文本形成认识、理解的基本过程。当然，通过上述论述，伽达默尔启示我们，理解是开放的、相对的和有限的，是不可能最终完成的。因为理解总是要受制于我们的前理解、前见、视域等因素的干扰，理解离不开特定历史条件下，我们无法摆脱的效果历史意识。

---

[1] 伽达默尔著，洪汉鼎译：《真理与方法》（上卷），上海译文出版社2004年版，第485页。

二、哈贝马斯对解释学的批判和创新

哈贝马斯对狄尔泰的解释学思想作了深入的研究，他认为，自然科学和精神科学的划分正是从狄尔泰开始的。自然科学是说明外部自然界发展规律的，而精神科学是理解和解释人类精神的。在这里，说明和理解是不同的，他们可以代表自然科学和精神科学之间的实质性差别。狄尔泰指出："自然科学同精神科学的区别，是由于自然科学以事实为自己的对象，而这些事实是从外部作为现象和一个个给定的东西出现在意识中的。相反，在精神科学中，这些事实是从内部作为实在和作为活的联系更原本地出现。人们由此为自然科学得出这样一个结论：在自然科学中，自然的联系只是通过补充性的推论和假设的联系给定的，相反，人们为精神科学得出的结论则是，在精神科学中，精神的联系，作为一种本源上给定的联系，是理解的基础；它，作为理解的基础，无处不在。我们说明自然，我们理解精神。"[①]

通过对自然科学和精神科学的划分，"狄尔泰主张，自然科学的因果说明不能充分为我们提供对于人类智力和精神生活的理解。科学借助经验观察支持的理论，从外部说明事物。但人的行为也必须从内部把握，从主体经验的角度把握"[②]。

哈贝马斯对狄尔泰在解释学历史上的贡献给予了充分的肯定，同时也认为狄尔泰的解释学上存在着一定的局限性，需要超越。狄尔泰的解释学是一种人文社会科学的方法论，但是其无论对于理解社会科学现象还是对于交往行为意义的解释上都存在着一定的局限。哈贝马斯认为，历史学家对历史经验的解读不仅是一个单纯的经验观察过程，更是一个交往过程，

① 狄尔泰：《狄尔泰全集》第 5 卷，斯图加特出版社 1964 年版，第 143–144 页。

② James Gordon Finlayson,*Habermas:A Very Short Introduction* ,NewYork:Oxford University Press, 2005, p20。

是解释者与文本互动的过程。但是这个文本不是与历史学家无涉的文本，而是历史学家本人参与其中的文本。但由于狄尔泰思想中还残留着实证主义遗痕，深受意识哲学范式影响，这就造成了狄尔泰没能把历史学家的研究看成是一个交往过程而只是看作是对历史事件的自身独白式的解读过程。在哈贝马斯看来，历史学家在历史观察活动中需要设身处地把自己投入到历史事件中，并紧密联系研究者自身的经验，使研究者的主观与观察到的历史事件的客观有机地联系起来，这实质就是一个交往过程。

哈贝马斯在他的著作《认识与兴趣》中，对古典解释学代表狄尔泰进行了批判。哈贝马斯赞赏和承认狄尔泰对精神科学合法性的追求和论述。认为狄尔泰很早就提出了一种语言分析的观点，认为个人的生活世界的实际意义和联系，在他们的符号联系中表现出来。这就从语言表达的艺术上论证了解释学的优先地位。并按照个人生活经历的内容或者意义的相似性上来理解世代精神、时代精神和文化精神。但他同时指出："狄尔泰只看到经典物理学，并认为系统的、对象化了的经验，必然涉及本身依赖于模式构成的理论。相反，在精神科学中，理论的层面和事实的层面的分享并非这样。概念和理论与其说是仿造品，不如说是模仿性的再设想。"① 哈贝马斯认为狄尔泰并没有真正认识到自然科学和精神科学的本质区别。在自然科学中，当各种理论、各种规律的解释能够得到经验的检验时，就表示认识完成了它的任务而结束了。但是在精神科学看来，理论和各种规律的陈述只是对理解的经历的一种表现手段而不是最终的结果。自然科学和精神科学工作方法上也是完全不同的。自然科学注重构想，以事后的实验检验和事前的理论假想为特征；精神科学注重位置的调换，注重把精神的具体化运用于所理解的经历中。所以自然科学各个学科和精神科学各个学科在认识活动上表现出完全不同的特征。因此可以断定，"狄尔泰的论述

---

① 哈贝马斯著，郭官义、李黎译：《认识与兴趣》，学林出版社 1999 年版，第 138 页。

同从先验逻辑上进行研究的实用主义，原本并不矛盾。此外，狄尔泰的论述，按其构想中的任务，仅仅是提供一个能够使精神科学的逻辑显示出来的粗糙的陪衬物"①。

哈贝马斯进一步指出，狄尔泰把日常生活实践的前理解结构中的合乎艺术规律的理解的确立当作划定精神科学界线的标准，并运用维科用真理和事实互换的手法所论证的模式，发展了狄尔泰的关于精神科学的逻辑基本论点：因为认识的主体同时参与了认识对象的生产，所以历史的普遍有效的综合判断是可能的。这种论证使得狄尔泰陷入了一种极其被动的糟糕的不知所措的原地打转之中。所以，哈贝马斯认为狄尔泰不可避免地陷入了客观主义，并没有从实证主义的泥潭中摆脱出来，没有超越时代的局限。哈贝马斯指出："把最初从方法上所描述的经历、表达和理解的关系归结为由生活、表达和理解先验决定的整个生活世界的状况的结构，对科学逻辑来说，是不够的。在由实证主义所决定的十九世纪后期的基本情况下，无论狄尔泰求助于意识哲学的思想模式，还是求助于仅仅从现象学上给予证明的定在分析，都不能为精神科学的理论作认证，就像皮尔士无法从本体论逃避到普通实在论中那样。这些抄袭传统的解释模式，使狄尔泰和皮尔士误入了客观主义，这种客观主义又妨碍他们始终如一地贯彻他们的思想批判的研究逻辑的理论。只有那种不是草率地超越了方法论问题的科学的自我反思，才能在实证主义的层面上革新认识批判的要求，而这种认识批判并不是返回到康德之后的那种认识批判。"②

哈贝马斯认为，解释学的理解离不开历史和传统，它着眼于事物本身所具有的意义的传统的上下联系。这与理论命题所要求的独自的思想理解是完全不同的。解释学的理解就是要否认经验科学理论中逻辑联系的理解

①哈贝马斯著，郭官义、李黎译：《认识与兴趣》，学林出版社1999年版，第140页。

②哈贝马斯著，郭官义、李黎译：《认识与兴趣》，学林出版社1999年版，第144页。

同经验事实的观察之间原则性的区分。解释学的理解不可能把它的对象的结构分析到使结构中出现的一切有限的东西都被排除掉。因为解释者的语言在解释的过程中，是与以解释者的思想为中心的生活经验相适应的。哈贝马斯指出："解释学的科学，注重以日常语言为中介的相互作用，而经验分析的科学，则注重工具活动的活动范围。两者都受植根于交往活动和工具活动的生活联系的认识兴趣的指导。"①

通过对精神科学的自我反思，即对历史主义的思想批判，哈贝马斯最终得出结论："狄尔泰在实践的生活联系和科学的客观性的这种对比中，接受了一种秘密的实证主义。狄尔泰想让解释学的理解摆脱兴趣联系（然而，解释学的理解却在先验的层面上与这种兴趣相一致），并想按照纯描述的理想将解释学的理解变成静观的东西。只要狄尔泰放弃精神科学的自我反思，并且恰恰是在实践的认识兴趣被视为可能的解释学的认识的基础，而不是被视为解释学认识的衰颓这点上放弃精神科学的自我反思，并且重新陷入客观主义，那么，同皮尔士一样，狄尔泰最终也摆脱不了实证主义的束缚"②。

哈贝马斯在他的代表作《论社会科学的逻辑》一文中，也集中地批判了实证主义，全面系统地阐述了自己的解释学思想。《论社会科学的逻辑》是哈贝马斯关于社会科学方法的一部专门论著。在《论社会科学的逻辑》一文中，哈贝马斯首先批判了将自然科学的实证模式不加辨析地运用到社会科学领域中的做法。哈贝马斯认为，在社会研究中强行地不加反思地运用经验化的研究模式，是实证主义的社会理论的一贯做法，这会导致很多问题。其中最主要的就是忽略了对现实中人类遭受奴役和压制状况的揭示。因此，消除社会科学的全面自然科学化的倾向是当务之急。与此同

① 哈贝马斯著，郭官义、李黎译：《认识与兴趣》，学林出版社 1999 年版，第 167 页。
② 哈贝马斯著，郭官义、李黎译：《认识与兴趣》，学林出版社 1999 年版，第 170 页。

时，哈贝马斯认为解释学中必须使用社会科学的方法，因为社会科学不同于自然科学，自然科学只注重对事件的因果经验分析，而社会科学更要强调对人类行动动机的解释性理解。哈贝马斯以社会科学的基本原则为指导，通过对解释学、现象学和语言学等解释模式的细致而深入的考察，得出解释学方法完全适用于批判理论的论断。在《论社会科学的逻辑》一文中，哈贝马斯通过对社会科学的方法问题的全面的分析，指出在社会科学研究模式上必须摆脱实证主义的束缚，不能完全采纳自然科学的研究模式而应另辟蹊径。实际上运用经验实证的分析方法，回避现代社会中人类异化的悲惨状况而为当权者粉饰太平，这正是传统理论的误区。

在哈贝马斯看来，人类社会是人类行动作用的结果，这是人类社会与自然界的最大区别。所以社会科学方法论最终要解决的根本问题是如何理解人类行动。分析"意义"和"语言"的社会科学的分析方法实际上就是解释学的方法。社会科学不同于自然科学，它更加重视人的动机和行动中的主体意向、意义等因素。而动机又与语言相联系，在语言中得以展现，因此语言分析问题就成为社会科学研究的重点内容。哈贝马斯在《论社会科学的逻辑》一文中，指出了自然科学实证方法在对待"意义"和"语言"方面的态度："实证主义更喜欢这样一种理论方法，它使得社会行动的主观解释原则变得多余。如果社会规范可以被作为行为期待而被解释，为什么这些期待不能由各种可观察行为来表达呢？如果我们接受这种观点，……只是观察就已足够应对了。"①

哈贝马斯认为，"主体间性"和"生活世界"是解释的方法中的两个关键的范畴，也是解释的方法不同于经验分析方法的关键所在。如前所述，将自然科学经验分析方法应用于社会领域时，理解者常常会把需要理解的社会行动或社会现象看成是不以人的意志为转移的客观存在，而将对

---

① Jürgen Habermas, *On the Logic of the Social Sciences*, translated by Shierry Weber Nicholsen and Jerry A.Stark, Massachusetts: MIT Press, 1988, p56。

象先入为主地彻底"物化",放弃了主动与对象交流的可能性。"主体间性"正是针对这一现象所提出来的具有一种完全不同的理念的范畴。主体间性是指"某物的存在既不是独立于人的心灵(纯客观的),也非取决于单个心灵或主体(纯主观的),而是依赖于不同心灵的共同特征"①。"主体间性"强调的是观察者和对象之间处在一个"共享"的世界,彼此处于交往互动关系当中。哈贝马斯认为解释方法是以对话形式展开的,解释是一种对话交流活动。第二个范畴"生活世界"和"主体间性"是紧密相连、息息相关的。胡塞尔首先提出"生活世界"这个概念,他认为生活世界是由文化和历史共同构成的视域,是用于支撑人们作为历史存在生活于其中的那个世界。胡塞尔指出:"生活世界对于我们这些清醒的生活于其中的人来说,总是已经在那里了,对于我们来说是预先就存在的,是一切实践的基础。"② 所以哈贝马斯认为生活世界构成了解释的基础并成为强调"主体间性"的解释方法的核心观念。哈贝马斯的这一思想可以从两个方面进行说明:首先,人们的互动交往必须在共同具有的文化背景和历史视域下才能够实现,因为生活世界是存在于社会生活中的人们得以互相理解的框架结构;其次,社会活动的研究者和被研究者具有可能的交往基础,他们共同处于同一个生活世界之中,这是研究者能够运用理解方法考察人们的行动的根本原因。可以说,无论是维特根斯坦的"生活形式"的概念还是伽达默尔的"传统"的概念其实都是与"生活世界"相类似的词汇。

---

① 尼古拉斯·布宁、余纪元合编:《西方哲学英汉对照词典》,人民出版社 2001 年版,第 518 页。

② 胡塞尔著,王炳文译:《欧洲科学的危机与超越论的现象学》,商务印书馆 2001 年版,第 172 页。

第二章

反对形而上学和客观主义

伽达默尔和哈贝马斯都认为传统的形而上学的、客观主义的理性观是限制解释学发展的根本障碍,解释学不能发挥真正作用的根本原因正是传统的形而上学思维和客观主义的绝对理论观造成的。解释学想要真正成为有用的理论必须摒弃形而上学思维方法和对理性的迷信。所以二者都展开了对传统的形而上学的、客观主义的理性观的反思和批判。

　　伽达默尔和哈贝马斯都认识到客观主义在解释学领域里的弊病，他们都认为理解不能离开具体的语境，用客观主义的态度去考察理解问题，得不出正确的结论。解释学不仅在社会科学中起作用，同样在自然科学发展中也起作用，解释学把人的生活经验和科学经验有机地统一起来并融为一体。解释学在一定意义上就是实践哲学。因为解释学思想指导我们进行有意义的实践活动，指导着我们的生活，在我们现实的生活中有着极其重要的意义。

　　作为一个把握了时代精神的精华、敢于直面现实的哲学家，伽达默尔对传统的形而上学的、客观主义的理性观进行了反思和批判，并积极地参与了哲学理性观的重建工作。伽达默尔认为，哲学家不能回避研究理性和自由等问题，因为"人类自由之谜及人类理性之谜 —— 根据我们的经验，我们不能不对它们保持怀疑，而作为思想存在物，我们又必然不得不要求拥有自由和理性"[①]。所以，"哲学无论在康德'摧毁一切'的批判之后，还是在'思辩'于十九世纪威信扫地之后，亦或甚至在'科学统一性'理想已压倒一切'形而上学'这一判词已发布之后，都不能放弃探讨自己的那些问题"[②]。

　　哈贝马斯用形而上学思维来概括从巴门尼德、柏拉图、康德直到黑格尔的哲学唯心论传统。他认为，尽管古代的唯物论和怀疑论、中世纪晚期的唯名论以及近代的经验论都具有反形而上学的性质，但是它们都还处在形而上学所设定的境域之中，无法真正从形而上学中摆脱出来。

---

① 伽达默尔著，薛华等译：《科学时代的理性》，国际文化出版公司 1988 年版，第 46 页。
② 伽达默尔著，洪汉鼎译：《真理与方法》（上卷），上海译文出版社 2004 年版，第 143 页。

一、伽达默尔对形而上学和客观主义的批判

伽达默尔指出，只有对黑格尔所极端化的绝对理性观进行批判，重建哲学理性观，才能推动哲学健康地向前发展。伽达默尔认为，启蒙运动在历史上是一种思想的解放，它举起理性的旗帜推倒了上帝的权威并使人不再受宗教的奴役而得到解放。但是事与愿违，事实并不像人们期望的那样，取消了上帝的绝对权威后理性反而以权威自居而且甚至比上帝还要保守、还要专制。从上帝的权威下解放出来的人们又陷入理性的权威之中，于是理性成了唯一的标准，所有不符合理性的，就是错误的。人的情感、情绪、意志和个人的完整生活都变成了理性的附属品，理性不仅成了人的目的和本质，而且成了社会和历史的目的。每个人的生活、行动和思维都要符合理性，无理性不生活、无理性不思维、无理性不行动。这导致"人们大概不得不处在一种忧虑下看待之：人类对自己施加于自然和他人的力量视若无睹，这种情况又越来越诱使人们滥用这种力量……我们越来越多的生活领域，落入了自律过程的强制性结构，而人性对自己以及处在这些精神的对象化中的人性的精神越来越缺乏认识"[①]。对理性的绝对信仰最终使人完全被异化成了理性的奴隶。

黑格尔的绝对理性观把理性绝对化，并将主体的理性摆在至高无上的位置，超越了人的历史存在，对人生进行审视和反思是居高临下的，有着先在的优越感，通过对整个世界进行理性的分析和总结，来完整地把握无限的本质存在。

在黑格尔看来，无限和有限都是绝对精神的化身和产物，但是人类却可以通过有限性的自身去把握无限性的存在。因为人的历史不外是绝对精神的外化过程。但是，伽达默尔完全不同意黑格尔这个观点。他认为，人

[①] 伽达默尔著，薛华等译：《科学时代的理性》，国际文化出版公司1988年版，第8页。

是处于具体的时间之中的具体的人，人不可能完全脱离开有限的时空，总是受到一定时空的限制，离开了时空的人就成了抽象的人。所以人是历史性的存在，他的存在不能脱离历史。人要理解无限就必须重新回到他的有限的历史性存在中去理解。这种对无限的理解并不是由超越于人的历史存在的理性直接将历史存在中的人同永恒沟通，而是由时间的展开向无限的存在开放。

以黑格尔为代表的绝对理性观把理性看作是无限的和绝对的，把理性上升为具有普遍性和完美性的秩序、法则和本质。这样，在绝对理性观的指导下，普遍理性取得了至高无上的地位，个人自由和个人判断都要以普遍理性为基础，将追求和认同普遍理性作为自己的最高的包括平等、社会正义、完美以及真理等要素的社会理想。无论是唯理论者追求的秩序，还是经验论者追求的知识客观性；也无论是人文主义者所批判的宗教神学和专制主义，还是启蒙学者宣扬的自由和平等，这一切都有一个共同的基础，那就是普遍理性的信念。对此，伽达默尔指出："对于沉淀在我们语言中的我们的生活世界的理解，不能通过那种适宜于科学的知识的可能性完全实现。"[1] 任何理性的理解都是历史性的理解和个人的理解的有机结合，因为人理解、反思人的自身不能站在历史性的存在之外。人人共有的普遍理性只是绝对理性观的一种假设，它超出了个人的真实的历史存在而在实际上是根本不存在的。

于是，伽达默尔指出，哲学不要再对理性的绝对性、无限性和普遍性怀有幻想，而应该放弃非历史主义的认知取向，这种非历史主义的认知取向是指追求那种不带任何个人先见的"客观"知识。在理解传统和历史的时候，也不应该摆脱"前见""先见"以及个人的经验要求，幻想着用理性去超越它，因为这是不可能实现的。于是，伽达默尔在对绝对

---

[1] 伽达默尔著，薛华等译：《科学时代的理性》，国际文化出版公司 1988 年版，第 10 页。

理性观进行了深入的批判的基础上，确立了自己的独特的不同于以往的哲学理性观，伽达默尔的理性观克服了科学主义和人本主义在理性观上所造成的分裂，实现了科学主义和人本主义、自然科学和人文科学在理性观上的统一。

伽达默尔力求把理性融入"传统"之中，让"传统"来指导和塑造理性。在伽达默尔看来，理性在传统的基础上才能发挥真正的作用，必须在具体的历史条件下才能实现自己，所以理性必须立足于传统并以传统为基础。因为"在传统中并不限制知识的自由，而是使它可能"①。作为一种有选择的可动的历史保存，传统塑造着人的理性。传统是人们创造新价值、认识新东西的基础，是一种理性的、自由选择的行动。"即使在生活急剧变化的地方，比如在革命的时代，保存在一切事物的演变中的旧东西，也远比人们知道得要多。它同新的东西相结合，创造新的价值。"②正是这种传统，它构成了认识的前提和人们生活的基础。而理性必须受传统的决定和制约，它本身并不是人们所拥有的最本质的东西。

伽达默尔认为，传统总是先于我们并决定着我们，因为在我们掌握传统之前，传统已经掌握了我们。我们只能在决定我们生成的力量的传统中生活和理解而无法超越传统。伽达默尔指出："正是我们的事实性 —— 海德格尔称之为'被抛掷性'—— 的不可照亮的隐晦性，支撑了人类定在的抛入性质，而不仅仅是给它设定界限。这一事实赋予人类定在的历史性和历史对于我们的定在的意义以新的重要性。"③

在这里，伽达默尔非常明确地指出了，人的"事实性"构成了"人类定在"的历史性基础。我们已经在历史传统中先在地存在这一事实就是"事实性"，人的活生生的存在就是"人类定在"。如果没有海德格尔所

---

① 伽达默尔著，洪汉鼎译：《真理与方法》（上卷），上海译文出版社 2004 年版，第 18 页。
② 伽达默尔著，洪汉鼎译：《真理与方法》（上卷），上海译文出版社 2004 年版，第 18 页。
③ 伽达默尔著，薛华等译：《科学时代的理性》，国际文化出版公司 1988 年版，第 35 页。

说的这种"被抛掷性",那么人的存在就推动了根据,只能是无本之木与无源之水。正是历史和传统塑造着我们的理性,决定着我们的生成。这同时也说明,传统和历史是人类理性和生活之源泉,而不仅仅是供人理解的对象。伽达默尔指出:"历史就是一种与理论上的理性完全不同的真理源泉,当西塞罗称这源泉为生命记忆时,他就已看到了这一点。这种源泉的特有法则是立足在这一点上的,即人类的激情不能由理性的一般准则所控制。"①"我们对历史的理解,并不仅仅是一个获得知识和熟悉历史或发展历史感的问题;它还是一种塑定我们命运的事情。"② 传统和历史是一个无穷无尽的意义之源,而不是一个被动的认识对象和研究对象。这就是被伽达默尔称之为"视界融合"的理性与传统的双向关系,即理性以现在的方式不停地领会、接纳着传统,而传统则不断地以过往的方式塑造着理性。

个人理性对意义和真理有一个预期,这个预期就是既有判断,它构成了人的理性的现有视域。历史命题和历史事实则构成传统的现存视域。在人的认识和实践活动中,个人的现有视域和传统的现存视域之间相互拥有、相互作用、相互融合。所以,传统变成了能被理解的新的传统,理性变成了有历史基础和具体内涵的新的理性。新的传统和新的理性又分别构成新的视域,为新的经验和生活提供新的可能性。这被伽达默尔称为"视域融合"。通过视域融合,传统不断地塑造着我们的理性,生成着我们的生活,传统具有了过去、现在和未来的意义。理性也在不断地进化中得到传统的补充和充实。

在伽达默尔看来,传统和历史是主体和客体的交融,是涵盖一切的关系和过程。历史和传统既不是人的生命的纯粹自我表现,也不是纯粹的客观对象。人的生存根本上说就在于超越传统,通过立足于传统而不断地理

---

① 伽达默尔著,洪汉鼎译:《真理与方法》(上卷),上海译文出版社 2004 年版,第 3 页。
② 伽达默尔著,薛华等译:《科学时代的理性》,国际文化出版公司 1988 年版,第 35 页。

解传统。在任何一个时代，理性和传统都是相互作用的，传统向理性敞开大门，理性则会以自己的方式结合时代的要求去重新理解传统。传统通过向理性的敞开塑造着人的理性，而理性对传统的理解也使人们不断地超越着传统，这就是传统和理性的辩证关系。

伽达默尔提出，传统塑造人的理性、生成人们的生活的过程，这个生成过程就是理解的过程，这不仅是一个理论分析活动，同时也是一个先见拓展理性的实际活动，这个活动包容于传统之中，不是离开传统的抽象活动。这里的先见是传统塑造理性的具体表现，是对理解的不断拓展。

所谓"先见"，最早并不是哲学概念，而是一个法律用语，是指在法庭作出最终裁决之前所作的临时裁决，还需要进一步的论证。发展到后来变成了哲学范畴，对某种情况最终检验之前所作出的事先判断。这和海德格尔的"前判断"有一些类似的地方，作为一个事先判断，先见不意味着就是一个错误的判断，可能是错误的也可能是正确的。

但是从启蒙运动以来的理性主义哲学家们却一直把先见当成了不经理性思考的判断。他们认为先见包括不经理性思考的判断，还有反对理性的传统和沿袭传统的思想习惯、信念等，这些先见是应当被涤除的，是"虚妄的"的。所以，对"先见"的涤除和摆脱就成了人的理解、理性活动以及对真理的追求的根本目标，"先见"也就成了与人类理性相对立的恶势力。

诚然，反传统精神的启蒙运动，反对的是宗教神学和封建意识，使人类理性在黑暗中得以恢复，无疑是进步的，是有历史意义的。然而，主张以理性排除"先见"的这种启蒙运动，从历史发展上看实际上是一种"偏见"，因为这本身就是启蒙运动的一种偏见。这种偏见在于，它认为人的正确认识的形成就在于对"先见"的排除。

伽达默尔认为，"先见"是我们无法拒绝的历史文化沿袭，这就好像传统是我们生活的一部分并构成了我们存在的基础一样。"先见"是人进行理解前的根本存在状态，它总是先于个人的理解活动并构成了个人理解的事先基础。人只能在历史所给予他的视野中进行自我理解和理解。因此，我们要努力"恢复'先见'这个积极概念的合法地位。……我们的存在的历史性需要确切意义上的'先见'，以构成我们全部经验能力的原初方向。先见就是我们对世界开放的轨道"①。

在伽达默尔看来，先见是"我们对世界开放的轨道"，是我们获得真理和向未知世界开拓的起点而不是把我们与真理和未知世界隔绝开的高墙。先见是人们在理解前的先在判断，是我们进行理解和自我理解时的一种精神准备。先见在主体拓展未知世界的过程中，不断地激发人的理解活动的展开，时刻使主体面对未知东西有一种新鲜感和异己感，先见成为人在理解过程之中从已知向未知不断推进的参照系统。所以，人类理性必须承认先见在理解过程中的重要地位和建设性作用，必须放弃追求超越于人的历史存在的不带有任何先见的历史真理，放弃企图对文化和历史不带有任何先见的理解。先见的基础性地位和建设性作用突出地表现在语言和记忆对人的理性和理解上的重要影响。

语言作为人们理解活动的基础，是一种最常用的"工具"，也是一种最基本的先见。语言给理解的心灵注入着历史的先见，因为它是历史与文化的保存者。伽达默尔认为，由于我们在理解之前就已经生活在一定的语言传统之中，所以语言是理解的前提和基础。人们一旦使用语言，那些包含着历史文化的先见就已经参与到他以语言为基础的理解之中了。语言由此成了人的理解活动中先见的主要来源，因为传统通过语言不断地向我们输入着先见。

同语言一样，记忆也是人的一个基本先见。记忆不断地建设性地拓展着人的理解，是人类理解活动的基础。记忆中的东西总是在不同程度上卷入人的理解活动之中，作为理解所需要的知识储备。人一旦离开记忆，就

---

① 伽达默尔著，洪汉鼎译：《真理与方法》（上卷），上海译文出版社 2004 年版，第 9 页。

不可能有任何理解的活动，但是人们往往觉察不到和认识不到记忆在理解中的介入，记忆往往是躲过理解者的注意而介入到人的理解过程之中，所以记忆这个先见不像语言一样容易引起人们的重视，反而会因为它的隐蔽性而使人忽略。

在伽达默尔看来，人们无法去选择保存在传统中的先见，对人来说，先见是历史所给定的，是先在的。人一出生就处在一定的历史文化传统之中，就被语言所占有，表面上看是人们学习语言的过程，但实际上是语言同化人的过程。语言作为先见的基本来源，始终保存着文化、历史和传统，这比表面上看它是人进行理解和认识的一种工具要重要得多。先见构成了人的存在方式和理解方式，不断地拓展着人的理解领域和程度，所以人无法摆脱历史先见。因为人在理解、接受语言的时候，也同时接受了历史所赋予他的先见，不管人们能否意识到其中所包含的历史文化成分。含有历史文化成分的先见，一方面不断地拓展着理解，另一方面也限定了人的理解视野的广度和深度，使理性的理解不能超越历史和时代。但同时也具有一定的人在历史中向人的可能性的存在不断开放的开放性。

伽达默尔把先见区分为"合法的先见"和"盲目的先见"，这两种先见对理解的拓展作用是完全不同的。其中，"合法的先见"是人永远无法摆脱的、历史所给予的先见。之所以合法，是因为它联结着每一代人和他们的历史的存在的关系，是人对历史文化的一种继承。这种先见给予了人一种认知的可能性，所以理性在界定自身时，首先必须包括这种先见，即"合法的先见"。"盲目的先见"则是由于文化、认知以及个人情感等方面的差异而形成的一定程度上的偏见，是个人后天在现实生活中不断接触并吸收的见解。伽达默尔认为，对于"盲目的先见"来说，我们可以促使它们在理解的过程中不断暴露出来并不断修正或根除它们。而这不是一蹴而就的，是一个无限发展的过程，也就是说，真正的无先见的理解和认知状态是人所不可能达到的。

　　伽达默尔强调，理性本身只是先见的一部分，因为先见包容着理性、情感、直觉、下意识等许多内容。先见使理性的历史存在成为可能而理性并不能征服先见。理性的能动性不在于驱逐消灭先见，而在于通过理解改变和扩大先见的范围。为此，现代哲学应该认识到，先见不断地拓展着理解，给真理以变化性和历史性以及人们认识真理的可能性。理解依托着先见，理性依赖着先见。不带先见的理性在历史上是得不到承认的。

　　传统塑造理性，先见拓展理解，历史性是理性的根本特性。理解模式包含很多内容，但是理解的历史性是其最为重要的组成部分。

　　理解对象都处于特定的历史环境之中，有着不同的历史地位和历史条件，这样理解者就会在这种特定的历史环境的影响下作出不同的理解，这就是所谓的"理解的历史性"，即理解不能脱离理解对象所处的历史背景和历史环境去理解。理解的历史性不仅具有认识论的意义，同时也具有本体论的意义。因为理解者先在地存在着所处的历史环境、历史条件和历史地位的不同，离开了这些历史背景，理解就失去了根据。这样，理解的历史性具体就体现为传统对理解的一种先入为主的制约作用。

　　理性不能离开传统，只有在传统中才能发挥作用。理性只能在具体的历史条件下才能实现自己，它不是绝对的、无条件的。传统为理性的理解提供新的可能性，它是理性进行理解的前提。传统在理解中构成了理性的那一部分，是理解中的一项重要的内容。作为理解者的人，有着生活中无法摆脱的传统。这包括每个理解者所具有的特殊的生活方式、特殊的社会和家庭的视域以及不同的语言环境。因此我们的理解只有在这些特定的历史所形成的传统中才能得以进行。理解活动是一种特定的历史性存在的人的活动，必定都会带有历史传统所给予的先见所注入的主观性，这种主观性源于主体所既有的视域。理解活动是在传统所规定的轨道上运行的，这包括传统本身构成理解活动的必要前提、理解的视域性和先见的主观性等等。所以不能简单地把理解看成是人的单纯的主观思维活动，就像不能简单地把理性看成是人的单纯的主观思辩能力。理性置身于传统的过去和现在的融合与对话中，对话成了具有历史性的被传统所规定的本质规定。

伽达默尔哲学理性观的重要内容之一就在于伽达默尔不仅认识到理解的历史性的认识论的意义，更认识到理解的历史性的本体论的意义。所以伽达默尔把解释学从方法论上升到了本体论，认为理解不仅是一种方法，同时它也构成了人在历史中的存在方式。

自我理解和对理解的反思，就是哲学对理解的认识，是在理解理解者的自我理解和理解者本人对生活的理解。理性作为理解者的理解能力，是理解者把握和延续历史的一种特殊能力。理解者只有在富含历史的先见中才能进行理解，这是历史所赋予理解者的理性能力。因此，理解因为人的历史性才得以可能。人作为历史性存在，时刻都在进行着理解的生活，理解本身在没有被我们理解之前，就已经是我们的生活形式了，理解是人的一种生存方式。人生活在理解之中，又在生活中不断地理解。在理解中人意识到他存在的意义和价值，不断地拓展着他自己的人生境界。作为理解的根据的历史，从一定意义上讲，也可以说是一种被人们所理解的过去的生活。是由人的自我发展、自我完善和自我理解的需求促使人们对历史进行理解，人们对历史的理解源于人们对自己的理解需求。人们在现实生活中不断地理解着自己的过去，并将过去和现在以及将来通过理解而统一起来，把对现在和未来的理解建立在对过去的理解的基础之上，从而获得了真实的基础。由此，"理解就并不是主体诸行为方式中的一种，而是此在内在的存在方式"。伽达默尔说："正是在这个意义上，我们在这里使用了'解释学'这个概念。"[1]

伽达默尔在《科学时代的理性》一书中指出："我们生活在这样一个

---

[1] 伽达默尔著，洪汉鼎译：《真理与方法》（上卷），上海译文出版社 2004 年版，第 37 页。

时代，它更愿把哲学算作旧时代神学的遗物。或者它从不怀疑那些依赖于神秘或无意识兴趣的东西，反而怀疑对纯理论和为知识而知识的理想。"① 这是一个非理性主义和实证主义泛滥的时代，是一个迷失理性的时代。于是，伽达默尔在《真理与方法》一书中感叹道："科学技术发展成全面的技术统治，从而开始了'忘却存在'的世界黑暗时期，即开始了尼采预料到的虚无主义之时，难道我们就可以目送傍晚夕阳的最后余晖——而不转过身去寻望红日重升时的最初晨曦吗？"②

伽达默尔通过对传统理性的批判呼吁人们重新把理性根植于人的历史存在之中，从而彻底抛弃笛卡尔以来的把理性当成"第一原理"的非历史的趋向。伽达默尔通过重新审视和思考从启蒙运动以来的理性和传统的关系，并以此批判了绝对理性观。进一步指出，理性把从传统所给予的先见作为理解生活的前提。这是理性对自身的一个重大的发现，是理性对自身历史局限性的认识。传统与现在的对立以及先见与理性的对立都因为理性依赖于传统而消失。人类不断地关注着蕴含在现在和传统之中的人生的意义，促使传统向新的生活经验为新的理解不断地开放，使得传统不再失去活力而在新的生活经验中不断获得新的意义。于是，经验和理性、理性与生活的敌对关系就得以解除。

二、哈贝马斯对形而上学和客观主义的批判

在反对形而上学和客观主义方面，哈贝马斯与伽达默尔是一致的。

在《后形而上学思想》一书的开篇第一章，哈贝马斯就讲到，在从本体论哲学到认识论哲学的发展壮大过程中，传统的形而上学在 20 世纪形

---

① 伽达默尔著，薛华等译：《科学时代的理性》，国际文化出版公司 1988 年版，第 123 页。
② 伽达默尔著，洪汉鼎译：《真理与方法》（上卷），上海译文出版社 2004 年版，第 48 页。

成了四种哲学思潮，即现象学、分析哲学、结构主义和西方马克思主义。从实质上看，这是整个思想发展的四个不同的方向，所以"各种力量的空前集中，看来已经完全从内部决定了这种为规范的自我批判所左右，并根据自身的问题不断地进行自我的（分析哲学）传统走向"①。面对科学万能主义、经验主义和实证主义的不断发展，各学派对传统形而上学的批判也越来越激烈，人们面临着前所未有的理想上的危机。哈贝马斯倡导对理性、真理、主体性等范畴进行重新的考察与定位。哈贝马斯力求将形而上学由先验转向交往实践来重建形而上学，对传统理性、主体性进行批判并在生活世界中完成对理性的重构。哈贝马斯用交往行动理论重新阐释了传统形而上学的理性、真理、主体性等概念，将哲学研究和现实的生活世界紧密联系在一起，构建起他独特的富含一种新的逻辑结构的后形而上学。这是一种以语用学和交往理性为基础的面对生活世界的实现了对传统形而上学的超越的理论。

在哈贝马斯看来，形而上学思想包括同一性思想、唯心论、作为意识哲学的第一哲学以及强大的理论概念等几种形式，但根本上讲这些形而上学的形式都是意识论范畴下的，它们都具有存在与思想一致、理论生活和本源哲学的同一性主题等神圣的意义。

其中同一性思想打破了神话的混沌的世界观，通过将万事万物整合归一而形成抽象的真理。古代哲学在抽象的水平上把万物归"一"，进而在唯心论的视野下能够表达同一性和差异性的抽象关系中的一与多关系。实质上同一性思想的发展始终在唯心论领域之内。在形而上学的起点问题上，经验论和唯名论明显存在着分歧，哈贝马斯认为这种分歧和不断的争论促使形而上学形成了"主体性"的新的基础。这就是整个近代哲学研究的重心转变为主体性问题的真正成因。自我意识从笛卡尔以来成为我们探

① 哈贝马斯著，曹卫东、付德根译：《后形而上学思想》，译林出版社 2001 年版，第 5 页。

寻认识对象内在想象领域的一把钥匙。就连海德格尔也认为，正是笛卡尔的人的自我确定的自律为形而上学的发展奠定了坚实的基础。但是德国以唯心论为特征的古典哲学却使形而上学思想完全转向了主体性理论。主体性成了形而上学的代名词，自我意识要么作为精神被提升到绝对的高度，要么被理解为基础的先验能力。同时被赋予了理性规定性的观念与主体性相互关联、相互促进。

哈贝马斯指出，理论的生活方式被形而上学推上了超过一切实践的生活方式的至高无上的位置。这样，个体自我拯救的方式便是通过理论生活方式而最终走向了宗教。在完全摆脱了自然世界观的束缚之后，理论方式以超验的而非经验的方式在完全封闭的理念世界中达到了自我实现和自我满足，理论完全成为超越现实的绝对力量。到近代形而上学便成为理论领域的纯粹理性的唯心论理论，已经失去它原来同神圣性的紧密关联，变成了远离一切尘世的纯之又纯的绝对主义理论观。黑格尔之前的形而上学实际就是一部意识论哲学的发展史，一直在孜孜不倦地追求基础理论，伴随着对实践的轻视，他的不断的努力便是要为沉思生活奠定稳固的基础。

哈贝马斯认为在意识理论中也完全能够找到形而上学所追求的真理替代物。意识论的形而上学整体性思想受到了理性、程序合理性、语言学、超验的萎缩等多个方面的批判和质疑而不断产生了动摇。理性将历史意识纳入自身范畴而不得不转向新的交往范式，程序合理性使面向生活世界哲学无法保证在理论范围内形而上学的统一性，语言学在意识论哲学向语言学过渡之后则走向了语用学维度，超验萎缩后的哲学在实际的境遇中使人们开始注重日常交往和行为的语境。在现代哲学反思前提的维度下，对康德之后的形而上学这个概念的转变，我们可以不用形而上学思想而用形而上学问题来解释。或者把形而上学定义为关于世界和人的整体性问题的一种探讨而仅仅代表着"形而上学"问题。哈贝马斯对形而上学的批判从根本上讲，他是将哲学活动与科学活动紧密联系在一起，认为哲学与科学最大的不同之处就在于哲学自身的特点——追问普遍性。对于哲学在理论领域内的作用，人们已经达成共识了，但哲学在生活实践领域内的作用成了人们争论的焦点。为了解决这些争论，哈贝马斯从形而上学问题与宗教问题的关系着手进行分析。哈贝马斯认为，人们在宗教背景下形成的道德、人格、习俗等概念的真正内涵只有理解了宗教问题才能够真正得以理解；也只有通过社会化这个中介系统，才能通过间接的理论努力对语义学潜能不断地挖掘阐释，从而在不同的时代背景下保持主体间性的自我理解的活力，才能保证人与人之间的交往与交流。哈贝马斯认为哲学必须放弃它的信仰地位而将它的重心转向日常实践，所以他的后形而上学思想非常注重将生活世界分析和哲学研究有机地结合在一起。哈贝马斯认为哲学只能把握生活世界的一般结构，现代形而上学思想也不可能再沿着康德之后的形而上学思想那样"终极性"和"整合性"的路线继续发展下去了。

哈贝马斯认为意识哲学是形而上学的表现形态，而这种意识哲学始终没有完全摆脱"笛卡尔式"二元论哲学的本体论前提，这种以意识为本源的哲学受到了包括自然主义等各个方面的怀疑和质问。通过语言哲学的转向，哈贝马斯为对意识哲学进行有效的批判奠定了方法论基础。哈贝马斯认为，意识哲学的弊病主要表现在它不是从主体与外在对象的关系进行沉思，而只是考虑到了主体自身内部的观念之间的关系。结果导致意识无法真正与外界进行交流和沟通，而只是在意识自己的圈子里面转来转去。要解决这一问题必须求助语言哲学，只有语言哲学能将我们带出唯心论和唯物论的形而上学之争。哈贝马斯指出："语言学转向进一步把哲学研究放到了一个更加可靠的方法论基础上，并将它带出了意识理论的困境。但在此过程中也形成了一种本体论的语言观，使语言阐释世界的功能相对独立于内在的学习过程，并把语言图景的变换神化为一种充满诗意的原始事件。"[①] 语言哲学转向是从将语用学纳入形式分析开始的，是在语义哲学范围内完成的。语用学的前提是在现象界的经验理解和知性理解之间建立起一种植根于以交往为趋向的行为再生产的社会现实内部的弹性关系，从而能够使交往者相互理解而达成共识。在交往范式的理论的引导下，哈贝马斯用语用学完成了对形而上学的批判，因此，可以说后形而上学并不是形而上学之后的形而上学，因为它根本就不是原来意义上的形而上学。

哈贝马斯区分了言语行为和目的行为，认识言语行为富含交往性，而目的行为是非交往性的。理解就是一种语言表达的行为，是言说者通过语言的交流和他人就某一事物达成一致；而目的行为则是使行为者进入世界，将行为者置于一种"合作"关系之中在一定的有效方式作用下来实现既定的目标。哈贝马斯认为，言语行为的自我解释功能，可以通过实际使用的评述来表达具体内容的意义，因为语言具有自我关涉的结构。但是自我解释是建立在由语言共同体确立的具有主体间性的生活世界基础之上的。从目的行为的非交往性和言语行为的交往性角度看，哈贝马斯指出："如果我们从目的行为对命题知识的非交往行为运用出发，我们就会遇到目的合理性概念，这和合理选择理论的理性概念是一致的；如果我们从言语行为对命题知识合理的交往性运用出发，我们就会遇到交往理性概念，意义理论可以根据言语行为的可接受性对交往理性概念做出解释。"[②] 可见哈贝马斯实际指出了交往行为和通过语言进行互动的目的行为是两种完全不同的行为类型。目的行为的互动和交往行为的互动的区别在于，目的行为的互动实现了多个行为者的行为计划的协调，建立起了自我行为与他者的联系；而交往行为的互动则认识到了自然语言在传达信息时的媒介作用，在其内部也完全具有了能够整合社会的重要源泉。哈贝马斯从交往行为和策

[①] 哈贝马斯著，曹卫东、付德根译：《后形而上学思想》，译林出版社2001年版，第8页。

[②] 哈贝马斯著，曹卫东、付德根译：《后形而上学思想》，译林出版社2001年版，第57页。

略行为这两个方面阐明了在这两种行为中"共识"所起到的不同的作用。对听众者和言语者来说，共识有一个基础，就是主体之间自愿地协调起来。交往行为的共识力量是通过言语自身的约束力使行为得以协调起来，而策略行为的共识则是通过误导、威胁及奖励等机制而形成的，从行为语境上看破坏了语言行事力量的权威和相互"联系"的前提。从理论上来看，言语行为的协调功能在于对具有行为意义的后果产生一定的影响和听众接受言语行为内部的某种约束力。然而在策略行为中语言处于从属状态，言语的约束力并没有占据主导地位，而行为者有不符合共识的目的趋向一旦被对方发现，策略行为就会宣告失败。目的行为在交往行为中则通过语言联系起来而形成了主体间共同的语境，依据这种共同的语境，个体的行为计划以自我为中心，接受主体间共有的语言结构的约束，最终实现相互协调。

在哈贝马斯看来，语言是交往行为的前提。语言的内部存在理解的目的是交往行为概念表现出的直觉。语言的内部存在的理解是建立在双方都认为有效的前提下，言语双方就事件与他者达成的理解，是能够用主体间共同承认的可以接受批判检验的基本表达来验证的理解。哈贝马斯认为交往行为有效性要求首先就是真实性，有效性要求在言语行为者和对象之间采取赞同或者反对立场方面所发挥的作用不是别的，正是一种语用学的作用，它构成了交往行为主体之间相互达成理解的一个焦点。所以哈贝马斯后形而上学规范性基础的核心便是真实性和有效性。

哈贝马斯的交往行为离不开生活世界，因为在生活世界中经验问题和先验问题的矛盾与纷争才能得到合理的、有效的解释。生活世界是确定的和明确的，生活世界的确定性和明确性赋予了我们共同生活、共同经历、共同行动以及共同言说所依赖的知识。生活世界为交往行为提供了大量的背景共识，使交往行为者能够在丰富的思想资源中去理解行为的理论模式，同时交往行为成为生活世界再生产的媒介，使生活世界能够以整体的形式呈现给我们。分析交往行为的前提以及生活世界最终目的是哈贝马斯深层解释学的主要手段。

所以，哈贝马斯反对形而上学和客观主义，建立他的后形而上学思想。如何评价他的后形而上学思想？我们在此引用郑丽娜在她的《哈贝马斯后形而上学思想的理论建构》一文中的评价："哈贝马斯后形而上学强调的是哲学应该植根于由交往建构起来的生活世界网络之间，哲学只有紧紧依托于生活世界，两者紧密有机结合，主体间在共同的语境中能够理性对话，具有言语行为能力的主体在生活世界中能够做到以言行事，能够根据生活世界内的事物达成理解和共识，哲学能够在促进生活世界的自我反思和合理化进程中起到推动作用，哲学也便是实现了其自身的真正使命。"[1]

---

[1] 郑丽娜：《哈贝马斯后形而上学思想的理论建构》，《沈阳师范大学学报》2015 年第 12 期，第 34 页。

第三章

承认语言在交往和实践中的本体论地位

伽达默尔和哈贝马斯在对语言的本体论地位上的认识是一致的。伽达默尔的哲学解释学和哈贝马斯的交往行动理论都是在将语言赋予本体论地位的基础上全面展开的。他们都认为语言在交往和实践中不仅是一种工具和媒介，还具有深层次的本体论的意义。

　　语言是解释学的核心概念，伽达默尔的哲学解释学和哈贝马斯的意识形态解释学都从本体论的层次上论述了语言在交往和实践中的作用。

　　在海德格尔的"语言是存在的家"的基础上，伽达默尔提出了"语言是能被理解的存在"。伽达默尔指出："其实，语言就是理解本身得以进行的普遍媒介。理解的进行方式就是解释。这种说法并非意指不存在特别的表述问题。文本的语言和解释者的语言之间的区别，或者说把翻译者同原文相隔开的语言鸿沟，并不是无足轻重的问题。恰好相反，语言表达问题实际上已经是理解本身的问题。一切理解都是解释（Auslegung），而一切解释都是通过语言的媒介而进行的，这种语言媒介既要把对象表述出来，同时又是解释者自己的语言。"[①] 这样，伽达默尔就把语言、理解和解释统一起来了。伽达默尔进一步指出："正如我们所说的，所谓理解就是在语言上取得相互一致（Sich in der Sprache Verständigen），而不是说使自己置身于他人的思想之中并设身处地地领会他人的体验。我们曾经强调说，在理解中这样所产生的意义经验总是包含着应用（Applikation）。现在我们注意到，这整个理解过程乃是一种语言过程。理解的真正问题以及那种巧妙地控制理解的尝试——这正是诠释学的主题——在传统上都归属于语法和修辞学领域，这一点决不是没有理由的。语言正是谈话双方进行相互了解并对某事取得一致意见的核心（Mitte）。"[②] 在此，伽达默尔已经提出了以语言为核心的谈话活动的重要性。这种对话或者说谈话活动由伽达默尔哲学解释学的核心概念进一步提升到了他的实践哲学的核心概念。伽达默尔实践哲学正是以"理解""对话"等为特征的一种交往实践观。

　　与伽达默尔承认语言的本体性一样，哈贝马斯的交往行动理论也是建

---

① 伽达默尔著，洪汉鼎译：《真理与方法》（下卷），上海译文出版社 2004 年版，第 502 页。
② 伽达默尔著，洪汉鼎译：《真理与方法》（下卷），上海译文出版社 2004 年版，第 496 页。

立在语言的本体论基础之上的。哈贝马斯的交往行动理论不是在传统认识论的主体哲学和形而上学的基础上建立的，他对传统认识论是持批判态度的。但是通过交往行动所展开的话语本身也是一种认识方式，与传统认识论的认识不同，这种认识方式是主体通过双方都能够理解的语言和言语行动能力对存在于世界中的某个问题达成共识的过程，这种认识是认识主体以语言为媒介对客观世界、主观世界、社会世界三个世界的完整反映。

话语的反映性质得以实现的中介系统便是语言。马克思和恩格斯也指出，语言是人类特有的能力之一，"语言是一种实践的，既为别人存在因而也为我自身而存在的、现实的意识"①。在维特根斯坦、海德格尔、伽达默尔、胡塞尔以及马克思等哲学家关于语言论述和认识的基础上，哈贝马斯进一步把语言看作是一种反映世界、改造世界以及创造世界的实践活动和话语活动。话语双方的言语行动在主体间真正达成了共识，那么这种话语活动就是与真理同一的。但是，达成共识取决于很多因素，诸如正当性、真实性和真诚性等，也就是说共识的达成不仅仅取决于是否反映了社会世界的规范、是否反映了客观世界的客观实在以及是否反映了主观世界的初衷等等。

一、伽达默尔对语言本体论地位的论述

伽达默尔认为，理解的过程实际上就是一种作为解释学经验的媒介的语言的过程。理解是与某人在某事上取得相互一致的意见，而不是要去重新领会他人的体验或意见，这种相互一致的意见是在语言中取得的。伽达默尔指出："理解的真正问题以及那种巧妙地控制理解的尝试——这正是解释学的主题——在传统上都属于语法学和修辞学领域，这一点决不是没

---

① 马克思、恩格斯：《德意志意识形态》，人民出版社 2003 年版，第 25 页。

有理由的。语言是谈话双方进行相互理解并对某事取得一致意见的核心。"①

因为翻译工作能充分体现语言作为理解的媒介所起的作用，所以伽达默尔以翻译为例来证明语言是理解的媒介和中心。伽达默尔认为，持两种完全不同的语言的人的交流，只有通过翻译才能够顺利地进行。翻译者必须根据被翻译者所处的生活环境，把所要理解的意义嵌入到被翻译者的生活环境之中，这就等于翻译者根据要翻译的对象创造了一个全新的世界，在这样一个全新的语言世界中，人们才能更充分地理解所要理解的意义。这样看来，翻译是一种主动的创造而不是被动的复制。为此，伽达默尔指出："一切翻译就已经是解释（Auslegung），我们甚至可以说，翻译始终是解释的过程，是翻译者对先给予他的语词所进行的解释过程。"②整个翻译的过程就是翻译者和被翻译的对象之间的一个视域融合的过程。翻译者在翻译文本的过程中，需要用自己的语言来展示和传达原文语言所蕴含的意义，并从自身的立场和观点突出重点去进行表达，因为他不可能把文本中所有的意义都展示和表达出来。翻译者把自己的理解和视域带入原文的翻译中，与原文的作者进行视域融合。这种视域融合使翻译者所翻译的东西是原文的意见和翻译者的意见相互整合而形成一种共同的意义。翻译者需要外语对自己发生作用，又要运用母语的权利，所以这种翻译过程的视域融合也明显体现为把原文的词语融合进翻译者的语言中的语言的融合。因此从自身的语言中去寻找到可贯通的文本语句的某种表达方式是翻译者的主要任务。翻译者融合了自己语言前所未有的意义要素并扩大了自己所使用的语言。通过以上分析，伽达默尔认为翻译过程从本质上讲就是一种视域融合的过程，目的是为了获得某种共同的语言。

伽达默尔通过对翻译这个例子的分析阐述了语言的本质，"语言就是

---

① 伽达默尔著，洪汉鼎译：《真理与方法》（下卷），上海译文出版社2004年版，第540页。
② 伽达默尔著，洪汉鼎译：《真理与方法》（下卷），上海译文出版社2004年版，第540页。

理解本身得以进行的普遍媒介。理解的进行方式就是解释。……语言表达问题实际上已经是理解本身的问题。一切理解都是解释（Auslegung），而一切解释都是通过语言的媒介而进行的，这种语言媒介既要把对象表述出来，同时又是解释者自己的语言"①。具有语言性的东西成了最好的解释对象，理解的语言性则是效果历史意识的具体化。因此，理解与语言性的关系从本质上说是以语言的媒介存在的方式来表达传承物的本质。伽达默尔通过语言性作为解释学对象之规定和语言性作为解释学过程之规定这两个方面进行了分析。

　　从作为解释学对象之规定探讨语言性，伽达默尔探讨了两种传承物，即具有语言性的言语性传承物和文字传承物。作为解释学的对象，文字传承物在这两种传承物中具有更为重要的意义。一般来说，语言传承物同器物、墓碑、造型等遗迹、文物传承物有很大的区别。这些传承物很直观、生动，人们很容易从表面就能理解它的意思，而语言传承物没有这种动人的直观性，人们也不可能很容易就从表面理解它的意思。但是这并不是一种真正的缺陷，或者说这只是一种表面的缺陷。语言传承物是用这种抽象的陌生性表现一个重要特性，那就是一切语言都是属于理解的。传承物不通过文字就不能把自身的精神性完全表达出来。语言传承物同时也会随着时代和社会的兴旺不断发展，并不会因为时间的不断流逝而减少其存在的意义。语言传承物需要我们永远不断地对它们进行解释，因为它们留存下来的东西不只是过去的残存物，更是一段历史，它们向我们言说着未来。

　　另外，文字语言和口头语言之间也是有区别的。文字语言同具体实现过程相脱离，是一种自为的东西；而口头语言同具体的实现过程相联系，它们伴有声音、语调、情感等心理因素。文字语言和口头语言的差别就像剧本和演出之间的差别，剧本脱离具体的过程，在任何地点、时间都存

---

① 伽达默尔著，洪汉鼎译：《真理与方法》（下卷），上海译文出版社 2004 年版，第 547 页。

在，而演出则需要具体的时间和场地以及演员等形象地表现。文字的符号语言总是要归结为真正的讲话语言，因而，口头语言是第一性的现象，文字语言是第二性的现象。由于文字传承物具有脱离作者和最初的读者而存在的独立性，同声音和讲话相分离，所以它需要通过解释来使其在新的处境中获得每个人和每个时代的共同财产的意义。伽达默尔通过口头语言和文字语言、一般语言和其他非语言性两种不同的语言和传承物之间的区别，强调一切文字的东西才是解释学的主要对象。以文字文本为主要对象的理解现象表明："理解并不是心理的转化。理解的意义视域既不能完全由作者本来头脑中的想法所限制，也不能由文本原来写给其看的读者的视域所限制。"① 由文字性所固定下来的东西逐步地同它的原初作者和起源相脱离，并经由解释者指向未来的解释向新的关系积极地开放着，这是理解和解释的本质。

在伽达默尔那里，以语言性作为解释学过程的规定性来看，语言不仅是被解释的对象和被理解的东西，而且理解自始至终贯穿于语言之中，理解本身也是一种语言过程。

伽达默尔认为，理解构造了一种文本意见起作用的解释学视域，所以理解就是解释的过程。为了表达某个文本的实际内容，我们就必须把我们的语言活动同文本的意见有机地结合起来，把这种意见用我们自己的语言翻译过来。解释和理解是要通过语言来进行的，不断地找出概念和语词去解释文本或历史事件的意义是理解作为解释的根本任务。伽达默尔指出，无论是只用过去的语词和概念还是只用现在的语词和概念去理解过去，都无法达到真正的理解。因为如果完全用过去的语词和概念去解释过去，会因我们对过去毫无理解而无法理解过去；而完全用现在的语词和概念去解释过去，那么过去就会因为被归结为现在而隶属于现在的统治，就会因达

---

① 伽达默尔著，洪汉鼎译：《真理与方法》（下卷），上海译文出版社 2004 年版，第 555 页。

不到对过去的理解而导致误解。

　　伽达默尔批判了历史主义所谓的客观性的理想。历史学家们坚持所谓的科学方法论，宣称用现在的概念和术语是完全可以理解过去的。伽达默尔认为，这是完全错误的。错误的原因就在于历史学家们对描述研究对象所用的语词和术语的来源及其正确性问题并没有进行认真的反思，而是主观臆断，这种不加批判的主观臆断必然导致错误。因为某些语词和术语的意义不是一成不变的，随着历史的变迁这些语词和术语的意义可能会发生一些重大的变化，这就造成历史上熟悉的东西和陌生的东西因概念的变化而混同在一起，难以分辨。包括历史学家的任何人都不可避免地把自己的前见带入到对研究对象进行的客观的解释过程之中，无论历史学家认为自己多么坚持了科学方法论、多么毫无偏见，都改变不了这一事实。伽达默尔认为："因此尽管历史学家遵循一切科学的方法论，他还是和一切其他人的态度一样，他们作为时代的产儿无疑是受到自己时代的前概念和前见的控制。"[①]历史学家努力地在历史理解中只用被理解时代的概念进行思维，极力地排除自己的概念，但这只不过是一种天真的幻想，因为人不可能排除先见。所以，历史学家企图通过排除掉自己的语言而达到正确的理解是一条错误的道路。但是历史地思维并不是历史学家那样的思维，历史地思维包含着我们自己思想和过去的概念之间的一种中介。我们只有把握了那种在过去的概念身上所发生的一切变化，才能用过去的概念进行思维。所以伽达默尔指出，"所谓解释（Auslegung）正在于：让自己的前概念发生作用，从而使文本的意思真正为我们表示出来"[②]。

　　正确理解得以可能的唯一方法就是语言融合，这是伽达默尔的一贯主张。只有找到一种他人可以理解的正确的语言，才能使文本或其他书

[①] 伽达默尔著，洪汉鼎译：《真理与方法》（下卷），上海译文出版社 2004 年版，第 557 页。

[②] 伽达默尔著，洪汉鼎译：《真理与方法》（下卷），上海译文出版社 2004 年版，第 558 页。

籍所表达的内容得以表达出来，文本才能向人们"说话"。然而人们只能理解现在的语言，我们解释文本时只能运用现在的语词和概念，但是现在的概念和语词必须融合过去的语言。融合是互动的、双方的，过去的语言和现在的语言是相互作用的。所以"处境"成了一个重要的概念，一切解释都同解释者的处境直接相关，不存在任何脱离处境的解释和理解。"传承物的历史生命力就在于它一直依赖于新的占有（Aneignung）和解释（Auslegung）。正确的'自在的'解释也许是一种毫无思想的理想，它认错了传承物的本质。一切解释都必须受制于它所从属的解释学处境。"①

如何用语言表达文本所陈述的事情是我们理解某一文本首先要考虑的，因为语言性是解释的本质，解释又是理解本身的实现。所以伽达默尔指出，"凡是我们须需要理解和解释语言性文本的地方，以语言为媒介的解释就清楚地表明理解到底是怎么一回事：理解就是这样一种对所说的东西进行同化的过程（einesolche Aneignung des Gesagten），以使它成为自身的东西。语言的解释就是一般解释的形式"②。一切都是以语言性的解释形式为前提的，尽管存在着诸如音乐作品或绘画作品那些要解释的并不是语言性抑或非文本的东西，但实际上也还是存在着解释。非语词的艺术经常以"语言不能表达"为借口对解释等同于理解提出质疑。但在伽达默尔看来，这只是说明了我们的理解能力对语言陈述是有超越能力的。理解的语言性具有一种超越性和无限性，解释和理解通过彰显理性而获得超越一切现存语言限制的能力。通过解释学的工作，一种语言开始能够说出某种它以前不能说出的、无法表达的东西，这是解释学的真正意义所在。

伽达默尔在探讨"语言作为解释学经验的媒介"的基础上进一步探讨了"语言作为解释学本体论的视域"，把语言普遍化的倾向从主观上的普

---

① 伽达默尔著，洪汉鼎译：《真理与方法》（下卷），上海译文出版社 2004 年版，第 559 页。
② 伽达默尔著，洪汉鼎译：《真理与方法》（下卷），上海译文出版社 2004 年版，第 560 页。

遍性进一步上升为一种客观上的普遍性。在《真理与方法》这部巨著中，伽达默尔分别从语言作为世界经验、语言中心及其思辨结构和语言作为解释学普遍性的归宿三个方面阐述了"语言作为解释学本体论的视域"。

伽达默尔认为我们生活的经验世界是语言性的世界，离开了语言，我们就丢掉了经验世界。为了进一步研究语言的内容和形式问题，伽达默尔对洪堡的语言思想进行了深入的研究。洪堡坚持每一种语言都是一面文化镜子，对语言方面的研究作出了杰出的贡献。伽达默尔赞同并坚持洪堡关于"语言观就是世界观"的观点，认为洪堡在语言学的研究上形成了很多发展路径，做了一些开拓性的工作。但是，伽达默尔认为洪堡在语言观上坚持的内容和形式相分离的观点却是错误的。洪堡认为，语言作为人类精神力量的产物，是人类自然力所追求的普遍目标的集中体现。洪堡认为语言是可以独立于它所表达的东西的，尽管各种各样语言又都表现着一个完全不同的世界。伽达默尔对这种语言的内容和形式相分离的观点是持批判态度的。他认为，"语言形式和传承内容在解释学经验中是不可分离的。假如每一种语言都是一种世界观，那么语言从根本上说首先就不是作为一种确定的语言类型（就如语言学家对语言的看法），相反，语言是由在这种语言中所述说的内容而传流下了的"[1]。伽达默尔认为，语言和语言的使用是不可分离的。在语言使用的过程中，语言总是在不停地言说着。人们掌握和学习语言的过程就是从应用到应用、从使用到使用、从讲话到讲话的这样一个过程。人们学习母语的过程同样对外语学习是有着重要的意义的。洪堡曾经指出，在学习外国语言的过程中人们总是或多或少地把自己的世界观带入外语学习中并在世界观上获得一种新的高度，但这些变化却很少被人们所完全感觉到。因为"尽管我们会很深地植入陌生的精神方式，但我们决不

---

① 伽达默尔著，洪汉鼎译：《真理与方法》（下卷），上海译文出版社 2004 年版，第 621 页。

会因此而忘掉我们自己的世界观"①。"通过学习这种范式，我们不离开旧的视域而获得了一种新视域，这种新视域允许扩大可能观看、学习和理解的东西"②，这实际上就是视域融合。伽达默尔将语言的内容和形式统一起来，他认为语言融合就是视域融合。

对伽达默尔来说，语言并不是人在世界中所占有的某种东西，反而是人的世界一开始就是在语言中得以表达出来的。"相反，以语言作为基础，并在语言中得以表现的是，人拥有世界。不仅世界之所以是世界，是因为它要用语言表达出来——语言具有其根本此在，也只是在于，世界在语言中得到表述。语言的原始人类性同时也意味着人类在世存在的原始语言性。"③伽达默尔认为，语言不只是人认识世界的工具，而是人之为人的根本特征，人类的世界经验是由语言进行传达的，人类一开始就是有语言的。从此，伽达默尔赋予了语言以本体性。

伽达默尔认为，人类的世界与其他生物的不同之处，根本地表现在人类能够突破环境的规定和限定，站在他们的环境之上去经验世界。当然这种突破和超越是在语言的基础上实现的，通过拥有语言人类才拥有了整个世界，离开语言人类将无法把握世界。伽达默尔认为，"这两者都是相互隶属的。使自己超越于由世界涌来的熙熙攘攘的相遇物就意味着：拥有语言和世界"④。以语言为中心的观点是伽达默尔从语言是世界经验的观点的进一步阐发。同时，从语言出发也更能使我们加强对历史经验的有限性的理解。"为了正确对待这种有限性，我们必须继续抓住语言的线索，因为在语言中存在结构并不是单纯地被模仿，而是在语言的轨迹中我们经验的

---

① 伽达默尔著，洪汉鼎译：《真理与方法》（下卷），上海译文出版社 2004 年版，第 621 页。
② 洪汉鼎：《理解的真理——解读伽达默尔〈真理与方法〉》，山东人民出版社 2001 年版，第 331 页。
③ 伽达默尔著，洪汉鼎译：《真理与方法》（下卷），上海译文出版社 2004 年版，第 623—624 页。
④ 伽达默尔著，洪汉鼎译：《真理与方法》（下卷），上海译文出版社 2004 年版，第 625 页。

秩序和结构本身才不断被变化地形成。"① 这说明在解释学经验甚至于世界经验的形成中语言都起到了核心的作用。

伽达默尔还利用了黑格尔的"思辨结构"概念来解释他的语言观。"思辨的"这个术语源于黑格尔，是指追随思想的一种辩证运动。但伽达默尔并不完全赞同黑格尔对思辨运动所作的理解。黑格尔认为，思辨运动是一种真无限完全的整体。然而伽达默尔却没有把思辨运动看成是真无限而是认为黑格尔的"恶无限"才是一种真正的力量。语言就是这种真正力量的恶无限，它使我们意识到我们是有限性的存在。"语言是有限性的轨迹，这并不是因为存在着人类语言构造的多样性，而是因为每种语言都不断构成和继续构成，它越是把自己的经验加以表达，这种构成和继续构成就越频繁。语言是有限的，这并不是因为它并不同时就是所有的其他语言，而是因为它就是语言。"② 语言是自身有限性和意义无限性的统一，因为语言的结构是思辨的。

伽达默尔认为语言实际上是隶属性的场所，因为它是思想与世界、主体与客体照面的地方，所以伽达默尔是从对语言的隶属性的论述开始对语言的思辨结构进行探讨的。在他看来，"唯有语言中心，这种同存在物的总体相关的语言中心，才能是人类有限的历史的本质同自己及世界相调解"③。为了更加深入地阐明解释学的"隶属性"，伽达默尔探讨了"倾听"的辩证法。伽达默尔指出，倾听就是必然听从，是一条通向整体的道路。当传统用解释语言对我们说话时，无论我们想听与否，我们都已经隶属于传统之中。"隶属性的东西却以新的方式得到了规定。所谓隶属性的东西就是从传承物的诉说而来的东西。谁这样处于传承物之中——正如我们知道，这也适用于经由历史意识而被遗弃在一种新的现象自由中的人——谁

---

① 伽达默尔著，洪汉鼎译：《真理与方法》（下卷），上海译文出版社 2004 年版，第 643 页。
② 伽达默尔著，洪汉鼎译：《真理与方法》（下卷），上海译文出版社 2004 年版，第 643 页。
③ 伽达默尔著，洪汉鼎译：《真理与方法》（下卷），上海译文出版社 2004 年版，第 644 页。

就必须倾听从传承物中向他涌来的东西。"① 通过对文本的解释，传承物的倾听者要在自身的语言世界关系中理解和把握传承物的真理，因为语言是传承物的存在方式。解释学经验必须把它所遇到的一切当前东西都当作真实的经验，一切理解中所发生的世界便是这种在传统与现实之间的语言交往。解释学的这种结构，决定了谈话和解释是一种不受谈话者和解释者意识所决定的语言事件或语言过程。因为解释者就像谈话的双方，谁都无法预料谈话的结果是什么一样，解释者也不能预期有什么东西会在理解中发生，作为倾听人也无法控制理解之间的理解过程。因此在伽达默尔看来，"语言向我们说"比"我们讲语言"更准确，原因是"这种事件并非我们对于事物所做的行动，而是事物本身的行动"②。伽达默尔认为这种辩证法能更好地说明我们从语言中心出发思考的解释学经验。"在解释学经验中，也会发现类似辩证法的东西，即一种事物自身的行动，这种行动同现代科学的方法论相反，乃是一种遭受（Erleiden），一种作为事件的理解。"③ 从解释的作用完全可以看出解释学经验的辩证运动。解释能够用有限的词语将文本中整体的意义无限地表达出来，这就是解释运动的辩证性所在。通过把思辨性概念和事物本身在语言中的表现进行比较，伽达默尔进一步指明了语言所具有的思辨结构就是语词的有限性和语词所表达的意义的无限性之间的辩证统一。

对于语言客观的普遍性问题，伽达默尔提出了"语言是联系自我和世界的中介"的观点。伽达默尔认为，无论是谈话的语言、诗歌的语言，还是解释的语言等都存在着思辨结构，但是语言的思辨结构是一种使意义整体得以说明的语言表述，并不是对一种固定既存物的模仿。从这一点看，伽达默尔对语言思辨结构的观点内含一种辩证法。他认为事物本身的行动

---

① 伽达默尔著，洪汉鼎译：《真理与方法》（下卷），上海译文出版社 2004 年版，第 651 页。
② 伽达默尔著，洪汉鼎译：《真理与方法》（下卷），上海译文出版社 2004 年版，第 652 页。
③ 伽达默尔著，洪汉鼎译：《真理与方法》（下卷），上海译文出版社 2004 年版，第 654 页。

抓住了说话者的真正的思辨运动，思维所"遭受"的不是主体的方法上的主动性而是事物本身的行动。所以伽达默尔提出了他的那句名言——"这种关于事物本身行动的说法，关于意义进入语言表达的说法，指明了一种普遍的——本体论的结构，亦即指明了理解所能一般注意的一切东西的基本状况。能被理解的存在就是语言"①。解释学现象把被理解对象的存在状况在一般意义上规定语言，并把它的普遍性反映在被理解对象的存在状况之上。伽达默尔认为一切理解都被限制在语言中，这就是解释学普遍性的表现，所以解释学在语言中实现了其普遍性。"因此，我们就不再仅仅谈论艺术的语言，而且也要谈论自然的语言，甚至谈论引导事物的任何语言。"② 所以，解释学普遍性体现在包括自然科学语言在内的一切语言之中。

伽达默尔之所以认为解释学是哲学，而且是实践哲学，是因为他认为作为解释学的核心概念的"理解"是实践的前提和基础，理解活动是一种最基本的实践活动。伽达默尔指出："在解释学经验的这个最真确的领域，解释学哲学试图对其做出说明的情境以及解释学与实践哲学的关系等，统统得到了证明。首先，像行动一样，理解也是要冒风险的。这里从来不存在什么关于普遍规则的知识，因而也无法简单地将其运用于那些需要得到理解的叙述或本文之上。其次，在其获得成功之处，理解总意味着内在认知（inner awareness）的一次增长，而这种认知又作为一种新的经验加入到我们自己的知识经验的结构之中。理解也是一种探险，并且像所有的探险一样，可能会遇到危险。它不满足于简单、呆板地记下哪里有什么，或某人在哪里说过什么，而是力求追溯我们的指导性兴趣和问题。同时，也正因此，我们必须承认，解释学经验的确定程度远远不能与自然科学方法所达到的高度相比。但是，一旦我们意识到，理解是一种探险，当然也就会

---

① 伽达默尔著，洪汉鼎译：《真理与方法》（下卷），上海译文出版社 2004 年版，第 667 页。

② 伽达默尔著，洪汉鼎译：《真理与方法》（下卷），上海译文出版社 2004 年版，第 667 页。

懂得，它同样可以为人们提供某些独特的机会。它可以用一种特殊的方法拓宽我们人类的经验，我们的自我知识（self-knowledge），以及我们的视野。因为，理解所传达的每一件事物都是被传达给了我们。"① 由此可以看出，理解也像其他的活动一样，是一种探险，也是要冒风险的。理解也是一种创造性的活动，因为理解的过程中也不存在"普遍规则的知识"。理解能够使我们的内在认知得到增长，能够拓宽我们的视野和人类的经验，能够增加我们的知识。所以理解也是一种以自身为目的的指向善的一种活动，因为它"所传达的每一件事物都是被传达给了我们"。

　　理解活动这种特殊的实践的根本特点，是建基于语言的特性之上的。伽达默尔认为："我们的一切理解的内在语言条件都暗含着这样一种意思，即对于推动我们向前的意义的那种模糊的陈述可以被逐字连接起来，并且因此成为可传达的东西。在我看来，一切理解的集体性无不建基于其内在的语言特性之上，同时，这种集体性又构成了解释学经验中的最本质的内容。当使用一种共同的语言时，我们也就是在不断地塑造着共同的视界，并且因此也是在积极地投身于我们的世界经验的集体性之中。"② 伽达默尔认为，理解这种特殊的实践实质是建基于语言基础上的一种交往实践。在理解中随着视界的改变人们也改变着自身，从而使我们的生活不断获得更新，使社会进步发展。

　　以语言为基础的理解活动的方式是对话。伽达默尔指出："虽然我们说我们'进行'一场谈话，但实际上越是一场真正的谈话，它就越不是按谈话者的任何一方的意愿而进行。因此，真正的谈话决不可能是那种我们意想进行的谈话。一般说来，也许这样说更正确些，即我们陷入了一场谈话，甚至可以说，我们被卷入了一场谈话。在谈话中某个词如何引出其

---

① 伽达默尔著，薛华等译：《科学时代的理性》，国际文化出版公司 1988 年版，第 97 页。
② 伽达默尔著，薛华等译：《科学时代的理性》，国际文化出版公司 1988 年版，第 97-98 页。

他的词，谈话如何发生其转变，如何继续进行，以及如何得出其结论等等，虽然都可以有某种进行的方式，但在这种进行过程中谈话的参与者与其说是谈话的引导者，不如说是谈话的被引导者。谁都不可能事先知道在谈话中会'产生出'什么结果。谈话达到相互了解或不达到相互了解，这就像是一件不受我们意愿支配而降临于我们身上的事件。正因为如此，所以我们才能说，有些谈话是卓越的谈话，而有些谈话则进行得不顺利。这一切都证明，谈话具有其自己的精神，并且在谈话中所运用的语言也在自身中具有其自己的真理，这也就是说，语言能让某种东西'显露出来'（entbirgen）和涌现出来，而这种东西自此才有存在。"[①] 在这里伽达默尔一方面指出了语言具有本体论的意义，另一方面也指出了对话是理解得以实现的根本方式。对话并不是主体与客体的关系，不是对话中的某一方引导另一方，而是双方陷入了话题当中，真正引导谈话的是话题本身。

同时，理解也是指向未来的，是向善的。它不是一种解释的技术技能，而是一种实践。正如伽达默尔指出的那样："我将解释学描绘为一种哲学学说，而没有把它当成一种新的解释或说明程序。从根本上讲，它只能做出这样的描绘，即在怎样的情况下，一种解释才会是成功的、令人信服的。"[②]

伽达默尔的实践哲学与语言和对话是分不开的，这也是他的实践哲学的一个突出特点。在伽达默尔看来，语言活动是人的自我理解的存在活动和实践活动，是人们的最为基本的理解活动，作为最基本的实践活动的人们的交流活动是在语言基础上的理解、交流和达成一致的活动。伽达默尔认为："谈话中的相互了解不是某种单纯的自我表现和自己观点的贯彻执行，而是一种使我们进入那种使我们自身也有所改变的公共性中的转换。"[③]

---

① 伽达默尔著，洪汉鼎译：《真理与方法》（上卷），上海译文出版社 2004 年版，第 387 页。
② 伽达默尔著，洪汉鼎译：《真理与方法》（上卷），上海译文出版社 2004 年版，第 98 页。
③ 伽达默尔著，洪汉鼎译：《真理与方法》（上卷），上海译文出版社 2004 年版，第 491 页。

人们在共同意义的理解活动之中通过语言对话引导着谈话的发展和谈话者的自我改变，所以谈话者仿佛并不主导谈话的过程。伽达默尔的哲学解释学把传统的解释学从解释的技艺学和方法论中解放出来，将理解活动作为过去与现在的事件的一种对话式中介。为进一步阐明理解活动的规律，伽达默尔对语言做了深入细致的研究。他指出："语言并不是意识借以同世界打交道的一种工具，它并不是与符号和工具 —— 这两者无疑是人所特有的 —— 并列的第三种器械。语言根本不是一种器械或一种工具。因为工具的本性就在于我们能掌握对它的使用，这就是说，当我们要用它时可以把它拿出来，一旦完成它的使命又可以把它放在一边。但这和我们使用语言的词汇大不一样，虽说我们也是把已到了嘴边的词讲出来，一旦用过之后又把它们放回到由我们支配的储备之中。这种类比是错误的，因为我们永远不可能发现自己是与世界相对的意识，并在一种仿佛是没有语言的状况中拿起理解的工具。毋宁说，在所有关于自我的知识和关于外界的知识中我们总是早已被我们自己的语言包围。我们用学习讲话的方式长大成人，认识人类并最终认识我们自己。学着说话并不是指学着使用一种早已存在的工具去标明一个我们早已在某种程度上有所熟悉的世界；而只是指获得对世界本身的熟悉和了解，了解世界是如何同我们交往的。"[①]可见，伽达默尔认为语言不是符号，也不是工具，而是我们理解世界得以实现的现在和过去得以中介的媒介。所以作为一种视域融合，理解实质上就是一个语言的过程。我们通过对语言的拥有，最终达到对世界的理解和对世界的构造。

　　伽达默尔进一步指出，语言不仅不是工具，反而是人拥有世界的一个基础。语言虽然不是独立的存在，但世界却是在语言中得到表述的，"语言并非只是一种生活在世界上的人类所适于使用的装备，相反，以语言作为基础，并在语言中得以表现的是，人拥有世界。世界就是对于人而存在

---

① 伽达默尔：《哲学解释学》，上海译文出版社 1994 年版，第 63 页。

的世界，而不是对于其他生物而存在的世界，尽管它们也存在于世界之中。但世界对于人的这个此在却是通过语言而表述的。……语言相对于它所表述的世界并没有它独立的此在。不仅世界之所以只是世界，是因为它要用语言表达出来——语言具有其根本此在也只是在于世界在语言中得到表述"①。语言支配我们对世界的经验，阐明由它所展现的一切，语言本身具有独立存在的性质，然而它可以揭示它所言说的东西的存在。伽达默尔认为："语言越是一种活生生的过程，我们就越不会意识到它。因此，从语言的忘却中引出的结论是，语言的真实存在就在于用语言所说的东西。语言所说的东西构造了我们生活于其中的日常世界……语言的真实存在即是当我们听到它时我们所接纳的东西——被说出来的东西。"② 语言是理解的普遍媒介，语言的存在方式就是对话，对话使理解得以可能。

二、哈贝马斯对语言本体论地位的论述

交往行动理论中，哈贝马斯把世界分为客观世界、主观世界和社会世界三个部分。主观世界涉及情感、愿望等非理性的体验，是主体经验的总体性表现。话语就是对话语参与者主观世界的反映。主观世界具有私人性和个体性的特征，没有客观实在和社会规范那样具有可公度性，这是由它的非理性特征所决定的。所以行动者比其他人更能够优先地进入到主观世界之中。但是，主观世界必须使自己的意义和社会世界的意义一样能够得到解释时才能真正地成为一个"世界"。这种解释是通过他者的质疑和通过自我的反思来实现的。话语对话语参与者主观世界的反映具有主体间性。当话语参与者的语言真诚反映了他的初衷时，解释就真正反映了主观

---

① 伽达默尔著，洪汉鼎译：《真理与方法》（下卷），上海译文出版社2004年版，第575–576页。
② 伽达默尔：《哲学解释学》，上海译文出版社1994年版，第22–23页。

世界。只要能真诚地反映话语参与者的初衷，这种有效性的反映才能得到真理或知识。另外，话语主体的言说，要想真正地反映话语参与者的真实内心，真正地反映话语参与者的主观世界，它还必须具有能够使内心世界与外部的客观世界以及社会世界连接起来的能力。

客观世界是指实际存在的事态世界。哈贝马斯认为，在主观世界、客观世界和社会世界这三个世界中只有客观世界还保持了一切实体所具有的严格意义上的本体论意义，是一切真实命题的相关物。作为能够行动和言说的主体，必须在共有的生活世界视域去把握客观世界，他们在实践行动中才能取得成功，他们在彼此的交往中才能达成理解。而无论在何时何地表达出了什么，言说者所说的话都会包含着经过了具有康德式的先验成分却被哈贝马斯去先验化的关于外部世界的某些假定。这种"去先验化一方面导致将认知主体埋植入生活世界之社会化着的语境中，另一方面导致认知与言说和行动的缠结"①。

所以，客观世界的意义在于可以用实际存在的事态与话语参与者的陈述的真实性的关系来加以阐明，是一种具有确定性的事态的总体性。哈贝马斯在他早期和中期批判客观主义认识论和意识哲学时对真实性问题保持着一种警觉，但是后来他逐渐认识到，真实性能作为判断话语的前置标准，是话语应该具有的性质和可能产生的效果，而并不是某种先于语言而存在的、先验的东西。于是哈贝马斯进一步指出，主体间性是判断话语的内容是否真实的一个确切的标准。当世界是作为"对每个人都一样的东西"而"被给予的"时，我们就可以说这个世界是"客观"的世界。"当且仅当在合理话语的严格语用学前提下，它能够经受住使它无效的各种尝试的考验，也就是说，只有在一个理想的认识情景中得到论证，一个陈述

---

① Jürgen Habermas, *Truth and Justification*, edited and translated by Barbara Fultner, Cambridge: Polity Press, 2003, p88。

才是真的。"①

哈贝马斯所说的社会世界是人和人之间通过规范调节的世界。社会世界的意义主要是通过话语者是否符合现存规范而表现出来的。话语者的语言不符合现存的规范，话语就不具有正当性和有效性，是无效的；话语者的语言符合了现存的规范，话语就具有了正当性和有效性。这种有效性就叫作社会有效性。当话语正确地反映了人与人之间的各种社会关系，正确地反映了社会世界中的社会规范之时，话语与规范就是符合的。哈贝马斯所说的"规范"是一个很丰富的概念：一是包括现有的习俗、制度等现成的规范；二是正在形成的话语双方在某些事物上已经达成共识的具有约束作用的规范；三是未完成的、可纠正的、尚未得到话语双方承认的规范。在哈贝马斯这里，规范随着人与人之间关系的变化而变化，规范的这些形态取决于人与人之间的社会关系。所以，话语对社会世界的反映是人们对社会关系的调节和认识，是对人与人之间的社会关系的反映。社会世界和客观世界一起构成了规范行动的前提条件。

哈贝马斯通过三个世界的划分，进一步指出，参与者在交往中达成理解，反映了客观世界并与客观世界建立了联系，同时通过在客观世界中被表现出来和创造出来的事物也反映了主观世界和社会世界。对三个世界的划分是要把"生活世界"与"世界"这对概念结合起来，用建构论的世界概念来取代本体论的世界概念，用具有不同的有效性要求的文化知识概念取代客观精神概念，使世界概念在内涵上不再受到有限的本体论的束缚。这种尝试是想要摆脱主、客体世界二元对立的意识哲学，即直接的主客二分的思维模式。客观世界、主观世界和社会世界这三个世界不是独立无涉的，话语参与者同时和三个世界产生关联。只是话语参与者和三个世界通

---

① Jürgen Habermas, *Truth and Justification*, edited and translated by Barbara Fultner, Cambridge: Polity Press, 2003, p36。

过其话语行动建立的关系是有差异的：客观世界、主观世界和社会世界的标准分别是真实性、真诚性和正当性，它们分别是通过言语的自我内省、命题的陈述和话语的规范来呈现的。

哈贝马斯认识到，对认识能力的反思或考察是认识论不可或缺的主题。因为话语对世界的反映能否形成主体所需要的知识，实现理解的目的，最关键的是话语主体是否有反映的能力。所以能力成为哈贝马斯的话语认识论的一个重要方面。哈贝马斯认为，话语能不能真正地反映客观世界、主观世界及社会世界，取决于话语主体是否具备对生活世界的反映能力、基本的语言理解能力和创造意义的能力。

第一，对生活世界的反映能力是话语主体必须具备的第一能力。生活世界话语主体提供知识储备，生活世界潜在地为话语的进行提供着以非主题的、前反思的、前理论的或前科学的知识背景为内容的不同于世界中关于某物的理论知识和实践知识。生活世界的知识表现为话语主体"储存起来"的个体知识、文化知识、制度知识等处于表层的语境知识和视界知识的深层根基。这些知识具体表现为法律、道德、宗教信仰、习俗及自身的性格、需求、理想等等。哈贝马斯认为，文化知识是能使不同的实体相遇并一起进行日常生活的一种符号形式。文化知识在交往行动中，能使交往参与者理解对方表达的意图、相互就某事达成理解。社会制度知识则促使社会群体中的交往参与者与他者能够协同起来对群体形成某认同，达成共识。个体知识是"人的组织基础"的个性结构，是一切促使主体能够言说并且行动的能力和动机。文化知识、个体知识和制度知识作为生活世界中背景知识三个组成要素通过共同的日常语言媒介在日常交往中紧密交叉在一起，是密不可分的。

通过以上分析可以看出，话语交往虽然在现有的生活世界中进行，但却不是被动地适应而是在建构，形成一个新的生活世界，因为它首先是对生活世界背景的一种反映。所以哈贝马斯认为，"生活世界当中潜在的资源有一部分进入了交往行动，使得人们熟悉语境，它们构成了交往实践知识的主干。经过分析，这些知识逐渐凝聚下来，成为传统的解释模式；在社会群体的互动网络中，它们则凝固成为价值和规范；经过社会化过程，它们则成为了立场、资质、感觉方式以及认同。产生并维持生活世界的各种成分的，是有效知识的稳定性，群体协同的稳定性，以及有能力的行为者的出现"[1]。

话语主体需要掌握生活世界背景下的文化知识、个体知识和制度知识，因为这是交往中必不可少的背景知识。其中任何一种知识的缺乏，都会导致话语主体不能正确认识自我的个性，不能与他人顺利地就某事达成共识，不能产生自我认同，也不能正确地认识自我与他人之间的社会关系。

第二，语言理解能力是话语主体需要具备的基本能力。哈贝马斯指出，话语参与者基本的交往能力主要表现为他理解语言和表达语言的能力，也就是使用语言和充分运用语言的能力。哈贝马斯认为："普遍语用学的任务，就是要识别与重建使得相互理解得以可能的普遍条件。"[2] 对话语主体来说，只有具备"交往性资质"，他的言语才能得到理解，话语双方才能在相互理解的基础上，把符合语法的语言和现实的关系紧密联系在一起。

在哈贝马斯看来，一个言说的一般语用功能包括建立合理的人际关系、表征特定世界中的事实和对象、表达言说者的主观意愿三个方面的要素。而且，话语主体在表达某语言时需要具备三种有效性主张的知识，也就是真实性、真诚性、正当性。这是言说者的表达具有有效性的前提，话语主体也必须具备一定的反映能力，才能反映有效性的主张。而这些有效

---

[1] 哈贝马斯著，曹卫东、付德根译：《后形而上学思想》，译林出版社2001年版，第82页。

[2] Jürgen Habermas, *On the Pragmatics of Communication*, edited by Maeve Cooke, Cambridge:Polity Press, 1999, p21。

性还必须进一步加以论证和辩护，还要根据听众的反应来作出相应的调整，不可能一次性实现。所以哈贝马斯进一步指出，"有效性要求（包括命题的真实性，规范的正确性，以及主观的真诚性）表明的是不同的知识范畴，知识是通过符号体现在表达当中的。表达也可以进一步加以分析，而且可以从以下两个角度加以分析：一是如何对这些表达加以论证，再就是行为者如何通过表达而与世界中的事物发生联系"①。

理解对方语言的能力包括正确了解对方的见解、对对方的质疑进行反思和与对方达成一致三个方面的能力。哈贝马斯认为与对方达成一致的能力是这三个方面的能力中最重要的。因为达成"一致"是实现理解的最终目的，构成一致性的基础则是对言说者有效性主张的认同。达到相互的理解就是要达成一致，但这离不开有效主张的预设。人类的认识过程就是不断地达到一致又不断地突破和超越一致的语用交往的不断前进的辩证过程。

第三，对存在意义的反映能力也是话语主体必须具备的，这个能力更具有一种创造的意义，可称为"创造意义的能力"。在哈贝马斯看来，对话活动是在一种理解和表达的基础上的对生活意义的创造性反映。这种创造性的反映包括在话语交往中创造生活意义的能力和对生活意义的自觉反映能力。

一次成功的话语认识，是一种自我意义的确证。需要话语主体明确地意识到自己想要什么以及怎样才能得到它，能够反映对自身生活的意义。这是推动话语的进一步展开，构成话语行动的合理动机的关键一点。话语者表达自己的个人主张是在自觉和自律的基础上进行的。然而自我的认同需要建立在与他者的交往基础之上，也就是说，话语者表达自己主张的能力是以交往理性为基础的，是基于一种主体间交往的理性。即"实践的自

---

① 哈贝马斯著，洪佩郁、蔺青译：《交往行动理论》（第1卷），重庆出版社1994年版，第74页。

我关系中的自我通过它的要求从他我那里得到认可来确定自己"①。所以，话语对生活意义的反映，是对他者和自我的一种超越。因为"确定自己"是对自我与他者之间互动和共享的生活意义的综合反映，而不是对他者与自我的生活意义的分别的直观反映。当然，对生活意义的综合反映是一种创造性的反映，是在话语活动中不断生成或展现的，因为生活意义并不是一个现成的或先验的客体。

所以，话语的交往实践实际上是一种创造生活意义和重构、修补生活世界的创造性活动。也就是话语参与者通过自我认识，进一步构建社会规范，创生文化，实现自我学习和不断成长。哈贝马斯指出，以上三个有效性要求虽然是话语交往中最基本的原则，但在具体的交往活动中它们却时时受到交往主体的质疑或证明，并不是理所当然的。为了不影响话语的效果，话语主体双方关于真实性、真诚性和正当性的运用规则、内涵等都需要达成一致，其含义，即针对真实性要求，稍有疑虑。因为合格的交往者在交往行动中应该能够质疑和证明三个有效性主张中的任何一个。然而，这种能力是在日常交往中通过对生活世界的学习而获得的，它并不需要专门的主题化的科学认知来实现。所以在日常交往中有效的理解成为可能。也就是说，人们是在日常生活中话语主体通过自身的生成和完善而达成了相互理解，这正是哈贝马斯的话语理论所具有的创造意义的功能。

从哈贝马斯的话语理论中可以看出，话语活动作为一种反映方式会产生成功或者失败两种结果。从成功的话语活动来看，话语双方就某事达成了共识，形成了共识真理或话语真理，话语真正地反映了共同的世界。从失败的话语活动来看，原因可能是话语的内容是错误的因而导致在真实性上没有达成一致，或者因话语主体没有形成共同的社会规范而导致在正当性上没有形成共识，或是话语双方在真诚性上出现了分歧，等等。

①哈贝马斯著，曹卫东、付德根译：《后形而上学思想》，译林出版社 2001 年版，第 211 页。

　　哈贝马斯坚持他的话语交往理论的乐观性，他主张多元价值间的宽容，反对歧视和偏见，他认为他的话语认识本身就是宽容性的。哈贝马斯指出："在我们能相互期待从另一个人那里获得宽容之前，每一个公民都平等地主张必须在一个政治共同体里达成普遍一致的认识。正是非歧视的共享原则，首先为宽容提供了道德上和宪法上的理由，这些理由首先优越于对他人的敌视而仅仅容忍其真理诉求这一认识上的理由。在一个标准化共识基础上，持续于一定认识水平上的对抗世界观之间的矛盾，就能够在平等对待的社会范围内得到调和。"① 所以哈贝马斯主张将宽容原则建制化，将之体现在法律当中，从而避免仅仅作为一种伦理原则的宽容在现实面前的软弱性。他指出："多元文化主义不能误解其自身地位角色，也不能和他们自身的集体认同一道构建群体文化自信的单行道。不同生活方式的平等共存，需要在共同的政治文化框架里的公民融合及其亚文化成员的相互认同。只有在政治整合的条件下，建立在民主法制基础上的多元社会才能确保文化的差异。"② 通过这些论述，哈贝马斯企图强调他的话语交往理论不只是一种理论或理想，在多元价值相互角逐的当今形势之下，人们需要与他者的价值相认同而放弃自身的价值，这是每一个生活于现时代的人都应该有的一种文化自信。那种认为话语双方即便实现和解与共识，在现实生活中也会因为强权和意识形态的作用而形成话语暴政的观点是悲观的，是错误的。

　　在多元价值共存的今天，哈贝马斯的话语共识所要求的普遍性是否会由自由而平等的话语因压制了个体而沦为普遍的专制？哈贝马斯指出："只要形而上学的普遍同一性思想还在继续追问，只要人们依旧运用唯心主义的思想手段，那么，普遍就必然压倒个体，而个体注定也就不可言

---

① 哈贝马斯著，陈开华译：《不容异说与歧视》，《现代哲学》2004 年第 3 期，第 2 页。
② 哈贝马斯著，陈开华译：《不容异说与歧视》，《现代哲学》2004 年第 3 期，第 6 页。

说。"①当然，哈贝马斯所说的普遍性不是同一性的普遍性而是多样性的普遍性。在多样性的普遍性的情况下，"以此种方式达成的、符合有效性要求的话语共识，绝不会成为'多数人话语的暴政'，因为，在话语论证过程中，每一主体的话语权利都在程序和规则上得到保证，都能充分地得到行使。这里唯一起作用的是论证的合理性和正确性，而摒弃的恰恰是话语的霸权，维护的恰恰是话语的民主和自由"②。

由此，哈贝马斯通过语言在交往实践中对三个世界的反映建立了他的话语概念，他认为理解过程不是通过思维活动对单一客体的反映而是在主体间进行的，而这种主体与传统意义上的形而上学的同一主体是完全不同的。他突出地强调了主体间性。所以哈贝马斯的整个交往行动理论是以语言在交往和实践中的地位为基础的，是以他的话语理论为基础的。

---

① 哈贝马斯著，曹卫东、付德根译：《后形而上学思想》，译林出版社 2001 年版，第 178 页。
② 得特勒夫·霍尔斯特著，章国锋译：《哈贝马斯传》，东方出版中心 2000 年版，第 148 页。

中 篇
伽达默尔与哈贝马斯的论争

　　哈贝马斯和伽达默尔都认识到客观主义的弊病，认为理解离不开具体的语境，必须在具体语境中才能得以完成。解释学无论在社会科学还是自然科学的发展中都起到了相应的作用，把我们的生活经验和科学经验有机地统一起来，融为一个整体。解释学思想在我们现实生活中的重要意义体现在，人们通过对世界的理解和解释指导着我们的生活，指导我们进行有意义的实践活动。所以在这个意义上解释学就是实践哲学。

　　但从对解释学的理解和把握上，伽达默尔的哲学解释学将更多的注意力放在了本体论层面，从而在方法论层面似乎有些淡化。哈贝马斯正是抓住伽达默尔不太注重方法论这一点，想彻底建立一种作为方法论的解释学——批判解释学。对于伽达默尔所坚持的解释学普遍性的主张，哈贝马斯又提出许多批评的观点。哈贝马斯主张解释学意识必须有一个解释学理解范围的限制，如果超出这范围，特别是涉及不可理解的表达，它就会不完善。于是哈贝马斯和伽达默尔在解释学方面展开了一场广泛的论争。

第一章

论争产生的原因

　　伽达默尔与哈贝马斯之所以会产生论争，究其原因主要在于他们研究的侧重点有很大的差异，他们的学术承传也大相径庭。伽达默尔的哲学解释学从学术起源上说，主要源自海德格尔关于理解和解释的思想，而哈贝马斯所继承和发展的是社会批判理论，是德国法兰克福学派霍克海默与阿多诺所开启的。

哲学解释学与批判理论在德国学术界是两门重要的理论，本是关系不大的两门学问，但伽达默尔和哈贝马斯关于解释学的论争，把这两门学问联系了起来。

伽达默尔与哈贝马斯论争产生的原因一个是研究的侧重点有所不同，二是他们的学术承传有很大的差异。从学术承传来看，哈贝马斯所继承和发展的是德国法兰克福学派霍克海默与阿多诺所开启的社会批判理论；而伽达默尔的解释学从学术起源上说，主要源自海德格尔关于理解和解释的思想。

一、伽达默尔与哈贝马斯研究的侧重点不同

哈贝马斯首先从被他发展了的批判理论角度对伽达默尔的解释学思想提出了批评和质疑，伽达默尔也在捍卫哲学解释学的立场上对哈贝马斯的质疑和批评作出了反批评和解释。伽达默尔指出，传统比语境更重要，它具有先在于批判的性质，尽管理解也依赖于语境，但不可置疑的是理解还是要首先从传统所产生的前理解出发，而人也只能在从属于传统总体的情况下对个别传统作出批判。传统意味着共识，共识是前理解性的悬设，是理解与解释不可缺少的。传统与共识是伽达默尔主张的对话的前提。伽达默尔认为，任何对话的目的都是在新的基础上达成新的共识，而理解与解释则是从现实的语境出发与传统的真正对话。

哈贝马斯认为，伽达默尔忽略了反思的批判性作用而过分地在意前理解结构，这必将导致对权威的认可而失去了对社会的批判性。解释学反思在传统的界限内使权威得以保留下来，是因为要达成新的对传统性的共识，然而传统很可能只是一种假定，因为对真实之物的认识和对传统性共

识的认可不一定是一致的。传统有两面性，既可能带来真理和共识，也可能带来虚妄和强制。由于受传统的影响，占主导地位的社会偏见很可能被人们缺乏批判地虚假地认同。这样，被强制性所扭曲的交往变成了伪交往，而伪交往产生的表面上看似合理的共识只是一种假象。所以，哈贝马斯的批判理论的反思就是要在一个超越传统的参照系下对传统作出批判，并对哲学解释学号称其所具有的普遍有效性作出限定。哈贝马斯针对伽达默尔的哲学解释学，提出了自己完全不同于伽达默尔的批判解释学或深层解释学。深层解释学以解放为旨趣，致力于通过澄清个人动机与社会强制之间的相互作用，将人们从社会强制和扭曲性交往中解放和解救出来。

伽达默尔针对哈贝马斯的批评给予坚决的反驳。伽达默尔指出，理性反思和传统、权威并不是彼此绝对对立的。权威有可能会起到教条式作用并不能说明权威出于合理的秩序还是出于权力的滥用，也不能说明权威本身是否合法。所以说，不能因为权威有教条式的作用就断定权威一定是错误的。因为，权威来自人们对权威的自由认可而并非来自人们对权威的顺从。得到认可的传统与权威本身就带有理性因素，尽管这种认可很有可能是出自弱者对强者的回避态度，然而对权威的认可在认识上完全占有一定的优势，是一种理性的活动，不是随意的、盲目的。反之，恰恰是否认批判性反思具有依附性，将权威与理性抽象地对立起来，这种赋予批判性反思以动摇教条的独立性作用的做法本身就是一种教条式的偏见。另外，哈贝马斯用以批判伽达默尔所举的医患关系也不能完全代表社会伙伴关系，心理分析也不能完全替代解释学对话。因为解释学对话的宗旨不在于治疗而在于取得共识，解放性功能只不过是一种特殊功能而已。并且在伽达默尔看来，心理分析不能实现解释学对话旨在取得的那种共识，而且常常具有诱导性乃至欺骗性。由此似乎表现为伽达默尔的哲学解释学与哈贝马斯的批判理论之间没有可沟通性，是具有原则性分歧的不同哲学。

然而进一步研究就会发现，哈贝马斯的批判理论和伽达默尔的哲学解释学在很多方面都是契合的，并非没有可沟通性。哈贝马斯的"交往"和伽达默尔的"对话"虽然有些细微差异，并非完全一致，但在深层含义上还是有很多彼此吻合的地方。从传统的意义上来讲，解释学强调理解的普遍性、主体间行动的共同性，致力于取得理解的共识；以主体间性为前提的交往理论却十分强调个体间的差异性以及主体间的交互性。解释学注重共同性而交往理论注重交互性。然而，伽达默尔和哈贝马斯都不是传统意义上的解释学和交往理论，他们都在各自的领域做出了创新和创造，所以不能完全按传统意义来理解他们的分歧。

伽达默尔的"对话"从根源上来说是来自柏拉图的"对话"，它的目的是强调真理不是由单方面的独白宣示出来的，而是形成于对话双方的互动关系之中。对话是针对独白而提出来的，它悬设了共识。但在伽达默尔的解释学中，对话成了往昔的传统和今天的语境之间的一种中介，传统性共识通过对话不是原封不动地而是有所沿革、有所损益地承传下来。伽达默尔讲求对话双方的交互性，同样也讲求对话双方的互动性以及当下语境与传统的交互性。

再看哈贝马斯，他所力推的"交往"使得真理形成于主体间性当中，交往是针对主体间性观念提出来的。在这个意义上，哈贝马斯的交往和伽达默尔的对话在含义上是非常吻合的。但进一步分析，还是有很大的差别。哈贝马斯讲的交往并不是个体之间的交往而是群体性交往，群体性交往已经涵盖了个体交往。交往可以是将同一群体中的社会伙伴联系起来的群体性社会交往，也可以是作为个体的社会伙伴联系起来的个体性交往。个体之间的交往侧重的是交往的两个主体之间的相互关系，而群体性交往侧重的是交往的多个主体之间"我们"区别于"他们"或"你们"的共同的关系，这里的相互和共同是有着很大差别的。从这个意义上看，哈贝马斯的交往除了具有交互性这一含义外，更具有共同性这一含义。由此，哈贝马斯和伽达默尔的分歧就可以看成是以对话为中心的个体之间的交往和以交往为中心的群体性交往之间的差异，所以既有共同点又有差异。也就是说，他们的分歧是在有一定共同基础上的差异，而不是绝对的差异和分歧。比如，无论他们是强调个体之间交往的对话还是强调群体之间的交往，都是生活世界中的共同的主体间的交互性。

我们还可再进一步分析哈贝马斯的"交往"和伽达默尔的"对话"之间的细微差别。对话与交往在词义上有一定的重合，但深入分析来看侧重点是不同的。"相互"和"彼此"是对话所强调的重点，它主要来自辩证法所讲的对立双方彼此间的关系。而"共同"和"一道"则是交往所强调的重点，不同存在者的共同存在这种共存就是在这个意义上讲的。但是对话与交往这二者也是互为表里、相互作用的关系。哈贝马斯和伽达默尔的论争既是一种交往也是一种对话。虽然他们都站在自己的立场上坚持各自不同的观点去交流各自的看法，但他们也因为这种论争和对话形成了一个思想交往的交互作用的共同体，对各自学术的发展都起到了推动作用。他们之间的对话使得两人不是毫无瓜葛、彼此隔膜地存在，他们之间的交往保证了他们的对话不至于失败与破裂以及他们之间的关系不至于瓦解与分裂。然而交往和对话在词义上的侧重点有很大的差别，这就必然导致它们所关联着的思想内容上的侧重点是有所差异的。所以哈贝马斯用交往概念取代了伽达默尔的对话概念，表达了他和伽达默尔完全不同的另外一种倾向性，这主要反映在他们分别援引的强弱关系与医患关系这个事实当中。

从伽达默尔与哈贝马斯分别援引的强弱关系和医患关系来说，弱者与强者之间的关系不是交往关系而更多的是对话关系；医生与患者之间的关系不是对话关系而更多的是交往关系。医生与患者共同处理的是患者的心理，而不是医生和患者各自的心理。但是医患关系和强弱关系所处的情境是不同的，也就是说伽达默尔和哈贝马斯都选取了有利于表达各自观点的不同情境来论述。这就使得对话和交往这两种关系有效于不同领域而不可彼此混淆。因为在医患关系中，患者认可医生的权威，心甘情愿地接受分析，并且能够克服自己抵制接受心理分析的本能而努力地配合心理诊疗。但在现实的社会生活中，社会成员之间更多的是游戏伙伴关系而非医患关系，在这种游戏伙伴关系当中双方往往是互相抵制的关系。在这种情况下，社会伙伴之间的对话要想成立，就不能用心理分析来解释。所以伽达默尔否认医患关系是对话关系，也阐明了哈贝马斯的所谓深层解释学的应用范围及其有效性是有限的。

从强弱关系来看，弱者对强者的被迫屈从和弱者对强者的自由认可常常是混合在一起而难以区分的。即便是自由的认可，也可能意味着弱者因自身无法与强者匹敌，而将自身受支配的状况予以内心化为一种屈从，也不一定就意味着强者具有合理性。屈从蕴藏着弱者为保持自身主体性而对强者作出的抵制，并没有患者服从医生这样的自愿态度。所以，哈贝马斯拒绝承认这种建立在强弱不均关系基础上的伽达默尔所认可的对话。

二、伽达默尔与哈贝马斯的理论基础和学术承传不同

伽达默尔与哈贝马斯除了研究的侧重点不同之外，考察他们产生论争的原因还要看他们的学术承传。从他们的研究侧重点的不同入手分析，为我们认识交往行动理论与哲学解释学的关系提供了一个有效的积极的视角，而从他们的理论基础和学术承传来分析，更能为充分理解他们的论争开拓更宽广的视野。任何一种学说或理论的产生都是一个历史的传承，不是凭空产生的。从学理上看，哈贝马斯所继承和发展的是德国法兰克福学派霍克海默与阿多诺所开启的社会批判理论。在霍克海默和阿多诺时期，主体间性还不是一个重要的概念，他们在总体上还是始终恪守着主体性概念的。主体性论述的是主、客体二维相互关系，离主体间性这种共同关系还有很大差距。哈贝马斯用他的交往行动理论对主体间问题的论述弥补了早期的社会批判理论的不足，然而哈贝马斯也不可能完全超越老一辈社会

批判理论的主体性哲学。哈贝马斯是在老一辈社会批判理论的基础上，在批判的维度下展现主体间的关系的。主客体关系体现了主体与客体的共同关系，更适合于展现批判的维度。主体相对于客体来说，具有统率作用，主体完全可以在不认可对方的他在性，不接受对方的主体性的情况下，从关联共同性的普遍性观念出发来批判客体。因此哈贝马斯在批判性的维度下偏重于从交往双方的共同的关系来阐发他的交往理论。而伽达默尔的解释学从学术起源上说，主要源自海德格尔关于理解和解释的思想。解释和理解是个人的在世、存在方式，人与人彼此联系地存在于世界之中，但是个人对自身以及世界的理解和解释彼此不同，体现出相互联系但又相互差异的关系。所以，解释和理解涉及更多的是人与人之间的相互关系，共同关系是在相互关系基础上不断形成的。共同关系是在彼此不同的个人的在世方式基础上建立的。哲学解释学的理解和解释追求的不是相同视域的共同重合而是不同视域的相互融合。哈贝马斯与伽达默尔有着不同学术承传，这也成为他们发生论争的一个重要原因。

从哈贝马斯和伽达默尔各自的思想来说，解释学范围内的论争也是为了相互理解和达成共识，因为这是解释学根本的要义所在。解释学所要解决的正是人与人之间的相互理解与达成共识之间的困难，因为人与人之间的相互理解和共识并不是毫无障碍的，如果毫无障碍的话，解释学就成为多余的了。解释学的宗旨在于澄清理解得以发生的条件而不是阐发理解的程序。这种条件在理解的过程中表现为存在于解释和文本之间的时间间距。但时间间距却造就了解释，正因为文本的意义需要受到历史境遇影响的解释而不可能仅仅来自作者及其原初的读者，这种时间间距为解释提供了可能性。由此达成的可能的共识表明共同性是建立在解释者与文本之间、历史与现实之间，并体现为一种以间距性而产生的交互性。这是伽达默尔符合解释学历史和解释学逻辑的一贯主张。也就是说，无论怎样论争，伽达默尔的解释学的基调是不变的。

　　哈贝马斯早期的交往行动理论因袭了以否定性、非同一性为取向的早期批判理论的方向，对传统与权威不断地进行否定。但是，哈贝马斯又一直在努力地认可具有相对持久有效性的合法性和确定规范性，哲学解释学的共识观念恰恰为交往行动理论提供了一些有益的参考。哈贝马斯的交往行动理论在论争后弱化了以霍克海默和阿多诺为代表的早期批判理论的批判性，转向立足于肯定性、同一性的合法性规范而不再侧重立足于否定性、非同一性的批判。

　　哈贝马斯与伽达默尔这场激烈的争论是一场对话，通过对话，哈贝马斯的批判理论限定了伽达默尔哲学解释学主张的普遍性，促使伽达默尔的哲学解释学向实践哲学转化；而伽达默尔的哲学解释学有关共识与传统的关系等思想也对哈贝马斯的交往理论具有重要的借鉴意义，不断丰富和充实了批判理论对批判的认识和反思，同时对批判理论所主张的普遍有效性也有所限定。这场论争虽然是不同哲学流派的对话，但都推动了各自理论的发展，在哲学发展史上具有重要的意义。

微信扫码，立即获取

☆ PPT总结分享
☆ 更多延伸阅读资源

第二章

论争的主要内容

　　伽达默尔和哈贝马斯关于解释学的论争涉及到很多内容，本章从解释学普遍性上的论争，在传统、权威和理性的关系上的论争以及解释学的方法论方面的论争三个方面进行阐述。

伽达默尔与哈贝马斯的论争纯属学术性质的，属于解释学内部的争论。这场解释学内部之争涉及很多方面，归纳起来主要集中在以下几个问题上：解释学普遍性上的论争，在传统、权威和理性的关系上的论争以及解释学的方法论方面的论争。

一、在解释学普遍性上的论争

伽达默尔的《真理与方法》一书是其哲学解释学的代表作。他始终认为解释学是普遍性的，并总结性地指出："能被理解的存在就是语言（Being that can be understood is language）。诠释学现象在此好像把它自己的普遍性反映在被理解对象的存在状况上，因为它把被理解对象的存在状况在一种普遍的意义上规定为语言，并把它同存在物的关系规定为解释。因此，我们就不仅仅在谈论艺术的语言，而且也要谈论自然的语言，甚至谈论引导事物的任何语言"①。语言是一面镜子，它包容了世界的一切经验，反映着存在的一切事物。在《真理与方法》一书中，伽达默尔从对艺术的反思和对审美意识的批判开始，把理解关联到存在和语言，并最终谈到了理解的语言性上。其中把理解关联到存在和语言的这种解释学本体论立场使解释学问题发生了重大的转折。在海德格尔语言观的基础上，把能被理解的存在规定为语言，将语言和存在联系在一起，使语言在他的学说里具有了本体论的意义。伽达默尔在他1966年发表的《解释学问题的普遍性》一文中进一步阐明了他的本体论的语言观，"语言并非仅仅是在我们手中的一个对象，它是传统的贮存所，是我们通过它而存在并感受我们的世界

---

① 伽达默尔著，洪汉鼎译：《真理与方法》（下卷），上海译文出版社2004年版，第639页。

的媒介"①。

　　针对伽达默尔的这些论点，哈贝马斯明确地提出了他的反对见解和主张。首先，哈贝马斯认为现代科学使用的是独白式的形式语言，这种语言并不是生活语言而只是符号语言，不是哲学解释学意义上的对话而只是独白，根本不是对生活世界的反映，根本不具有解释学所应该具有的因素。哈贝马斯说："现代科学可以合情合理地宣称，它靠滔滔不绝的独白，不用考虑人类的言语之镜，也就是说，靠形成以独白式方法构造的、由受控观察支持的形式化理论，就可以对'事物'做出真实判断。正因为科学命题的假设—演绎系统不能成为日常语言的一个因素，所以从这些系统得来的信息脱离了在自然语言中所清晰表达的生活世界。"② 因而，哈贝马斯认为现代科学足以否定关于解释学普遍性的论断。哈贝马斯进一步从对"特别不可理解的表述"的考察来否定伽达默尔的解释学普遍性的观点，并使哲学解释学缺乏反思意识的问题显露出来。"特别不可理解的表述"是哈贝马斯为了批判伽达默尔而提出的一个重要概念，精神分析学在处理神经病案例中会常用到"特别不可理解的表述"的描述。在精神分析学中，人们无法以常人的思维来理解作为一种对话的神经病人的言说。因为在这些精神病人身上，效果历史、视域融合等概念根本起不到伽达默尔的哲学解释学中的应有的效用。所以哈贝马斯认为这种精神病人的对话模式并不能被包含在哲学解释学的对话结构中。同样，那些包含着意识形态要素的语言形式，它们更能深刻地反驳伽达默尔的解释学的普遍性观点。哈贝马斯在《论社会科学的逻辑》和《认识与兴趣》等著作中对这个问题进行了更为深入的探讨。哈贝马斯认为，有一类完全区别于日常生活中可以被正常理解的语言的潜藏着意识形态要素的语言，这种语言往往被人们所忽视，

---

　　① 伽达默尔著，夏镇平、宋建平译：《哲学解释学》，上海译文出版社1994年版，第30页。

　　② 洪汉鼎：《理解与解释——诠释学经典文选》，东方出版社2001年版，第277页。

只有通过批判理论的批判才能揭露这种假象，才能揭示其深层的含义，这是"特别不可理解的表述"的又一层更为隐蔽、更为深刻的含义。批判理论的开创者霍克海默和阿多诺就曾以文化工业为例对资本家通过互联网、报纸、杂志等方式制造各种各样的虚假的消费，对大众消费进行误导等社会现象进行了深入的、深刻的剖析，揭示出这种在大众和生产商之间就商品进行的交往和交流、交换中所包含隐藏着一种不被人们所觉察的内在的控制关系，但这种控制关系被表面的畅通无阻所掩盖。这种虚假的交往和交流实际上是意识形态要素以一种潜移默化的方式进入了人们的生活，人们被表面的假象所迷惑而不自知。哈贝马斯认为，伽达默尔以文化理解淹没社会理论，使社会理论的独立意义完全丢失了。而"语言也可以是统治和社会劳动的中介，它用于将组织权力合法化"①，"社会行动赖以被理解的客观背景是由语言、劳动和统治共同构成的"②。所以，在"特别不可理解的表述"中，伽达默尔的解释的普遍性和语言观由于权力的介入而被打破了。哈贝马斯认为伽达默尔对话的解释学方法由于要受到意识形态的控制而必然要用一种带有批判反思意识的解释方法所替代。

哈贝马斯继续展开批判，他说道："如果实际情况是理解活动回复到前语言的、认知的方式中去，并因此能够以一种工具性方式使用语言，那么诠释学的主张就会在科学的语言系统和合理选择的理论中发现自己的有限性。"③对于伽达默尔的解释学在精神科学的范围内的作用哈贝马斯还是认可的。也就是说，伽达默尔的哲学解释学在精神科学以外的自然科学、经验科学、精神病学以及意识形态控制下的伪交往等领域中并不具有普遍

---

① Jürgen Habermas, *On the Logic of the Social Sciences*, translated by Shierry Weber Nicholsen and Jerry A. Stark, MIT, 1988, p172。

② Jürgen Habermas, *On the Logic of the Social Sciences*, translated by Shierry Weber Nicholsen and Jerry A. Stark, Massachusetts: MIT Press, 1988, p174.

③ 哈贝马斯：《诠释学的普遍性要求》，洪汉鼎编：《理解与解释》，东方出版社 2001 年版，第 277 页。

性，而应该完全限定在精神科学的有限的范围之内。

对于哈贝马斯的这一反驳，伽达默尔并没有完全保持沉默而是给予积极的回应。在《论解释学反思的范围和作用》（1967 年发表）和《真理与方法》第三版后记（1972 年发表）里，伽达默尔都对哈贝马斯的批判作了反批判。

伽达默尔继续坚持解释学普遍性的立场和主张，他指出，尽管科学理论在表面上采用的是独白的形式，但是科学研究从起因上说是对人类已有假设和问题的回答，从科学研究所研究的重要课题和所选定重要的问题来看仍然包含着某种"前理解"。这些前理解包括人们对现实中发现的问题进行思考的结论以及学者间进行讨论和达成共识的过程等等。"这里存在着一种源自经验社会科学之社会作用的特殊疑难：一方面存在着把经验——合理的研究成果匆忙地向外推到复杂情况的倾向，以便能达到科学的有计划的行动；另一方面，社会成员对科学施加的利益压力也在产生着影响，以便按他们的意思去影响社会过程。"[①]

伽达默尔认为，哈贝马斯所说的意识形态因素控制了人类对话交往的可能性是存在的，但是这对解释学的普遍性原则没有决定性的影响。伽达默尔主张哲学解释学在一切科学中的普遍适用性，反对将解释学的理解只限定在精神科学的领域内的主张。伽达默尔在《论解释学反思的范围和作用》一文中分析了社会科学、修辞学、精神分析科学和自然科学中存在的解释学因素。他没有因为哈贝马斯的挑战而改变他的解释学普遍性的观点，而是更加坚定了自己的信念。伽达默尔认为，哲学解释学对被意识形态侵蚀的"特别不可理解的表述"同样是适用的，它同样具有批判和反思精神而不是消极的解释理论。哲学解释学的批判意义和反思精神就表现在时间间距在解释学中的作用之中。关于时间间距问题，伽达默尔在《真理

---

① 伽达默尔著，洪汉鼎译：《真理与方法》（下卷），上海译文出版社 2004 年版，第 737 页。

与方法》一书中指出："时间距离常常能使诠释学的真正批判性问题得以解决，也就是说，才能把我们得以进行理解的真前见……与我们由之而产生误解的假前见分开来。"① 这就是说时间给予人们反思和批判的机会和平台，让人们能够自觉地在历史所提供的时间间距的张力中实现对统治要素的反思和批判。

哈贝马斯并不接受和认可伽达默尔的辩辞。哈贝马斯认为，意识形态批判和伽达默尔的时间间距的反思完全不在一个层次上。意识形态要素无法被察觉，隐匿在历史的深处，完全不可能通过简单的时间间距和视域融合来消解。所以伽达默尔的时间间距只能消除一些误解而已。要消除这些深藏的危机，必须以批判的眼光和批判的手段来看待理解的对象而完全不能先行融入再行批判。通过论争，哈贝马斯是要通过批判理论对解释学进行改造，把解释学改造成将批判置于首位的解释学及对现代社会的批判与重建真正起作用的解释学。

二、在传统、权威和理性的关系上的论争

从启蒙运动开始，理性和权威的关系就一直处于紧张和对峙的状态。长期的斗争使理性和权威完全对立而不能相融。

伽达默尔认为，批判理性主义和启蒙运动夸大了理性和传统、权威之间的对立，这导致了对传统和权威概念的误解。伽达默尔说道："事实上，诋毁一切权威不只是启蒙运动本身所确立的一种偏见，而且这种诋毁也导致权威概念被曲解。因为根据启蒙运动所赋予理性和自由概念的意义，权威概念可以被看作与理性和自由正好相对立的概念，即意味着盲目地服

---

① 伽达默尔著，洪汉鼎译：《真理与方法》（上卷），上海译文出版社 2004 年版，第 404 页。

从。这就是我们从批判现代专制主义的用语里所认识的意义。"① 伽达默尔承认意识形态所代表的权威确实有一定的非理性因素，但不能因为这一点就彻底否定一切权威。伽达默尔说："启蒙运动所提出的权威信仰和使用自己理性之间的对立，本身是合理的。如果权威的威望取代了我们自身的判断，那么权威事实上就是一种偏见的源泉。但是这并不排除权威也是一种真理源泉的可能性。当启蒙运动坚决诋毁一切权威时，它就无视了这一点。"②

伽达默尔认为权威和理性有着相融性。理性是权威和传统得以可能的前提条件。伽达默尔指出："人的权威最终不是基于某种服从或抛弃理性的行动，而是基于某种承认和认可的行动——即承认和认可他人在判断和见解方面超出自己，因而他的判断领先，即他的判断对我们自己的判断具有优先性。与此相关联的是，权威不是现成被给予的，而是要我们去争取的，如果我们想要求权威的话。权威依赖于承认，因而依赖于一种理性本身的行动，理性知觉到它自己的局限性，因而承认他人具有更好的见解。权威的这种正确被理解的意义与盲目的服从命令毫无关联。而且权威根本就与服从毫无直接关系，而是与认识有关系……这里权威的真正基础也是一种自由和理性的行动，因为上级更全面了解情况或具有更多的信息，也就是说，因为上级具有更完善的认识，所以理性才从根本上认可上级有权威。"③ 同时，伽达默尔指出，应该加以保护的"传统"本身也是一种权威形式。理性和传统之间并不是绝对对立的关系。伽达默尔说："不过，我认为，传统和理性之间并不存在这样一种绝对的对立。不管有意识地恢复传统或有意识地创造新传统是怎样有问题的，浪漫主义对'发展了的传统'（die gewachsene Traditionen）的信念——在传统面前，一切理性

---

① 伽达默尔著，洪汉鼎译：《真理与方法》（上卷），上海译文出版社 2004 年版，第 360 页。

② 伽达默尔著，洪汉鼎译：《真理与方法》（上卷），上海译文出版社 2004 年版，第 360 页。

③ 伽达默尔著，洪汉鼎译：《真理与方法》（上卷），上海译文出版社 2004 年版，第 361 页。

必须沉默 —— 仍是一样充满了偏见，并且基本上是启蒙运动式的。实际上，传统经常是自由和历史本身的一个要素。甚至最真实最坚固的传统也并不因为以前存在的东西的惰性就自然而然地实现自身，而是需要肯定、掌握和培养。传统按其本质就是保存，尽管在历史的一切变迁中它一直是积极活动的。但是，保存是一种理性活动，当然也是这样一种难以觉察的不显眼的理性活动。"①

而哈贝马斯认为伽达默尔维护权威和传统，正是他缺乏批判意识的根本表现。哈贝马斯指出："只有当人们在这一传统之内能够获得免于压力的自由和关于传统的不受限制的意见一致的时候，才能把对传统的武断的承认，即对这一传统的真理主张的接受，和知识本身等同起来。"② 哈贝马斯主张不能武断地承认传统，应该在传统和主体之间建立起一种主体际关系，通过反思去阐发传统、接近传统。

在哈贝马斯看来，理性是我们批判能力的坚强基石，是我们批判的武器。人作为自我解放之主体所特有的理性能力，正是我们从意识形态的控制下解放出来的根本原因。因此，权威和传统正是我们要批判的意识形态对象。而伽达默尔却无视这一点，反而将权威和传统作为理解所不可缺少的前见。这在哈贝马斯看来，是伽达默尔缺乏批判精神的表现。哈贝马斯指出："伽达默尔根据他对理解的前判断结构之诠释学的洞察，得出重建先入之见的地位的结论。他没有看到权威和理性的任何对立。"③

就批判的具体内容来看，哈贝马斯认为，伽达默尔把传统看成是人们理解和存在的基础，在解释和理解的活动中维护传统的做法势必会影响到理性批判的彻底性。哈贝马斯承认任何理论都必须在承认和尊重历史的前

---

① 伽达默尔著，洪汉鼎译：《真理与方法》（上卷），上海译文出版社 2004 年版，第 363 页。
② 哈贝马斯：《解释学要求普遍适用》，《哲学译丛》1986 年第 2 期，第 32 页。
③ 哈贝马斯：《诠释学的普遍性要求》，洪汉鼎编：《理解与解释》，东方出版社 2001 年版，第 299 页。

提下展开，所以他也并不是一味地否认传统的作用和效果。然而哈贝马斯主张承认和尊重传统并不是说应该完全地拥护传统。意识形态要素总会潜藏在传统中进而影响人们的选择与认知，因此传统并不是合理性的代名词。哈贝马斯指出："人们不能从理解在结构上从属于传统的这种特性中，得出以下结论，即传统的媒介没有被科学的反思所深刻的改变。甚至在连续起作用的传统中，不只是一个不受认识约束的、似乎可以获得盲目承认的权威在起作用；伽达默尔对在理解中使自身得到发展的反思力进行了错误认识。反思的力量在这里不会长期地被由自我解释而产生的绝对精神的假象所迷惑，并不会脱离反思的力量赖以存在的有限基础。但是，当反思力量看透了反思赖以产生的传统的起源时，生活实践的教义就会发生动摇。"① 这就是说毫无批判地对历史与传统的过度信任，一定会限制理性批判和反思作用的发挥。

对伽达默尔关于权威的观点的批判也是哈贝马斯对伽达默尔批判的重点。哈贝马斯指出，不管是消极的还是积极的，传统总会在权威身上留下一定的烙印。权威虽然有可能是人类理性选择的结果，但在历史的进程中权威也可能演变为反对理性的力量。在缺乏批判和反思的情况下，没有人怀疑被当时的人们认作是正确的抉择的德国法西斯的上台不是理性的全民选举的结果。但是，后来惨绝人寰的对犹太人的大屠杀却与人们最初的期待事与愿违。从这个意义上看，伽达默尔的理性怎么能够保障权威的地位？"他没有看到权威和理性的任何对立。"② 哈贝马斯通过对传统和权威的批判反思，对解释学的普遍性观点的批判得以进一步强化。哲学解释学不能将意识形态统治的要素从作为理解基础的传统、权威等中剔除，它就

---

① Jürgen Habermas, *A Review of Gadamer's Truth and Method*, translated by Fred Dallmayr and Thomas McCarthy, in Briee Wachterhauser, Herrneneurics and Modern Philosoohy, Albany: State University of New York Press, 1986, p268。

② 洪汉鼎：《理解与解释——诠释学经典文选》，东方出版社 2001 年版，第 299 页。

无法保障理解过程的有效性和合理性。所以社会批判理论不能把哲学解释学作为基础来发展，因为哲学解释学的批判意义不足以让批判理论实现摆脱人类的异化状况并构建合理的社会蓝图。所以哈贝马斯力求发展出一种截然不同的较之其他解释理论具有优越性的融入批判反思意识又保持伽达默尔哲学解释学的革命性解释理论。因这一理论又必须具备一种社会科学的批判解释方法，所以哈贝马斯又与伽达默尔展开了关于解释学的方法论的论争。

三、解释学的方法论之争

伽达默尔在他的名著《真理与方法》一书中认为："像古老的诠释学那样作为一门关于理解的'技艺学'，并不是我的目的。我并不想炮制一套规则体系来描述甚或指导精神科学的方法论程序。我的目的也不是研讨精神科学工作的理论基础，以便使获得的知识付诸实践。如果这里所进行的研究有一种实践的后果，那么它确实不是一种为非科学的'承诺'而得出的实际结论，而是一种为'科学的'诚实性而得出的实际结论，即承认一切理解中都有实际的承诺。但是，我本人的真正主张过去是、现在仍然是一种哲学的主张：问题不是我们做什么，也不是我们应当做什么，而是什么东西超越我们的愿望和行动与我们一起发生。因此，精神科学的方法论问题在此一般不予讨论。"① 因此，方法论在伽达默尔的解释学中是没有地位的。伽达默尔明确表示，他所探究的是一个先于理解科学的方法论问题。伽达默尔进一步指出："但是我们所探究的决不只是所谓精神科学的问题（尽管我们赋予精神科学某些传统学科以优先的地位），我们一般所探究的不仅是科学及其经验方式的问题——我们所探究的是人的世界经验

---

① 伽达默尔著，洪汉鼎译：《真理与方法》（上卷），上海译文出版社 2004 年版，第 2—3 页。

和生活实践的问题。借用康德的话来说，我们是在探究：理解怎样得以可能？这是一个先于主体性的一切理解行为的问题，也是一个先于理解科学的方法论及其规范和规则的问题。"①可见，伽达默尔企图在本体论方面进行突破，使人们从方法论的执迷中醒悟过来，使人们摆脱对科学的方法论的迷信，重新获得自由。

然而，哈贝马斯反对伽达默尔把真理与方法对立起来，认为哲学解释学本身也是一种方法论。他认为："'真理'与'方法'的对立，似乎不应该使伽达默尔错误地和抽象地把解释学同整个方法论的认识加以对立。'真理'与'方法'的对立，本来就是解释学的基础；即使问题可能涉及把人文科学从科学领域中全部排斥出去，行为科学也似乎避免不了把经验分析的处理方法同解释学的处理方法联系起来的做法。解释学使反对经验科学的普遍方法论绝对主义（即使这种绝对主义在实践上是富有成效的）成为合法化的那种要素，也脱离不了整个方法论，我们担心的是，这种要求要么在科学中发挥作用，要么根本不起作用。"②哈贝马斯在此意指，从某种意义上说，伽达默尔理解本体论的哲学解释学本身就是一种方法论。伽达默尔将解释学与整个方法论问题对立起来是错误的。从根本上讲，任何一种理论都是一种方法论。伽达默尔的哲学解释学可以看成是一种有关"理解"的人文科学或精神科学的方法论。

为了与伽达默尔论争，哈贝马斯对社会科学的方法论问题做了大量的研究工作。哈贝马斯于 1967 年发表的《论社会科学的逻辑》一文对近代以来西方社会科学领域里的不同的社会科学以及哲学的方法论问题做了深入的探讨，尝试将诠释科学的解释性方法和自然科学的说明性方法有机地统一起来，所以哈贝马斯对伽达默尔的批判是认真的、有建设性的。

---

① 伽达默尔著，洪汉鼎译：《真理与方法》（上卷），上海译文出版社 2004 年版，第 4 页。
② 哈贝马斯：《评伽达默尔的〈真理与方法〉一书》，《哲学译丛》1986 年第 3 期，第 71 页。

伽达默尔对哈贝马斯的批判给予了有力的回击，他指出："真理和方法之间对立的尖锐化在我的研究中具有一种论战的意义。正如笛卡尔所承认，使一件被歪曲的事物重新恢复正确的特定结构在于，人们必须矫枉过正。然而被歪曲的是事物——而并非作为其反思自我意识的科学方法论。在我看来，这从我描绘的后黑格尔主义的历史学和诠释学中得到足够清楚的表明。如果有人——E.贝蒂的追随者总是这样——担心我所提出的诠释学反思会使科学客观性烟消云散，那只是一种天真的误解。我认为阿佩尔、哈贝马斯和'批判的合理性'的代表在这里同样盲目。他们全部搞错了我的分析的反思要求，并且搞错了我试图作为一切理解的结构要素加以揭示的应用的意义。他们深深地囿于科学理论的方法论主义之中，因此他们总是注意着规则及规则的运用。他们没有认识到，对实践的反思并不是技术。"①

伽达默尔进一步指出了这种科学方法论产生混乱的原因。他说："依我看来在科学方法论方面所产生混乱的最后根据是实践概念的衰亡。实践概念在科学时代以及科学确定性理想的时代失去了它的合法性。因为自从科学把它的目标放在对自然和历史事件的因果因素进行抽象分析以来，它就把实践仅仅当作科学的应用。但这乃是一种根本不需要解释才能的'实践'。于是，技术概念就取代了实践概念，换句话说：专家的判断能力就取代了政治的理性。"② 在此，伽达默尔已经意识到必须重建一套实践哲学才能摆脱科学方法论的困扰。

---

① 伽达默尔著，洪汉鼎译：《真理与方法》（下卷），上海译文出版社 2004 年版，第 751 页。
② 伽达默尔著，洪汉鼎译：《真理与方法》（下卷），上海译文出版社 2004 年版，第 752 页。

第三章

论争的主要结果

　　伽达默尔和哈贝马斯关于解释学的论争并没有以谁的失败而告终，反而都促进了各自在自己的领域发展了自己的理论。这场论争是有益的，它使我们加深了对理性的反思和认识，也使我们对现代西方哲学和文化中的保守主义和自由主义的冲突和分裂有了更深层次的认识和了解。

　　哲学的命运很有可能因为理性的命运而影响到整个人类的命运。西方理性主义文化在给人类带来财富和科学的同时也同样导致人类的价值的失落和异化。伽达默尔的哲学和哈贝马斯的哲学都是在人类迷失于困境中时，对理性在人类生存中的作用的一种反思、反省和批判。伽达默尔把现代社会生活异化的根源归结为对理性的僭越，割断理性同传统联系的纽带，就必然会导致个人主义和主观主义。所以从哲学的任务来看，是要在深厚的历史传统中去找到医治浅薄的个人主义的内容和方法，为人类的发展提供合理的价值和意义。因此伽达默尔的哲学解释学力求以传统的价值通过提高人们的实践意识和实践智慧去抗争现代社会异化，为人类社会的发展打下一个理论基础。哈贝马斯则认为，理性是人类拯救的希望所在，是现代化的巨大成就。社会异化的根源不在理性本身而在于对理性的误用。任何对理性的怀疑和绝望都意味着放弃自己的责任。现代社会使理性成了为现实辩护的实证主义和科学技术意识形态，失去了理性的批判和解放的武器的功能。他力求建立一个由自由的商谈而达到理性的共识的理想的社会。

　　哈贝马斯和伽达默尔的论争是深刻的，都体现出了个人的理论深度和理论水平，都抓住了对方理论的弱点和不足。他们的论争，也进一步加深了我们对理性的反思和认识。同时，他们的论争也使我们对现代西方哲学和文化中的保守主义和自由主义的冲突和分裂有了更深层次的认识和了解。他们的论争在理论上触及历史决定论和个人的自由意志的关系以及人的历史从属性和自身超越性的关系等哲学的核心问题。从马克思主义实践哲学的观点来看，二者都是文化精英主义的唯心主义的乌托邦式的幻想。但是，在这个问题上，两种理论都存在着局限性。从优点上看，伽达默尔正确地把握了人的活动中文化传统的传承性和制约性，不足在于他把语言和传统理解为最高意义上的存在，没有真正理解人的实践的社会存在的本质。他把传统作为最高意义的历史主体，把传统作为意义和价值的规范性基础，削弱人作为历史活动主体的作用，也削弱了人的理性和批判的作用，不能不说还是存在着一定的相对主义和非理性主义缺陷。哈贝马斯强调理性对传统的超越性，强调反思、理解和人的自觉意识的不同作用，维护了理性的权威，具有一定的积极意义。然而他企图通过对意识形态的理性批判和改造作为实现自我解放的凭借力量，把意识形态的批判者和社会的启蒙者看成社会的革命力量，这不过是一个思想家的梦想，是不可能真正地实现的。

一、论争对伽达默尔的影响

伽达默尔和哈贝马斯在解释学方面的论争持续数年之久，通过批判与反批判，对各自学说的深入都起到了很大的推动作用。虽然伽达默尔和哈贝马斯对各自解释学的内容和各自对解释学的态度没有太大的改变，但都推动了自身哲学理论的成熟和发展。伽达默尔逐步走向了他的实践哲学，而哈贝马斯则逐步建立和完善了他后形而上学的思想。

伽达默尔指出，随着科学和技术的发展，实践的作用和概念从自近代以来发生了非常大的变化。实践失去了它原有的真正的含义而"堕落"成为科学理论的应用。伽达默尔说："首先人们必须清楚'实践'（praxis）一词，这里不应予以狭隘的理解，例如，不能只是理解为科学理论的实践性运用。当然啦，我们所熟悉的理论与实践的对立使'实践'与对理论的'实践性运用'相去弗远，而且可以肯定的是对理论的运用也属于我们的实践。但是，这并不就是一切。'实践'还有更多的意味。它是一个整体，其中包括了我们的实践事务，我们所有的活动和行为，我们人类全体在这一世界的自我调整 —— 这因而就是说，它还包括我们的政治、政治协商，以及立法活动。我们的实践 —— 它是我们的生活形式（lebensform）。在这一意义上的'实践'就是亚里士多德所创立的实践哲学的主题。"①

从哲学解释学的本体论立场出发，伽达默尔把实践定义为最广泛意义上的生活，而不是只把它定义为一种行为模式。伽达默尔在《科学时代的理性》一书中这样说："'实践'这一语词带概念置身其中的概念系列，其自身规定根本不是从与理论的对立中获得的。正如约西姆·利特尔（Joachim Ritter）在其书中已经指出的那样，构成实践的，不是行为模式，而是最广泛意义上的生活。"②"实践与其说是生活的动力（energeia），不如说是与生活相联系的一切活着的东西，它是一种生活方式，一种被某种方式（bios）所引导的生活。"③

在重新定义了实践内涵的情况下，伽达默尔从亚里士多德学科划分的思想出发，指出实践哲学与理论之学和技术之学之间的差别。他说："确切地说，实践哲学只涉及每一个体作为公民所应有的那种权益，只关心那种使个体变得更加完美或完善的东西。这种哲学不外乎表现为两种形式：或者推动那些人类的根本倾向，使其作出某些具有'完美'（arete）特征的选择，或者告诫人们，审慎地思考和采纳某些指导其行动的意见。"④"以掌握这种实践知识为己任的实践科学便既不是数学形式上的理论科学，也不是得心应手地把握某种操作过程意义上的熟练技能，而是一种特殊类型的科学。它必须出自实践本身，并且用一切具有典型意义的概括唤起清晰的意识，然后，再回到实践中去。事实上，这些内容便构成了亚里士多德伦理学和政治学的独特本质。"⑤

伽达默尔继承了亚里士多德"实践智慧"的思想，认为实践哲学不同

① 伽达默尔、杜特著，金惠敏译：《什么是实践哲学——伽达默尔访谈录》，《西北师大学报》（社会科学版）2005 年第 42 卷第 1 期，第 7 页。

② 伽达默尔著，薛华等译：《科学时代的理性》，国际文化出版公司 1988 年版，第 79 页。

③ 伽达默尔著，薛华等译：《科学时代的理性》，国际文化出版公司 1988 年版，第 79 页。

④ 伽达默尔著，薛华等译：《科学时代的理性》，国际文化出版公司 1988 年版，第 80-81 页。

⑤ 伽达默尔著，薛华等译：《科学时代的理性》，国际文化出版公司 1988 年版，第 81 页。

于一般的科学，虽然也是一种知识，是一种可被传授的知识，但它是人们对生存方式和生存活动的一种反思过程，并不仅仅是为了掌握一种技能，它的目标是指向"善"的。他指出："实践哲学的对象不仅是那些永恒变化的境况以及那种因其规则性和普遍性而被上升到知识高度的行为模式，而且这种有关典型结构的可传授的知识具有所谓的真正知识的特征，即它可以被反复运用于具体的境况之中（技术或技能的情况也总是如此）。因此，实践哲学当然是一种'科学'，一种可传授的具有普遍意义的知识。然而，它又是一种只有当某些条件具备时才可以成其为科学的科学。它要求学习者和传授者都与实践有着同样稳定的关系。就这一点而言，它与那种适用于技术领域的专门知识反而有某些相似之处。但是，它与后者又有着本质的区别，即它同时明确地提出了善的问题——例如什么是最好的生活方式，什么是最好的国家法律等。技术上的专门知识，其任务是由一种外部权威，即产品的服务目的决定的，但是，所谓实践科学却并非如此，它不是仅仅为了掌握一种技能（ability）。"①

伽达默尔的实践哲学并没有什么体系，因为他本身也是反对体系哲学的。他的实践哲学思想主要通过实践与社会理性的关系、实践与科学技术的关系、实践与人类生活的关系、实践与理解的关系等几个方面的论述体现出来。

伽达默尔是从"实践"这个命题出发来探讨实践哲学问题的。因此，实践与理论、实践与社会理性的关系是伽达默尔实践哲学思想的一个重要内容。

在今天，人们在谈论什么是"实践"这个问题时，首先就把实践看成是理论的对立物，把实践看成是科学的应用。这就是伽达默尔指出的我们研究实践问题面临的一个"基本情境"。伽达默尔指出："在我们首次提出

---

① 伽达默尔著，薛华等译：《科学时代的理性》，国际文化出版公司 1988 年版，第 82 页。

'何谓实践' 这个问题的时候，基本情境就是这样。在谈论实践时，我们总是始于现代科学概念，并被驱使着按照科学应用的思路思考问题。所以我们不再注意到这一基本情境。"①

"理论" 这一概念在我们这个时代已经变成了一种研究真理和搜集知识的工具性观点，失去它原有的崇高地位。正如伽达默尔所说："理论过去是观察力，它所受的严格训练足够使它识别不可见的、经过构建过的秩序，识别世界和人类社会的秩序。理论现在已没有它过去这种意义了。它已变成了一种用来研究真理（真实）和搜集新知识的工具性观点。"②

然而，理论原本与实践不是完全对立的，甚至亚里士多德认为在一定意义上，理论本身也就是一种实践。但是从理论和实践这两个词的原初意义来看，二者有很大区别，但不是对立的。理论与实践的问题对古希腊人来说是他们生活的不同方面的问题，而不是抽象的学说及其实际应用的问题。亚里士多德在《尼各马科伦理学》第一卷第五章中，把人摆脱了生活当下需要所能选择的生活区分为三种生活：享乐生活、政治生活和沉思生活。

理论这个词在古希腊的意思是不含应用或实用目的，纯粹惊异地"观看"。对此，伽达默尔指出："我认为，现在回想一下理论这个词的最初意义，即它在希腊人那儿的含义也许不无帮助。这个词的原意是指观察，例如观察星座位置的人，又如观察一种游戏或参加一场节日典礼的人。观察的含义并非单纯地看，并非单纯地确认现有存在的东西或者贮存信息。深思并不会停驻于某个存在者，而是关注着一个领域。因此，理论并不是一种人们可以保持住的诸如停住、站立、状况等的瞬间行为。它是在好的双重含义中的'Dabei-Sein'，即在那儿的在。它不仅仅是在那儿，而且是'整

---

① 伽达默尔著，薛华等译：《科学时代的理性》，国际文化出版公司 1988 年版，第 61 页。
② 伽达默尔著，薛华等译：《科学时代的理性》，国际文化出版公司 1988 年版，第 61 页。

个儿地在那儿'。因此，当一个人介入日常生活或参加一个仪式时，当他开始加入到这个行动中时，这也就含有他必须加入到其他人或可能的其他人的行动之中的意味。可见，'理论'并不是人们借此可以征服一个对象的行动，并不是通过对对象的解释能使它变得可以为我所用的行动。理论所对待的是另一类财富。"①

在古希腊思想家看来，理论和实践并不是对立的，而是最终统一在一起的。它们都是以人的现实生活和人的存在为前提的。理论生活作为一种生活方式，主要是指那些哲学家的生活。他们不用为生计操劳奔忙而可以去思考和研究宇宙的秩序、世界的永恒性甚至神在世间的显现等问题。实践则指一个自由人可能做的不包括体力劳动的一切活动。像古希腊人的城邦中的那种政治生活就符合实践生活方式，是实践生活方式的典型代表。实践和理论的区别是两种不同生活方式的区别。

然而到了近代，实践却成了理论的对立物，成了科学的应用。对此，伽达默尔曾经指出："要定义理论这个概念可以干脆说：理论就是实践的反义词。"②理论的含义在近代也一样发生了根本性的改变，由于人们更看重科学理论的实用性，科学与理论不断向技术靠拢，从而人们会不自觉地用技术尺度去看待科学和理念，这最终形成了理论应用于实践的问题，这构成了近代实践与理论关系问题的一个核心内容。科学随着时代的发展日益强大起来，"科学不再是知识的精髓和值得人们认识的东西，而成了一种方式：一种进入和涉透到未被开发和未被掌握的领域的方式"③。对此，伽达默尔指出："近代科学在充满艰辛的方法论道路上逐渐形成，逐渐冲

---

① 伽达默尔著，夏镇平译：《赞美理论——伽达默尔选集》，生活·读书·新知三联书店1988年版，第40-41页。

② 伽达默尔著，夏镇平译：《赞美理论——伽达默尔选集》，生活·读书·新知三联书店1988年版，第21页。

③ 伽达默尔著，薛华等译：《科学时代的理性》，国际文化出版公司1988年版，第61页。

破中世纪的地心说和神灵论的宇宙观，这无疑是一次真正的突破。在 17 世纪，自伽利略以来，理想化运动的数学构思就被提升为认识现实的方法。这种方法成功地创立了古典工艺学，最终又由牛顿把它与天体力学结合而导致了一种新的世界观，这种观点同时也改变了理论的生活理想。从此，科学变成了研究。这意味着两点新的因素：首先，'科学'变成了'巨大'的同名词。再也不存在百科全书式的单个研究者，所有的研究者都只不过是众多研究者中的一员，他们的研究成果都对科学有所贡献同时又超越了以前的'真'知识。'科学'消融在不断的自我超越中，科学不再是人们可以从中获得真理的教条，科学意味着教导真理、学习真理。"① 于是科学的方法也就成了获得真理的方法。这正是伽达默尔重点批判的地方。随着科学的不断强大，科学取代了理论和实践的崇高地位，并使理论和实践互相对峙起来。"于是，理论认识的兴趣就让位于研究的逻辑，并同时表现为一种自我确信的方法。借助于这种方法，人类就能以知识来扩展自己的力量。这样，就必然会加剧存在于理论和实践之间的对峙。一方面是抽象普遍的理论，它不仅随着对科学的尊崇一同出现，而且促进了实践的标准化；另一方面则是通过长期的习惯而深深扎根的实践。这两者之间的矛盾在科学时代变得分外尖锐，变成了明天的科学与受到实践保护的昨天的科学之间的斗争。"②

随着"理论"概念的变化，"实践"概念也发生了极大的变化，它在相当程度上被自觉或不自觉地等同于经验，而且与生产的区分也日益模糊，最终完全成为一体。实践成为生产，丧失了原来以自身为目的的性质。人的生活世界原来属于实践的领域，现在也逐渐受到了技术理性的支

---

① 伽达默尔著，夏镇平译：《赞美理论——伽达默尔选集》，生活·读书·新知三联书店 1988 年版，第 29—30 页。

② 伽达默尔著，夏镇平译：《赞美理论——伽达默尔选集》，生活·读书·新知三联书店 1988 年版，第 30 页。

配，技术标准一体化导致生活标准一体化，生产的准则取代了生活的准则。人在实践世界中的理性、决断和智慧都让位给了技术理性以及技术理性的逻辑。在理论上，由于实践成了生产，与这种实践相对的理论，严格说来充其量是科学技术。理论只是知识能力，它丝毫不能对人的实践有什么决定作用。因此，理论在近代越来越与真正的实践疏远。等同于生产的实践概念不仅使实践理论实践上不可能，而且还使实践根本无法成为理论的对象。因此，在近代理论和实践的关系上，理论最终排斥实践和实践之知。

伽达默尔认为，随着近代科学和技术的发展，科学和技术取代了理论和实践的崇高地位，从而导致实践堕落为技术，一切堕落为社会非理性。他指出："在一种技术化的文明中，个人的适应能力要比他的创造性能力更多地受到奖赏，这一点在长期过程中是不可避免的。用口号的方式来说就是，专家社会同时就是一个职员（functicnaries）的社会，而且正是职员概念的法规性质，使得职员全力以赴发挥自己的作用。在科学、技术、经济、财政的过程中，特别是在管理、政治和类似的形式中，他必须保证自己是自己所是的东西：一个为了机器平稳运行而被安在某个位置上的东西。这就是为什么需要他，而且也就是他之所以有能升迁机会的原因。即使当每一个人认识到越来越少的人做决定、越来越多的人在机器的某个部位上操作，觉察到了这种进化的新方法，现代的工业社会还是受着固有结构的各种压力的压迫。但是这种情况会导致实践堕落为技术——决不是专家本人的错误造成的，导致一切堕落为社会非理性。"①

伽达默尔的实践哲学正是要恢复实践和实践之知的重要地位，恢复实践理性的崇高地位，从而克服技术理性统治人类生活所造成的负面影响。

---

① 伽达默尔著，薛华等译：《科学时代的理性》，国际文化出版公司 1988 年版，第 65 页。

伽达默尔认为，实践概念的消亡和实践堕落为技术都是由近代科学技术的发展所造成的。所以对于实践与科学技术的关系以及对"技术掌握社会生活"的时代的批判伽达默尔做了很多论述，这些论述是伽达默尔实践哲学的重要组成部分。

伽达默尔的实践哲学首先对当时的时代，即"科学技术统治人类"的异化的时代进行了批判。

伽达默尔指出，随着技术和科学的不断发展壮大，技术给人们带来了巨大的社会财富，人们放弃了自由而委托于技术的作用，从而形成了技术统治社会的观念。这种技术统治社会的观念，使人们失去了自我判断而求助于专家。指望专家能为大家提供实际的、政治的和经济的决策。然而专家是不可能真正达到社会所对于他们的期望。这样，人的选择就在建立我们自己的世界中消失了。这一切导致我们享受着舒适，但我们放弃了自由。

"技术掌握社会生活"还表现在对公众舆论的技术化。伽达默尔认为这是社会力量发挥作用中最强的新因素。他指出："通过对公众舆论的形成加以技术化的办法，技术渗透对社会产生作用，这种作用是很危险的。今天，这也许是社会力量发挥作用中最强的新因素。现代的信息技术已造成了各种各样的可能性，这些可能性使得信息选择至今在想象不到的范围内也成了必要的事情。然后，任何选择意味着在别人的名义下活动，不可能有其他的活动，不管谁做出选择都要抵制某些东西。如果他没做出选择，事情会更糟。而且，他会失去最后一点对淹没他的信息的无情激流的理解。因此，不可避免地，交往的现代技术导致一种对我们头脑的愈加有力的操作，人们可以有目的地把公众舆论引向某个方向，并出于某些决定的利益而对其施加影响力。"① 这也最终导致民众社会对公共事务在态度上

---

① 伽达默尔著，薛华等译：《科学时代的理性》，国际文化出版公司 1988 年版，第 54 页。

越来越冷漠。

然而这种信息化的增加是否意味着社会理性的加强？伽达默尔指出："信息化程度的增加并不必然意味着社会理性的加强。相反，我认为问题的真正症结就在于此：今天的人们害怕失去认同感。社会中的个人面对社会以技术为媒介的生活方式感到依赖性和孤独无助时，他就无力形成认同感。这已产生了深远的社会影响。这里存在着我们的文明所面临的最大危险：适应性品质向特权化地位的擢升。"① 因此，在这样的完全技术化了的社会之中，人的适应能力显得比创造能力重要了。人们成为社会这部机器上为了平稳运行而被安排在某个位置上的东西，人们只须适应社会而不需要创造性地工作。这一切最终导致实践堕落为技术，导致一切堕落为社会非理性。

近代科学和技术的兴盛和发展给人们带来了改造自然的强大决心和强大力量。但也造成了科技理性的膨胀，使科学和技术成为一种新型的统治力量。伽达默尔指出："奇怪的是，近代科学却给人类带来了意想不到的后果：这就是自然科学对于人类在一种完全新的规模、新的意义上的统治。在伽利略和惠更斯的机械学中获得巨大成果并在笛卡尔的方法概念中得到其哲学表述的方法的优先性，从根本上改变了理论和实践的关系。人类的实践发现，自己对于如何生产出必然的和美的事物的方法的发明和统治的可能性，再也不仅仅限于自然让给它的一小块领域了，而作为对自然秩序之认识的理论，则再也不因为它具有无目的的美这种性质而成为最高级的知识了。新的知识通过抽象、测量和计算而被纳入统治着大自然的规律之中，并从单个因素中抽取出与结果有关的部分；通过这种方法，新知识在其所到之处都创造出改造大自然的条件并在人类的统治下创造出人所希望的结果。虽说近代科学和历来的一样，都是纯粹的自然知识，都是关注于

---

① 伽达默尔著，薛华等译：《科学时代的理性》，国际文化出版公司 1988 年版，第 65 页。

发现自然知识令人惊叹的秘密和自然的秩序及其规律的知识，但这种知识远远胜过了所有人类的规律和秩序，它使控制自然过程具有可能，并由此可无限地扩展人类实践的领域。"①科学在这个基础之上，"不再是知识的精髓和值得人们认识的东西，而是成了一种方式：一种进入和涉透到未被开发和未被掌握的领域的方式"②。

随着科学的这种变化，技术也发展起来，并越来越成为社会的决定力量。伽达默尔指出："在不考虑本质上属于有关我们世界经验的和熟悉的整体性情况下，科学已由脱离实验方法发展成为一种关于可操作性关系的知识。因此，科学和实际应用的关系要在和其现代本质完整一致的意义上来理解。如果初始的和终结的限制性条件之间的抽象关系在这样一种方式下，即新的初始条件的确定具有某种可预测的结果，会变得可以把握和计算的话，那么，以此种方式理解科学也可以使我们理解技术时代的到来。艺术和手工制品与自然提供的模型之间旧有的关系，因此被转变成一种关于建造的观念，成为关于按照某种想法人为创造一种自然的观念。"③"这就是最终使我们生活于现代社会文明模式之中的东西。隐藏在机械论科学观中的构造观念已在巨大的范围内推广开来。它使得机械化、对自然进行的转化以及对空间的开发都在本质上成为可能。"④可见，科学和技术的推广与运用增加了人们改造自然的能力，增强了人们的力量。然而伽达默尔认为，人们并没有因此而得到自由，反而正是因为放弃了自由才得到了技术给人们带来的一切。他指出："有条理的建造和技术生产之间这种关系固有的结果已产生了两种作用。首先，技术像旧时代的手工匠技艺一样，

---

① 伽达默尔著，夏镇平译：《赞美理论——伽达默尔选集》，生活·读书·新知三联书店1988年版，第53页。

② 伽达默尔著，薛华等译：《科学时代的理性》，国际文化出版公司1988年版，第61页。

③ 伽达默尔著，薛华等译：《科学时代的理性》，国际文化出版公司1988年版，第62页。

④ 伽达默尔著，薛华等译：《科学时代的理性》，国际文化出版公司1988年版，第62页。

在整体上和一个先构想的客体相关联。中世纪世界或人类其他高级文明的一般经济总是使技术上的努力服从于使用者的意图。最终决定被制造东西标准的人是使用者。很显然，这种情况对古代的劳动方式起着决定性作用。相反，在我们以技术发展为特点的文明中，我们可以亲眼目睹，随着一种让消费者惊醒和刺激需要的工业在我们周围建立起来，人为制造的东西如何规定了新的条件。其次，因为这个越来越人为化的世界而必然变得无所不在的结果，就是我们和世界相互交换中的灵活性的丧失。无论什么人使用技术——谁又不使用技术呢——都要把自己委托给技术的作用。正是依赖于从根本上放弃和自己全部活动能力相关的自由，人们才享用到了现代技术可以使我们得到的这些惊人的舒适条件，占有了不断增加的财富。"①

从实践与技术的关系来看，上述这一切导致了实践堕落为技术，技术理性代替了实践理性。本来"实践理性"是能够引导科学的，但到了近代，科学的思想完全从属于自然科学的方法，这使实践理性失去了合法地位，为技术理性所替代。伽达默尔指出："理性并不仅仅是人所具有的一种能力，而是使这种能力培养成为政治科学服务的知识，这种把科学实践结合到政治之中的政治科学一直延伸到几百年之后的近代科学之中，并以一种不断更新、随历史变化而发展的形式影响着实践理性的自我控制。作为一种实践理性的实用科学，它使我们认识理性成为实用的条件。它指出，从人类共同生活的组织中将产生怎样的力量，但它因而又并未限制理性所具有的批判能力，从而能对坏的、存在的和较好的一起进行比较。这种实践理性并非像亚里士多德有时讲的仅仅是导致预先设定的目标的手段。任何实用的思想都不见得总能够找到达到目标的正确手段和道路，毋宁是一种'理智性'，是人的一种准则，人们采用这种准则以便把建立在

---

① 伽达默尔著，薛华等译：《科学时代的理性》，国际文化出版公司1988年版，第62—63页。

共同标准中的道德和人类秩序不断地重新创造并保护下来。因此，仅仅在亚里士多德那儿它才被纯粹谈及为达到目标的手段，因为认识到共同性，并已预先思考定了共同的最佳者。正由于'实践理性'同时是使生活充满意义的构成幸运的具体化，所以'实践科学'的统一才能经过一切社会关系的变化而保存下来——从古代奴隶社会到中世纪的基督教封建主义、城邦市民的行业宪法、在封建政权内部形成的现代国家以及从动物状态中最终完全解放出来。直到科学的思想开始完全从属于近代自然科学的自我理解、方法思想和证明要求时，这种'实践科学'的知识才渐渐地失去它的合法性。"①

在充分分析了实践哲学在当时时代所处的时代背景基础上，伽达默尔开始建构他的实践哲学。从伽达默尔实践哲学的内容来看，集中在几个重要问题的论述上。其中实践的特点或者实践的品质是伽达默尔实践哲学思想中的重要内容之一。伽达默尔认为，实践具有社会性、自身目的性、乌托邦的批判性及反思性等特点。

第一，社会性。实践是一种社会活动。伽达默尔很注重从劳动和劳动中产生的语言角度来分析实践。在伽达默尔看来，人的自然生命本能随着人类的发展不是进化反而是越来越严重地衰退了，但人的生物的自然生命本能的退化却在另外一个方面得到了补偿，那就是人类通过劳动摆脱了自然对人的控制。在劳动中形成的语言和劳动本身使实践具有了社会性的特点，使人类摆脱和超越了原始的本能，弥补了由于自然生命本能退化所带来的缺憾。伽达默尔指出："从这一点出发，我们可以认识到特殊的人的实践的基本品质。首先是有了劳动。黑格尔曾正确指出工作使人摆脱自然的巨大作用。劳动包括各种受到阻碍的欲望：每一工作的人在需要得到直

---

① 伽达默尔著，夏镇平译：《赞美理论——伽达默尔选集》，生活·读书·新知三联书店1988年版，第51-52页。

接满足后，不会就此为止。因此，劳动产品决不只属于个人自己。特别是在劳动世界是按劳动分工来组织时，劳动产品属于社会。对于处在原始阶段的社会来说，第一个形成的东西是语言。什么是语言？语言在哪方面超过了我们在蚁群和蜂群中观察到的那种默契？亚里士多德注意到了决定性的因素：具有语言的存在者（being）可以与任何特定时间内存在的东西保持一定的距离，存在者具有此种保持一定距离的特点，因为语言带来了那个存在。为了得到现在还遥远的目标，我们选择合乎特定目的的手段，并在此意义上做出活动选择。除此之外，我们牢牢把握有约束力的准则，根据这些规则人类活动被构想为在本能上是社会性的。"①

不能从人的自然本性上去理解人的实践，因为人类社会有共同的生活秩序和共同的规则。真正意义上的实践并不是单纯为保存生命所必需的活动，即简单维持生命的活动。伽达默尔指出："我们必须全面地看待人的整个领域——从死者崇拜和对什么是正义的关心，到战争——以理解人的实践的真正意义。我们不能只靠以集体形式和从机能上适应生命最自然的条件把真正意义叙述清楚，因为我们能够在动物身上证实这种形式的状态。人类社会是为了共同的生活秩序组织起来的，因此每一个人都认为和承认它是共同的东西（即使是在失败中、在犯罪中）。人为维持生命必须进行活动；从精确意义上讲，纯为生命保存所必需的多余活动与他作为人的活动的活动是有区别的。"②

第二，自身目的性。实践是以自身为目的的活动不是伽达默尔的首创，是亚里士多德提出来的命题，是亚里士多德的实践哲学在区分创制、实践和理论三个领域时所指出的。伽达默尔完全继承了这一论点。他认为实践是使人获得自由的指向善的以自身为目的的一种活动。伽达默尔

① 伽达默尔著，薛华等译：《科学时代的理性》，国际文化出版公司 1988 年版，第 66 页。
② 伽达默尔著，薛华等译：《科学时代的理性》，国际文化出版公司 1988 年版，第 67 页。

指出："毫无疑问，我们已经慢慢认识到，即使对于自然的其他产物：植物以及动物来说，自然结构合理的目的论系统虽不是完全不值一提，但毕竟太有限了。而一旦行为具有了意识的意向化了的目的性，所有超越效用性、有用性和目的性的存在领域就具备了一种特性；因为人们能够洞察到任何达到共同意志目标的手段的适应性，所以人们根据那种有意识的意向化了的目的性可以把自己理解为具有人性化的理性。我们在与希腊人使用kalon（善、道德美的）一词相同的意义上把这一类的任何事物都称为美好的。这不仅仅指艺术创造和仪式，虽然它们是必需品领域之外的东西，这类事物还包括人们在毫无疑问地认识到这一情况的时候所考虑到的每一件事，这一情况因为值得选择，它既不能够也不需要从其目的性的立场出发把其合意性评价为正当。这就是希腊人称为theoria（理论）的东西：它被认为仅根据其统驭一切的存在就能够理解所有共同事物，它还在如下方式中表现出特点，即在一种和所有其他物品的对立中，它不会因被分享而有所减少，因此它不像所有其他物品一样是争斗的对象，而实际上是通过参与才有所得。说到底，这就是理性这个概念的诞生：合意的东西在一种对全体人有说服力的方式中对全体展示得越多，有关的那些人越能发现他们处在此种共同的现实中；并且在这个范围内，人类在积极意义上具有自由，他们也就在那个共同的现实中有了真实的认同。"① 具有自身目的性特点的实践使生产、技术和实践之间有了最本质上的差别。从根本上说，实践的真正目的是使人类得到自由和善，生产和技术则是以改造外在的对象为目的。也就是说，在伽达默尔那里，生产和技术是工具性行为，实践则是价值、目的性行为。

第三，乌托邦的批判性。对乌托邦这个概念，伽达默尔的看法是非常独特的。伽达默尔认为乌托邦是一种对现实的批判而并不是所谓的对行动

---

① 伽达默尔著，薛华等译：《科学时代的理性》，国际文化出版公司1988年版，第67–68页。

的规划，所以伽达默尔认为实践具有乌托邦的批判性，"是从远方来的一种暗示的形式"。伽达默尔指出："乌托邦也包括一种和实践的真实观点间接有关的关系。这里的问题是完全清楚的：乌托邦是一种辩证观念。乌托邦不是目的对行动的规划。相反，乌托邦之有特色的因素是，它并不恰到好处地引出行动的要素，即'就在此时此刻着手进行工作'。一个乌托邦是由这样的事实确定的，即（像我曾经有机会称呼它的）它是从远方来的一种暗示的形式。它本质上不是一种行动的规划，而是一种对现实的批判。这一情况我们也许可以在希腊人那里看到。他们已经展示了这一情况的意义。柏拉图在其《理想国》或《法律篇》中向我们说明的东西，我们熟悉的希腊整个乌托邦文学流派中的某些东西，或者我们所了解的东西，都具有这样的特点：乌托邦通常把洞察调整到现在，并利用变形为奇特形状的图画调整其缺陷。例如，我们可以考虑一下柏拉图《理想国》中妇女和儿童共同体所扮演的角色。这是一种有挑战性的发明，柏拉图在其中用一种非常清楚的陈述检验了希腊城邦社会生活中家庭王朝走回头路的作用。有人尽力做出如下说明：至少柏拉图勾画的有些东西是能够实现的，并试图削弱柏拉图作品中的乌托邦特点。我感到这太天真了。"①

第四，反思性。伽达默尔指出，实践不仅具有社会性、自身目的性和乌托邦的批判性，实践更是一种具有反思性的活动。伽达默尔指出，人的实践不同于动物的本能活动，人的实践是一种有意志的活动。他论述道："人类具有愿望并试图寻找各种方法满足这些愿望，这是人类的创造能力，但这并不能改变愿望不是意志的事实。愿望不是实践，因为实践包括选择和决定做某事（而不做其他事），在这样做时，实践的反思是有效的，它本身有着最高程度的辩证性。当我有意志要做某事时，那么一种反思就介入了，靠它我用一种分析程序的方法在我眼前带来那些可以做到的事情：

---

① 伽达默尔著，薛华等译：《科学时代的理性》，国际文化出版公司 1988 年版，第 70 页。

如果我有意这样做，那么我必须先那样做；如果我想要有这个，那么我就不得不先有那个……；直到最后我回到我自己的情境，在那里我自己亲手把握住那些事物。按亚里士多德的观点说来，有关实践的推演和对实践考虑的结论是决心。然后，这种决心和从对目标形成意志到要做那个事情的整个反思过程一起，同时就成为意志所指的目标本身的具体化。"① 人们在自己意志的指导下做某件事情的时候，人首先会在头脑中做出行动的蓝图和规划，然后回到现实把握行动、指导行动。这便是实践理性的作用和功能。这种实践理性与技术理性的最大区别就是向善性和自身目的性，同时也体现出了它的反思性。而技术理性却缺乏向善性和反思性，表现为为了达到某种外在的目的可以毫无人性、毫无反思性、毫无理性。伽达默尔进一步阐述道："理性并不简单包含在人们对自己认为好的结果进行可行性的反思，然后再做可做事情这样的环境里。亚里士多德非常明确地认清了那种机敏性，即为某个特定目的可以使用各种恰当的手段，即使这些手段的技术可以是毫无人性的。（这意味着，只要需要就可以撒谎，只要可能就可以欺骗，为了自己的目的可以漫无边际地胡扯。）此种活动者的机智，不是真正的'实践理性'。对于后者来说，它与一切技术理智的区别点在于，目的本身、'普适性'的东西是靠独一无二的东西获得其确定性的。我们在许多社会经验的领域中很熟悉这一点。我们从各个时代的法理那里熟悉了它。法所规定的东西、某一特定法的案例所是的东西，仅仅在一个危害生命的形式主义者眼里才能被明确决定下来。发现法意味着思考法的同时思考案例，这样实际上公正的东西或法才能具体化。出于这一理由，大量的判例（已经定下来的决定）要比决定依赖做出的普遍性的法、或法律体系来说更为重要。任何普遍的、任何规范的意义只有在其具体化中或通过其具体化才能得到判定和决定，这样它才是正确的。也正是在这种意

① 伽达默尔著、薛华等译：《科学时代的理性》，国际文化出版公司1988年版，第71页。

义上，我们用了乌托邦的实践意义。同时，这种意义不是活动的向导，而是反思的向导。"① 因此，反思性也是实践的一个重要特点，通过反思性，实践能够保证它的向善性和自身目的性，实践过程中时刻反思它是否指向了善的目的性。

从伽达默尔的整个哲学发展时间来看，他晚期更加注重对当时生活状况进行反思，对人类的团结、友谊和协商问题、人际关系中善的追求、科学理性的弊端等诸多社会问题的论述，使他的实践哲学从一条隐含的线索变为明显的线索，所以实践与人类生活的关系问题也是伽达默尔实践哲学的重要内容。

伽达默尔认为，实践创造了人类的秩序、道德和社会关系，使人作为一种社会的动物而存在，将人完全从自然界的生物中独立出来。伽达默尔指出："人类的自我意识并不仅仅满足于知识的欢乐、理智、对事物和人的理解以及对数目、对世界和神性东西的了解。人的兴趣同样关注着人的生活实践这种特殊性，这种特殊性使人从其他与自然界紧紧相连的生物中提升出来，使人作为社会的动物而能够创造人类的关系、道德和秩序。人既能从事社会实践，又能投身于纯知识，能致力于看和思，这两种活动体现了人类的优越之处。人是一种有理性的生物，他有语言，同直接的印象保持距离，或者说他可以不受直接印象的控制，人能自由选择善和真理——人甚至于能够笑。出于最深刻的理由，可以说，人是一种'理论的生物'。"② 同时，理论、实践和生活是紧密相连的，是不可分割的，生活是理论和实践的统一。伽达默尔指出："也许不难指出，为何现代科学仍然把这种理论概念作为自己的生存条件。我们来到了哪里呢？我们还是必须通过这种追溯现时回溯到人的基本状况与理论，以及实践和人与人、实

① 伽达默尔著，薛华等译：《科学时代的理性》，国际文化出版公司 1988 年版，第 72 页。
② 伽达默尔著，夏镇平译：《赞美理论——伽达默尔选集》，生活·读书·新知三联书店 1988 年版，第 26 页。

践和人与物的处事经验这些我们不想称这为理论的东西。结论究竟是什么？理论是否归根到底仍然像亚里士多德曾强调过的为一种实践，或者说实践本身仅仅限制于人类实践范围，也就是一种理论呢？如果它是人类的实践，那它不就是从自身出发看到他人，不就是对自身的观看和对他人的倾听吗？因此，生活就是理论和实践的统一，就是每一个人的可能性和任务。观看自身，观看存在，这就是受过训练的意识，我甚至要说这是一种神的意识，它学会了同时考虑他人的立场并寻求对集体和共同体的相互了解。"①可见，理论和实践是不可分割的，它们共同存在于集体和共同体的生活之中。实践离不开理论知识的指导，实践的最终目的也不是实践本身。正如伽达默尔指出的那样："从人类对理论的赞美中产生了什么呢？是对实践的赞美吗？正如个人总是必须把他的理论知识组合进他的实践生活知识之中，因为他需要实际知识，这对于建筑在科学基础之上的文化生存同样适用：文化本身的生存条件在于，作为文明之工具的合理性组织并不是目的，文化的目的是要使以下的生活成为可能，即人们可以对这种生活说'对'。一切实践的最终含义就是，超越实践本身。"②

同时，伽达默尔也指出了由于科学和技术的发展，实践和实践理性失去了应用的合法地位，人类在现实生活中也因此失去了真正的自由。他指出："在我们周围喧嚣奔腾的工业化和官僚化浪潮，使以往具有约束力的传统消解于没有经过检验的任意性之中。它是以'我认为的自由'的名义表现出来的。但这又是一种怎样的自由呢？让我举一个例子：青年人的自由感的基础即拥有自己的汽车，其结果是使人受到一种巨大的依赖性的束缚，它导致一种平均主义并使每个人分离。从这种情况出发，对以前时代

---

① 伽达默尔著，夏镇平译：《赞美理论——伽达默尔选集》，生活·读书·新知三联书店1988年版，第45页。

② 伽达默尔著，夏镇平译：《赞美理论——伽达默尔选集》，生活·读书·新知三联书店1988年版，第45—46页。

的那种旅行生活就几乎不可能有概念。虽说电视机把大家都集合在电视屏幕之前，它却用对大家都是共同的信息虚构出一个自由的、可支配的现代社会。其实电视意味着一切人的极端分离以及对话的结束，并由此造成巨大的自由丧失，这是由于我们的政治不可避免地依赖于大众媒介。同样地，那贯串于我们整个社会生活，尤其是青年人的社会生活中的新的不受约束的自由是以一种特别的方式而同一种孤立无援的感觉和软弱感相联系的。这种软弱并不是由于我们面对着某个发号施令的人所感到的，而是面对着一个制度所感到的。"[1] 在此，伽达默尔通过汽车、电视等几个例子进一步说明，在表面看似自由的、可支配的现代社会中，人们是更丧失了自由，实际上是一种伴随着孤立无援的感觉和软弱感的一种人与人的分离。

伽达默尔的实践哲学建基于"生活世界"理论之上。"生活世界"理论是现象学家胡塞尔创立的，是其后期思想的主要内容。胡塞尔早期主要致力于用现象学的方法建立起一种不带任何偏见、没有任何前提的绝对证明性的科学。然而其晚年于 1936 年所著的《欧洲科学危机和超验现象学》一书中，却提出了一种完全有别于早期思想的新的看法，即生活世界理论。胡塞尔认为世界上不存在没有任何前提的科学，产生科学认识之前的对象与人的原始关系的世界就是科学的最初前提，胡塞尔把它命名为"生活世界"。

那么胡塞尔是怎样论述"生活世界"这个概念的？生活世界因何成为他晚年的主要理论？胡塞尔指出："生活世界是永远事先存在的世界……一切目标以它为前提，即使在科学真理中被认知的普遍目标也以它为前提。"[2] 生活世界就是"作为惟一实在的，通过知觉实际地被给予、被经验

---

[1] 伽达默尔著，夏镇平译：《赞美理论——伽达默尔选集》，生活·读书·新知三联书店 1988 年版，第 109–110 页。

[2] 胡塞尔：《胡塞尔文集》（下册），倪梁康编，生活·读书·新知三联书店 1997 年版，第 1087 页。

到的世界，即我们的日常生活世界"①。胡塞尔的生活世界就是与人必然相关的包括我们所遭遇的一切事、一切物、一切人和一切时间与空间的有意义的世界。这个生活世界也包括我们通过情感、想象、思想和任何自然力所能了解的东西，即社会的和个人的、实际的和感性的经验。

胡塞尔呼吁人们关注生活世界，要从生活世界本来的面貌来认识它的相对性和运动性，使生活世界成为一种普遍的真正的科学的论题。"生活世界"理论是胡塞尔晚年才提出的，与其早期思想相比，发生了很大的变化，他由关注建立一种严格的科学，关心与人类具体福利有关的科学真理，转变为在现实生活中使人类获得一种在理想的生活世界中美好的生活，并使社会文明有一种理想、健康的发展。因此，他晚年更强调用哲学思想来分析社会、政治和伦理问题。胡塞尔认为，在当时的欧洲，由于科学技术文明的高速发展，人们忽视了理性的反思，丧失了精神的追求，从而陷入了一种社会功利主义之中。这样人就丧失了存在的意义、价值和尊严，人道主义消失了，由此欧洲文明与哲学陷入了严重的危机之中。陷入危机的根源就在于追求物质的科学技术对人的精神科学生活的侵犯，而这种危机的表现：一个是近代科学知识的物理学上的客观主义和哲学上先验的主观主义的分裂，另一个是自然科学的巨大成功和人文科学的失败。这种分裂导致人们努力地用自然科学的方法论来研究发展和建构人文科学，这是完全不可能成功的。生活世界理论的主旨就是要通过现象学来解决近代以来的自然科学和人文科学的分裂，把生活世界建基于人类理性之上，使人类的生活更加富有理性。

伽达默尔的晚期哲学思想也转向了对社会、政治、伦理等问题的分析，注重对人类的友谊、团结和协商、人际关系中善的追求、科技理性的弊端等社会问题的论述和对当时生活状况的反思。这与胡塞尔晚期哲学思

---

① 胡塞尔著，张庆熊译：《欧洲科学危机和超验现象学》，上海译文出版社1988年版，第58页。

想有相通之处，其相通之处正在于"生活世界"理论上。伽达默尔的"生活世界"概念和用法是从胡塞尔那里直接继承而来。伽达默尔高度赞扬了生活世界理论在胡塞尔哲学理论中的重要作用，他说："胡塞尔的后期著作中出现了'生活世界'这个神秘的词——这是一个少有的、令人惊奇的人造词（在胡塞尔之前没有出现过这个词），这个词被人们所接受并由此把一种已经不为人所知或遗忘了的真理带进了语言。'生活世界'这个词使人想起存在于所有科学认识之前的前提。"①

与胡塞尔一样，伽达默尔也认为科学和技术的发展最终限制了人们的自由，应该把哲学、科学和理性引向生活世界上来。他指出："因为对于沉淀在我们语言中的我们的生活世界的理解，不能通过那种适宜于科学的知识可能性完全实现。科学或许能使我们到达这种高度：在一支试管里产生生命，或者人工延长人的一段寿命。但是这些探索并不影响物质的东西和生命的东西之间棘手的间断性，或者说，确实不影响真实地经历生活和毁灭性的死亡之间棘手的间断性。我们通过语言和交往的合作而生存其中的这个世界构架，既不是一个完全约定的范围，也不是一种可能的虚假的意识的残存；它由存在的事物所构成，又恰恰因为它被当作每一种主张、矛盾和批判的前提，它在很大程度上确证了自己的合法性。与这种世界构架的发展脉络相比，一切事物的分析和重建，即近代科学所承担的工作仅仅表现了一种特殊的展开与掌握的领域，这种展开和掌握又恰恰在这样的程度上被限制着，即存在事物对对象化的那种抵制是不可克服的。"②

伽达默尔重提胡塞尔的生活世界理论，把实践哲学建基于生活世界理论基础之上，目的是为了在生活之中实现理论和实践的统一。伽达默尔

---

① 伽达默尔著，夏镇平译：《赞美理论——伽达默尔选集》，生活·读书·新知三联书店1988年版，第68页。

② 伽达默尔著，薛华等译：《科学时代的理性》，国际文化出版公司1988年版，第10页。

说："生活就是理论和实践的统一，就是每一个人的可能性和任务。"① 在伽达默尔看来，生活世界是人类实践活动的场域，它是人类存在的基本现状，是一切哲学和科学认识都不可超越的前提和基础。伽达默尔认为，生活世界作为实践的背景世界"是与一切客观主义相对立的。这本质上是一个历史性概念，这概念不意指一个存在宇宙，即一个'存在着的世界'"，"却意味着另外一种东西，即我们在其中作为历史存在物生存着的整体"②。

将科学、哲学和理性引到生活世界领域里来，把实践理性作为人类生活世界的基础并使理性表现出它应有的力量，这就是伽达默尔实践哲学的任务。伽达默尔指出，恰恰是现代社会的合理化掩盖了理性的批判能力，表面上看似乎并没有否定和取消理性的批判能力，可在这种强大的同化作用下，理性本身似乎毫无批判力量。但事实并非如此，现代社会文明的合理化"并未限制理性所具有的批判能力，从而能对坏的、存在的和较好的一起进行比较"③。同时，实践理性作为一种批判力量，"毋宁是一种'理智性'，是人的一种准则，人们采用这种准则以便把建立在共同标准中的道德和人类秩序不断地重新创造并保护下来"④。

"官僚主义"和"技术主义"在伽达默尔看来是人类的生活世界中两种最大的压制理性力量实现的力量，这两种力量都和独裁有一定的关系，"独裁者的意志使任何理智地认识公众利益的行为成为不可能，因为规律和法

---

① 伽达默尔著，夏镇平译：《赞美理论——伽达默尔选集》，生活·读书·新知三联书店1988 年版，第 45 页。

② 伽达默尔著，洪汉鼎译：《真理与方法》（上卷），上海译文出版社 2004 年版，第 318 页。

③ 伽达默尔著，夏镇平译：《赞美理论——伽达默尔选集》，生活·读书·新知三联书店1988 年版，第 52 页。

④ 伽达默尔著，夏镇平译：《赞美理论——伽达默尔选集》，生活·读书·新知三联书店1988 年版，第 52 页。

律的普遍性对他不具有约束作用"①。在科学和技术占统治地位的现代社会中，从一定意义上说，技术专家作为人类生活的导师扼杀了每个人自身本应具有的理性反思能力，强行占领了人们所独有的思想领域，占据了一切社会舆论工具并为其服务。人们在技术专家面前放弃了自己的理性反思能力，对他们唯命是从。尽管专家们的行为和对大众的指导有一定的科学理性的依据，但这种技术主义的独裁仍然是需要批判的。因为只有颠覆社会生活中的技术专家偶像，破除对技术主义和一切技术主义表现的迷信，才能充分发挥人类实践理性的力量，充分满足人们的需要，才能使实践理性成为指导人类的生活世界的真正力量。同样，与"技术主义"相同的是，"官僚主义"也是阻碍人类发挥理性力量作用的罪魁祸首。伽达默尔认为"官僚主义从头至尾地贯穿于我们的社会制度之中"。官僚主义缺乏"理智性"，以其现代行政管理行为扼杀了人们的理性反思能力。如果人们不自觉地反对这种官僚主义，捍卫人类共同理性的最后堡垒，人类就毫无希望。只有对技术主义和官僚主义进行彻底的批判，才能重振理性雄风，发挥理性力量；才能使理性的力量成为人类实践行为的基础，构成人类生活世界的理念。

当然，理性力量也是有一定限度的。如果过分强调理性的力量，用理性的普遍性去构造我们的特殊性，最终也会导致不同于技术主义和官僚主义的另外一种专家统治，即哲学家统治，这也是不合理的专家型社会。那么这是不是一种自相矛盾？伽达默尔也提出了这样的问题。他指出："说理性应该有力量并且能够进行统治似乎有一种自身矛盾。"②但伽达默尔认为，实践理性本身具有批判性和反思性，是一种自我超越、自我批判的反

---

① 伽达默尔著，夏镇平译：《赞美理论——伽达默尔选集》，生活·读书·新知三联书店1988年版，第60页。

② 伽达默尔著，夏镇平译：《赞美理论——伽达默尔选集》，生活·读书·新知三联书店1988年版，第61页。

思性能力和意识，实践理性反思对于社会理性、社会行为具有基础性作用。强调实践理性不会导致实践理性统治论，反而会使人类朝向更为准确的观点和向更为理想的社会进步。

伽达默尔为了突出实践理性在实践中的基础作用，重点论述了建基于实践理性上的实践哲学对于人类生活世界的作用和意义。伽达默尔将价值道德问题当作实践哲学的核心，当作本体论来看待。他指出："价值的本体论问题意味着这样一个关口，如果你不探寻'价值'之存在所要求的整个道路，就别想通过它。"① 可见他从本体论意义上把实践哲学和价值问题联系在一起，"德性"是规定道德行为的一种"见识"，它源于一种道德的存在规定性的"实践智慧"，而不只是一种认识的理论能力。在伽达默尔那里，伦理之知和实践之知在本质上是同一的。亚里士多德和康德的伦理道德思想对伽达默尔影响很大。伽达默尔指出，哲学伦理学在具体的伦理规范和价值的普遍有效性中处于前提和基础的地位。具体的人类道德活动与普遍的价值理念是相通的，它的合法性与普遍性是可以通过道德经验加以说明的。对此，伽达默尔认为："普遍化恰好不是理论中的间距化，在本质上，它从属于道德经验本身的合理性。"② 但是，并不是说构成普遍的道德价值的基础的就是具体的道德经验，因为人类真正的普遍伦理价值是一种以善本身为目的的实践智慧和实践理性的产物。因此伽达默尔说："倘若理性、实践智慧的道德作用被归结为实践的聪明、生活的明智这类功能的话，便是错失了自明性。"③

在当今这样一个民族的、历史的和伦理的极不稳定的多元主义的功利的时代中，价值伦理作为实践哲学的重要内容是否具有普遍有效性？对

---

① 伽达默尔著，夏镇平译：《赞美理论——伽达默尔选集》，生活·读书·新知三联书店1988年版，第280页。

② 严平编选，邓安庆等译：《伽达默尔集》，上海远东出版社2003年版，第276页。

③ 严平编选，邓安庆等译：《伽达默尔集》，上海远东出版社2003年版，第276页。

此，伽达默尔做出了肯定性的回答："无论如何，还是可以自问：就我们的多元的世界社会而言，难道不能够从那些只对于人类之间的一致性有效的普遍性中得到那个我们称之为人之本性的东西，以及康德在其《道德形而上学》中允诺其呈现差异的责任学说吗？一种将来的世界文化是否会成功？人类的道德概念和道德秩序是否能摆脱一切间距和相对性而凝集成一个共同的伦理？整个人类的未来在此道路上是否能够摆脱经济的危机和原子战争的危险？"[1] 通过这些设问我们不难看出，实际上伽达默尔坚信，只要坚持人类的理性对生活世界的反思，就一定能从反思中获得对具体生活实践的指导。为了能正确地确立一种健康的、理想的生活世界状态，确立起人类生活世界的意义、目的和价值，就必须重新建立实践哲学理论，恢复实践理性。当然，伽达默尔还是力图从方法上而不是从内容上复兴现代实践哲学。他说："这种方法观念将再度重视'伦理学'，即为'伦理学'进行一般的辩护，但不是针对价值意识的内容，而是针对权利和道德中亦即伦理中的活生生的社会现实性。"[2] 在伽达默尔那里伦理学与实践哲学是紧密联结在一起的。通过实践哲学人们才能更好地认识善并且共同地创造善。正如他指出："十分明显，只是对于实践哲学来说，才有可能再次在各种不同的见识 —— 规范意识以及在每一种这样的意识中的具体化 ——之间由协调而产生普遍有效性。只有这样，实践哲学才可能恢复其往日的尊严：不只是去认识善，而且还要共同创造善。"[3]

伽达默尔把"走向共同的团结"，实现"社会一体性"作为他的哲学理想。

伽达默尔把他的实践哲学建基于生活世界之上，为哲学的发展开辟了一个新的广阔空间，改变了西方哲学的传统方向。他认为："生活世界没

---

① 严平编选，邓安庆等译：《伽达默尔集》，上海远东出版社 2003 年版，第 277 页。

② 严平编选，邓安庆等译：《伽达默尔集》，上海远东出版社 2003 年版，第 277 页。

③ 严平编选，邓安庆等译：《伽达默尔集》，上海远东出版社 2003 年版，第 277 页。

有把哲学的任务限制在科学的基础方面，而是把它扩展到日常经验的广阔领域。"① 哲学研究就是要去"接近和显示生活世界中所给定东西的方法，而决不只是提供一种科学经验的客观性方法"②。伽达默尔实践哲学的理想就是要通过恢复实践哲学传统，加强实践理性的作用，从而使人们自觉地反思人类自身的生活状态、生活理念、生成方式和生存方式等。人类的"普遍实践"在这种理性的自我反思的基础上最终得以实现。所以，"伽达默尔要从根本上通过其实践哲学分析构建起人类生活世界的理想，阐发关于人类理想存在与发展状态的未来构想"③。

伽达默尔把理解作为他的实践哲学的核心概念。伽达默尔认为理解是实践的前提和基础，甚至理解也是一种最基本的实践活动。因为理解活动是生活世界中人类交往、生存等实践活动的基础，理解经验由于理解活动的基础地位而成为人类生活世界中的最基本的存在经验。

关于善、理解、对话、和平、协调与团结等人类共同体的哲学理想，伽达默尔有很多论述。

他说："实践正在指导某人，并在团结中活动。因此，团结是决定性条件和全部社会合理性的基础。"④

"我们大家还远没有共同意识到，这是有关地球上每个人命运问题。如果人性在一种或很多种危机的过程中，以及在体验到很多痛苦的历史中，没有学会重新发现必要的新的团结，用毁灭性核武器进行的无情进攻就会发生；如果这样，每个人生存的机会是很少的。"⑤

"我们的技术文明有着被过分刺激起来的进步过程，我们处在这个过

---

① 伽达默尔著，夏镇平等译：《哲学解释学》，上海译文出版社 2004 年版，第 184 页。
② 伽达默尔著，夏镇平等译：《哲学解释学》，上海译文出版社 2004 年版，第 185 页。
③ 张能为：《理解的实践——伽达默尔实践哲学研究》，人民出版社 2002 年版，第 200 页。
④ 伽达默尔著，薛华等译：《科学时代的理性》，国际文化出版公司 1988 年版，第 76 页。
⑤ 伽达默尔著，薛华等译：《科学时代的理性》，国际文化出版公司 1988 年版，第 75 页。

程中认识不到我们社会生活中总体上的稳定和不变的因素，所以，人应该对某种人类的团结有一种重新觉醒的意识，慢慢地把自己作为整个人类来认识，因为这意味着人要认识到，无论是好是坏，人属于一个整体，他要解决他在这个行星上生活的问题。出于此种原因，我相信人们会重新发现那些将进入人类未来社会的团结。"①

通过这些论述我们不难看出，伽达默尔为人们指出了一条达到相互理解，形成社会理性以及实践的善、伦理之知的有效途径，那就是形成一个对话开放的、理解融洽的、友善与团结的共同体。这样，"社会理性才能落实和实现于人类现实的生活之中，理性才会表现出力量，才有可能给人提供生活指南，也才有能力揭示出生活世界的科学和真理"②。

伽达默尔的实践哲学并不是只研究理论，他关注人类的现实生活，对人类社会的发展忧心忡忡。伽达默尔指出："我在拉丁语世界看到某些品质；这些品质一直采取保护性的态度，反对世界的利益之争，并有着一种惊人的抵制力和对自然生活的欣喜感。我们在南部国家见到这种生活态度，它部分证明存在着一种较稳定的幸福中心，和就一般人而言的享受生活的能力。我要问，在那些正在从技术上被纳入到欧美文明范围的外国文明中，中国、日本，特别是印度，它们古老文化的大部分宗教和社会传统是否在欧洲装备和美国成果的影响下已不复存在；我还要问，存在下去的任何东西是否已不能再一次从必要性中认识到某种让实践理性再次表明的新的规范的、共同的团结一致。"③ 由此可以看出，伽达默尔的实践哲学是人类长久以来现实发展状况在理论上的反映，他从哲学人类学的视角用实践理性赞扬和描绘了人类这一伟大的理想和追求，并从理论基础上为实现这一伟大的理想和追求奠定一个可靠的基础，指明一条可行的道路。

---

① 伽达默尔著，薛华等译：《科学时代的理性》，国际文化出版公司 1988 年版，第 76 页。
② 张能为：《理解的实践——伽达默尔实践哲学研究》，人民出版社 2002 年版，第 201 页。
③ 伽达默尔著，薛华等译：《科学时代的理性》，国际文化出版公司 1988 年版，第 76 页。

　　伽达默尔的哲学人类学社会理想有时也用"社会一体性"来表达。

　　"走向共同的团结"，实现"社会一体性"是伽达默尔实践哲学的理想，是伽达默尔实践哲学对人类未来的一种设想和谋划。他说："我们所有的计划和行动都是在一种由我们的生活条件所决定的、不太稳定的平衡状态下实施的"①，"平衡在根本上就是一种生活的基本要求，在它身上集中了生者的所有不明确的、还未确定的可能性"②。使这种"不太稳定"的状况保持相对的稳定是伽达默尔实践哲学的首要任务。伽达默尔力求从人类生活的不平衡中去确立一种新的平衡，从人类生活的差异中去寻求内在的共同之处。力求通过自己的实践哲学，不同视域的人们相互间可以交流、理解和对话，视域的融合达成团结、一致，最终达成共识。伽达默尔认为，自然科学的发展和强大为人类解决生存的矛盾提供了一种可能，使人类不断地增长了自己的力量。但人类生活本身是有一定的有限性和局限性的，这种有限性和局限性必然造成人的自我关系与科学的可能性之间的冲突。解决这种冲突必须通过人们的对话、交流和协商以获得一种科学本身所不能提供的知识，从而达到相互理解和相互认同。这种对话、交流和协商与人的理解视域相关，"它不仅涉及为一个明确的目的寻找一种正确的手段，而是要找到一种什么应该、什么不应该，即什么对、什么不对的观点"③，这种对话、交流和协商的最终结果是要达到"大家齐心的团结"④。

　　对话、交流和协商最终形成一个"齐心的团结"或"共同的团结"，而这种团结实际上是一种"联合"。伽达默尔指出："并不仅仅是由于技术经济发展的差异才使国与国产生分离，也不会因为这些差异就排除了他们联合起来的可能性。他们应该理解，正是这些他们之间的不可消除的差

---

① 严平编选，邓安庆等译：《伽达默尔集》，上海远东出版社 2003 年版，第 126 页。

② 严平编选，邓安庆等译：《伽达默尔集》，上海远东出版社 2003 年版，第 126 页。

③ 严平编选，邓安庆等译：《伽达默尔集》，上海远东出版社 2003 年版，第 129 页。

④ 严平编选，邓安庆等译：《伽达默尔集》，上海远东出版社 2003 年版，第 129 页。

异，正是这些基于自然和历史原因而形成的差异，使我们作为人而联合在一起。"① 实践知识与科学技术知识不同，它与人的具体实践活动相关。实践知识不着眼达成事情的手段而着眼于事情的目的。通过掌握实践知识和实践智慧，人们逐渐意识到不能将人生幸福的指望寄托在科学的未来发展上。只有克服科技统治主义弊端使人们通过理解、对话、协商而达成一致，才能真正实现人的幸福。

虽然伽达默尔批判科技理性对人们的统治，倡导以实践理性代替科技理性，但他并没有否定科学和技术在对未来人类规划中的作用。他指出："值得着重强调的是，科学在这方面依然前景光明，即使还远不能断言西方文明可以毫无抵抗地得到传播并将别的人类秩序形式最终排挤和消灭掉"②。伽达默尔认为实行世界管理之理想的人，也必须是掌握现代科学和技术的人。但是承认科学对人类未来规划起重要作用并不等于以科学技术来控制和支配社会生活的一切方面，而是致力于科学联合的普遍科学语言的逻辑认识理论的完善化，"可能会成功地将所有困扰着人与人的理解的不确切性和多义性消除掉"③。人们必须在阐明科学运用的界限的同时弄清什么是先于科学并独立于科学而使人民分裂或团结的因素，就会弄清诸如法律、道德、传统、民歌、民间故事和历史的内容等对人类共同生活的影响。所以，"对人的信念发生影响的东西，以及通过直接或间接的教育等途径对其产生作用的东西，可能还是更多地由科学的专业知识来计划、安排和调整的"④。

伽达默尔承认科学和技术对人类未来的规划有一定的作用，但总体来看，他认为科学的作用还是有界限的。他指出，科学"使人们相信它无往

---

① 严平编选，邓安庆等译：《伽达默尔集》，上海远东出版社 2003 年版，第 131 页。
② 严平编选，邓安庆等译：《伽达默尔集》，上海远东出版社 2003 年版，第 129 页。
③ 严平编选，邓安庆等译：《伽达默尔集》，上海远东出版社 2003 年版，第 129 页。
④ 严平编选，邓安庆等译：《伽达默尔集》，上海远东出版社 2003 年版，第 131 页。

而不胜时，那提醒人们去注意人与人、国与国之间的差异的要求就更显得迫切。这种提醒几乎不能归功于科学的成就，而更多的是科学批判的功劳。它首先是一种宽容教育。经受住考验的关于国家共同生活的秩序的设想，如民主的理想（按西方的或东方的理解）将在这种警醒中发现它们自身的前提条件。经济进步可能在世界各个角落都同样受到欢迎，但不具有同样的意义"①。也就是说，科学真正应该起的作用还是对与传统相联系的人的意识产生深刻的变化和影响，但是现代强势科技文明的冲击和统治是绝对不能容忍的。

伽达默尔认为，代替那占统治地位的科学和技术，哲学特别是实践哲学必然要在人类未来规划中起到积极作用。这是它的使命。哲学的这种作用就表现在对人类理性的反思上，表现在哲学解释功能的运用上。但这里一是要反对将哲学变成科学的想法和做法，二是要反对把哲学作为一门全能的科学的哲学观和哲学使命观，这种哲学观和哲学使命观把哲学视为向各门科学提供有针对性的概括性总结。这些都将阻碍哲学对现实存在的深刻认识，也会从根本上阻碍人们正确地做出关于人类未来理想生活世界的构想。

二、论争对哈贝马斯的影响

哈贝马斯从与伽达默尔的解释学论争中也得到了启发，从而逐步建立和完善了他后形而上学的思想。在哈贝马斯看来，由笛卡尔开始的二元论哲学的本体论在现代的哲学思想中依然顽固地存在着，备受质疑的以意识为本源的意识哲学成为形而上学的最主要的表现形态。意识哲学使意识禁锢在自己的圈子里而无法与主体自身内部的观念之间的关系进行深思。哈贝马斯通过语言哲学对意识哲学进行了批判，因为语言哲学使我们从唯物

---

① 严平编选，邓安庆等译：《伽达默尔集》，上海远东出版社 2003 年版，第 132 页。

论和唯心论的形而上学两极之争的泥潭中解脱出来。哈贝马斯同时在以交往为趋向的行为再生产的社会现实内部，在现象界的经验理解和知性理解之间建立起弹性关系，将语用学纳入形式分析，使交往者根据世界中的事物达成共识，所以哈贝马斯最终在交往范式的理论牵引下在语用学的基础上走向他的独创的哲学形式——后形而上学。

哈贝马斯的哲学思想博杂而深刻，他的后形而上学的哲学观可以从以下几个方面来进行考察。

第一，哲学起到"替身"作用。近代科学取得巨大成功，因为它体现了程序性的合理性，哲学从凌驾于科学之上的神坛上被揪了下来，摆在哲学家面前的首要任务是如何调整哲学和科学的关系，使实质性的合理性逐步转换到程序性的合理性上来。自19世纪中叶以来，对于科学和哲学的关系问题一直存在着几种不同的理论，哈贝马斯指出了它们所存在的问题，并阐述了他自己的解决方案。

一是科学主义倾向，主张哲学应该朝科学的方向同化。比如摩莱肖特和毕希纳、实证主义和后马赫主义的庸俗唯物主义都企图建立一种自然—科学的路线的世界观，将哲学化解为世界观和哲学史的类型学的狄尔泰以及把哲学归结为科学论和方法论的维也纳学派都是科学主义倾向的明显表现，这使得哲学在科学的权威下瑟瑟发抖。哈贝马斯认为，在科学主义化的思路下，哲学失去了自主性而成了科学的附庸，丧失了它所独具的关于整体的知识，已经没有任何能力与科学进行平等的竞争了。

二是主张哲学和科学应该分庭抗礼、合理分工，应该有各自的独特方法和对象领域。分析哲学和现象学基本上属于这一思路。在哈贝马斯看来，科学的迅速发展使得哲学已经很难有自己的领域和方法了。社会学、人类学以及心理学等人文科学已经突破了科学和哲学的严格区分而进入了哲学的领域。

三是主张哲学和科学相对峙，通过转向非理性的东西来克服客观化的具有反科学主义色彩的观点。雅斯贝尔斯、柯拉科夫斯基、海德格尔、维特根斯坦、德里达、阿多诺甚至包括罗蒂等人都扛起了反科学主义的大旗，试图保持哲学和整体之间的关系，保持哲学所拥有的一切。对于这种主张，哈贝马斯认为这种非理性主义的转向只能向我们提供哲学不是科学的消极结论而并不能积极地告诉我们哲学是什么，因为他们这种非理性哲学的特征排除了对积极规定性的论证程序。

这三种主张都不能阐明科学和哲学的真正关系。哈贝马斯则希望在哲学与科学之间的截然分工和哲学同化于科学这两个极端之间取一个中道。他希望哲学和科学之间能够达成富有成效的合作关系，"从我自己的研究兴趣的观点出发，在科学哲学和科学史之间，在言语行动理论和语言的语用学的经验研究之间，在非形式论证的理论和对自然论证的经验研究之间，在认知主义的伦理学和关于道德发展的心理学之间，在关于行动的哲学理论和关于行动能力的个体发生的研究之间，我发现了这样的合作"①。

哈贝马斯在马克思、弗洛伊德、皮亚杰以及早期法兰克福学派那里，继承并发展了一种不同于科学主义和反科学主义的狭隘的客观主义的科学概念，又能够合理地解决科学和哲学关系的概念，即"重构的科学"。这个概念是在马克思、弗洛伊德、皮亚杰以及早期法兰克福学派等哲学先驱的具有哲学意味的关于人的科学的研究基础上富有成果地展开的。重构的科学旨在通过阐明人类判断、理解、行动、言语等各种基本的类能力来建立一种关于人类理性或合理性的理论。

从特点上看，重构的科学"是这样一个领域，即哲学家在其中作为观念的提供者而展开工作，但不像康德或黑格尔那样作出基础主义的或绝对主义的断言"②。哲学要想提供的能适用于经验领域的重构性就必须克服绝

---

① 哈贝马斯：《道德意识和交往行动》（英译本），麻省理工学院出版社1990年版，第16页。
② 哈贝马斯：《道德意识和交往行动》（英译本），麻省理工学院出版社1990年版，第16页。

对主义和基础主义的倾向而扮演一种"替身"的角色，"哲学将占据谁的位置？它将替代什么？具有强的普遍主义要求的经验理论"①。一方面，重构的科学是假设的、经验的和可误的而不是必然的、先验的和确定的；另一方面，普遍性也是这类知识的一个本质规定性，是重构的科学专注于构成人的各项类能力的普遍性条件，实际上是为了建立一种关于人类理性和合理性的理论，并进而使它提出的有效性的主张更具有普遍意义。

从理论意义上来说，哈贝马斯提出的"重构的科学"这个概念使"科学"概念得到扩充，从而使我们的思想得到一定的解放，使我们能够突破科学观上狭隘的客观主义倾向而不断地转向开放的研究。并且为合理地解决科学和哲学的相互关系问题指明了一条可操作的现实可行的具体道路。当今的科学时代，像科学主义那样强调科学方法的权威而消解了哲学的自主性以及哲学完全置科学于不顾而将自己沦为空洞的思辨的做法都是错误的。在哈贝马斯重构的科学中，我们看到的是既不同于反科学主义也不同于科学主义的哲学和科学之间相互作用、密切合作的情景。在重构的科学之中，科学和哲学之间是有丰富科研实绩的现实的联盟而不只是一个笼统的理想。这种融合了概念分析和经验研究、哲学和科学为一体的重构的科学就是哈贝马斯的交往行动理论。最终，重构的科学启示我们，哲学在克服基础主义和绝对主义等形而上学的倾向基础上，在和经验的紧密联系中以普遍理论的优势促进了科学的发展与繁荣。

第二，哲学起到"解释者"的媒介作用。哈贝马斯认为，起媒介作用的"解释者"是哲学在重构的科学中的观念基础上的又一种新的角色。

哲学的这种"解释者"的角色和西方现代社会的生活世界的分化和部门化是直接相关的。对于现代化的分化过程，韦伯提出了自主的艺术和体制化的艺术批评、实证法和后传统主义的伦理学、现代科学三种文化价值

———————

① 哈贝马斯：《道德意识和交往行动》（英译本），麻省理工学院出版社 1990 年版，第 15 页。

领域。认为这是从出现现代性曙光以来，在统一的生活世界中逐渐分化出的。这三种文化价值领域是现代社会生活日益分化的结果，具有一定的相对独立性：科学、道德和法、艺术和艺术批评它们分别处理的是真理问题、正义问题和趣味问题。从哲学发展史上看，康德最早明确地从哲学上分析了现代性的分化瓦解或部门化特征。康德从理论理性、实践理性和判断力三个方面确立了他的批判哲学，通过三大批判为法律、道德和艺术以及科学奠定了各自的基础，划定了各自的管辖范围。然而哈贝马斯认为，文化价值领域已经分化了，"它们的存在需要的是描述和分析，而不是哲学的辩护"①，所以康德期待哲学成为法官或最高仲裁者的观点是对哲学地位的过高估计，是不可能的也是没有必要的。

否定了康德对哲学过高的期待，哈贝马斯对哲学在现代性的语境中所处的合理位置以及扮演的角色明确地提出了自己的独特的看法。在哈贝马斯看来，生活世界的部门化和分化的趋势给哲学提出了最重要的两个问题：一个是怎样处理专门文化和日常交往、专门成果和大众启蒙、圈内和圈外等的关系问题；一个是怎样克服因为分化而造成的法律、道德和艺术以及科学之间相互隔膜的境况问题。

这两个问题是摆在现代哲学面前的亟待解决的问题。专门文化和日常生活之间的隔阂虽然不需要哲学的辩护但却需要哲学去消解，这是因为"留给哲学、并且也是它力所能及的任务，是解释性地联结专门知识和需要定向的日常实践"②。哲学只有在实践的基础才能够行之有效地克服专门文化和日常生活之间的四分五裂的状态。因为在日常交往中，道德—实践、认知—工具和审美—表达等维度都是相互渗透、相互交织的。哲学能够扮演一种能在专门文化和日常生活世界之间以及各文化价值领域之间

① 哈贝马斯：《道德意识和交往行动》（英译本），麻省理工学院出版社 1990 年版，第 17 页。
② 哈贝马斯著，曹卫东、付德根译：《后形而上学思想》，译林出版社 2001 年版，第 17 页。

起媒介作用的解释者的角色，是现代性的必然要求。

这样，在哈贝马斯那里，哲学通过克服日常生活世界和专门文化之间以及文化价值自身领域的分裂而实现了理性基础上的统一。后形而上学并不放弃对关于整体的知识的追求，虽然它的最终目的是克服形而上学思维对整体的错误理解。这就突出生活世界的概念的重要地位，生活世界"作为一个不成问题的、未客观化的、前理论的整体，作为一个通常被视为理所当然的领域，即常识的领域，生活世界总是已经直觉地呈现在我们所有人面前了"①。后形而上学思维所谈论的整体性是生活世界的整体性。生活世界作为我们的思想行动的前提，作为前反思的、背景性的东西成了后形而上学思维的最基本的出发点。哈贝马斯指出，古代本体论哲学和近代意识哲学都把生活世界的整体加以实体化了，他们有的把生活世界说成是客观性的大全，有的把生活世界看成是作为理性的理念世界，有的把生活世界看成是主体综合结果的统一性世界。"只有当生活世界的整体 —— 在日常实践中被预设为一种背景 —— 被实体化为大全的思辨理念，或者被实体化为从自身中产生一切的精神的自发性的超验理念时，才会从中产生一种先验的幻想。"② 在哈贝马斯那里，后形而上学的哲学和生活世界的整体性建立了真实的联系并解除了形而上学的先验幻相，从而克服了传统形而上学通过整体概念对生活世界的整体性的扭曲的弊端。

这样，起媒介作用的解释者的哲学，在现代性的语境下给这种哲学自古以来对统一性的追求赋予了新的时代精神。促进专门文化和日常生活之间的沟通，克服各种文化价值领域之间的隔阂而成为后形而上学时代精神的内涵。

后形而上学将哲学对统一性的追求放在真实的生活世界的基础之上，

---

① 哈贝马斯著，曹卫东、付德根译：《后形而上学思想》，译林出版社 2001 年版，第 38 页。

② 哈贝马斯著，曹卫东、付德根译：《后形而上学思想》，译林出版社 2001 年版，第 143 页。

放弃了传统形而上学的先验追求，从前反思的、背景性的日常生活世界的整体性出发，完成了对传统形而上学的超越。

第三，哲学起到合理性和理性的"守护者"的作用。在对哲学与科学、哲学和日常生活以及各种专门文化的关系的讨论得出哲学的前两个作用的基础上，哈贝马斯力求通过对哲学和文学关系的讨论来从形式上来确定哲学的第三个作用。因为文学和哲学的关系在当代西方哲学中也是人们争论的焦点性话题，借用这个争论哈贝马斯阐述了他对后形而上学哲学观的理解。

在哲学和文学关系的讨论中，哈贝马斯主要与德里达和罗蒂等后现代主义的哲学家进行了争论。哈贝马斯在《后形而上学思想》一书中指出，后现代主义的一个基本策略就是企图消弭哲学和文学之间的类型差别。他指出："颇有影响的解构主义思潮对通常的类型差别表示异议。后期海德格尔对诗人和思者仍有所区别，但他对待阿那克西曼德与亚里士多德的文本和对待荷尔德林和特拉克尔（Trakl）的文本没有什么两样。保罗·德·曼解读卢梭和解读普鲁斯特与里克尔没有什么两样，德里达研究胡塞尔与索绪尔和研究阿坦德（Ar-tand）没有什么两样。相信弗洛伊德的文本和乔伊斯的文本可以根据某些特征而作出区分，即将它们中的一方确认为理论，另一方确认为小说，是不是一种幻觉？"① 这样，随着文学和哲学界限的进一步缩小，随之而瓦解的还有逻各斯和神话、论证和叙事、概念和隐喻、朴素平实和富有文采、逻辑和修辞等传统的对立。

在哈贝马斯看来，消弭哲学和文学的类型差别的真正目的在于摧毁哲学的逻各斯中心主义的自我理解。德里达等人主张文学批评运用于哲学文本，像对待文学作品一样来处理哲学著作。这就将从亚里士多德开始确立起来的逻辑先在性彻底瓦解了，并确立了修辞先在于逻辑的头足倒置的思想。

---

① 哈贝马斯著，曹卫东、付德根译：《后形而上学思想》，译林出版社2001年版，第206页。

哈贝马斯完全不同意将一切文本都归结为文学的策略的消弭哲学和文学的类型差别的做法。虽然他承认修辞的和诗性的因素是不可根除的、无所不在的，但是德里达等人的这种简单化的做法体现了他们没有对修辞因素在不同类型的话语中的不同作用给予足够的重视，对语言解决问题的功能也缺乏足够的认识。

哈贝马斯认为，德里达等人对语言的解决问题的功能认识不清，以至于"让语言的解决问题的能力消失在语言的创造世界的能力背后"[1]。于是，"他就能根据诗性语言的模式来分析任何给定的话语，似乎语言普遍地是由专注于揭明世界的语言的诗性用法所决定的"[2]。

哈贝马斯指出，德里达等人没有区分语言的解决问题和揭明世界或创造世界的这两种功能。语言的这两种功能在日常生活和哲学的话语中地位和作用是不一样的。在日常生活的话语交往中，"揭明世界的语言框架几乎停止了运作"[3]，而语言的解决问题的功能则成为第一位的。对于科学技术、道德和法律、政治学、经济学等从日常生活中不断分化出来并针对各种专门问题的专门话语，虽然不能缺少修辞因素，但也只是限于"为了解决问题的各种特殊目的而被驯服和征募的"[4]。但是在哲学话语中却有所不同，论证决定着哲学话语的形式特征因而在哲学中居于主导性的地位。修辞的因素和诗性的因素所起的作用虽然很大，但只具有工具性的价值。尽管大哲学家往往也是大作家，修辞方面的成就一点也不比作家差，但无论是对在"重构的科学"中作为经验理论的替身的哲学而言，还是对作为各文化价值领域之间以及专门文化和日常生活之间起媒介作用的解释者的哲

---

① 哈贝马斯:《关于现代性的哲学话语》(英译本)，麻省理工学院出版社 1987 年版，第 205 页。

② 哈贝马斯:《关于现代性的哲学话语》（英译本），麻省理工学院出版社 1987 年版，第 204–205 页。

③ 哈贝马斯:《关于现代性的哲学话语》,（英译本）麻省理工学院出版社 1987 年版，第 209 页。

④ 哈贝马斯:《关于现代性的哲学话语》(英译本)，麻省理工学院出版社 1987 年版，第 209 页。

学来说，论证比修辞更具有主导性的地位。

哈贝马斯和德里达对待理性的态度是截然不同的，这也是他们关于哲学和文学关系争论的实质所在。两个人虽然都批判传统形而上学，但是德里达因为反感西方传统形而上学的逻各斯中心主义而将一切文本都归结为文学，竭力地消弭哲学和文学的类型差别。但这种做法实际上等于诉诸理性的"他者"而放弃了理性本身。哈贝马斯虽然也对西方形而上学传统和被夸大了的理性概念持批判态度，但他主张对从传统继承下来的理性概念作一定程度的改造，并不同意后现代主义哲学家对理性的全盘否弃。他的"交往合理性"的概念就是这个改造的成果。"交往合理性"的概念把满足可批判的有效性认定成核心程序性的合理性，剥去了传统形而上学的理性概念所具有的各种标志。哈贝马斯在哲学和文学之争中强调论证而不是修辞在哲学话语中的主位性地位，明显地是在维护哲学的合理性或理性的"守护者"的光辉形象，这和非理性主义的价值取向是完全不同的。

所以哈贝马斯的后形而上学摆脱了形而上学的绝对主义、基础主义，驱散了形而上学的先验幻相，放弃了以逻各斯中心主义为特征的传统形而上学，使哲学保持了它应有的理论思维的特质，把对统一性的追求建立在现实的生活世界的基础之上。这就是哈贝马斯的后形而上学的基本特征和哲学理想。

微信扫码，立即获取
☆ PPT总结分享
☆ 更多延伸阅读资源

下 篇
伽达默尔、哈贝马斯与马克思

　　前两篇分别论述了伽达默尔和哈贝马斯解释学内部论争的原因和论争的主要内容。这场论争并没有改变二人的哲学思想反而促使他们更进一步地发展了自己的哲学思想。本篇重点研究通过这场论争我们对解释学所应产生的全新认识，并对伽达默尔、哈贝马斯以及马克思的实践哲学进行梳理和总结，进一步就伽达默尔实践哲学与马克思实践哲学、哈贝马斯交往行动理论与马克思交往实践观进行比较研究，寻求伽达默尔实践哲学和哈贝马斯交往行动理论对发展马克思交往实践观的借鉴意义。

第一章

解释学必将走向实践哲学

　　伽达默尔与哈贝马斯关于解释学的论争促使伽达默尔在哲学解释学的基础上进一步转向对实践哲学的研究，而这种研究的目的是为了进一步阐明精神科学的合法性。论争使得伽达默尔坚信哲学解释学本身就是实践哲学，解释学必将走向实践哲学。

伽达默尔在哲学解释学的基础之上，将研究重点转向了实践哲学，或者说越来越突显出了实践哲学。伽达默尔认为哲学解释学本身就是实践哲学。一般认为《真理与方法》一书是伽达默尔集中阐述他的哲学解释学的著作，但从他的前后期哲学思想的一贯性基础上的分析来看，《真理与方法》一书也是实践哲学的著作。而这之后的著作更集中更突出地阐述了伽达默尔关于实践哲学的内容。伽达默尔在《科学时代的理性》一书中指出："我将解释学描绘为一种哲学学说，而没有把它当成一种新的解释或说明程序。从根本上讲，它只能作出这样的描绘，即在怎样的情况下，一种解释才会是成功的、令人信服的。它完全不是一种有关技术技能的学说，也不会告诉人们应该怎样进行理解。我们必须承认它的这种特点，由是，我们也无法改变这样一个事实，即在我们的理解中，那些未得到承认的预期始终在起着作用。其实，即使能力许可，我们也完全没有必要试图从事这样的工作。因为，上述事实总能为我们带来一种经过拓宽和深化的自我理解。但是，这同时意味着，解释学是哲学，而且是实践哲学。"① 因此，伽达默尔在哲学解释学的基础上进一步转向对实践哲学的研究，而这种研究的目的是为了进一步阐明精神科学的合法性。

哈贝马斯则走向了以交往理性为基础的交往实践观。哈贝马斯的交往实践观集中体现在他的两卷本巨著《交往行动理论》之中。

一、伽达默尔的实践哲学

伽达默尔的"实践"概念意义比较宽泛，它不仅包括构成实践的行为

---

① 伽达默尔著，薛华等译：《科学时代的理性》，国际文化出版公司 1988 年版，第 394 页。

模式，而且宽泛到人类"最广泛意义上的生活"，包括人的行为和人在世界中的自我设定的实践理性和实践智慧。伽达默尔的实践哲学并不是简单地指理论的实际应用阶段，它所要处理的是人类的全部实践生活领域而不是某个特殊具体的对象；所要探究的是构成人类生活的基础、价值和目标等根本性理论问题，而不只是要为人类活动提供一些什么具体的建议和指导。伽达默尔指出："实践概念在科学时代以及科学确定性思想的时代失去了它的合法性。因为自从科学把它的目标放在对自然和历史事件的因果因素进行抽象分析以来，它就把实践仅仅当作科学的应用。但这乃是一种根本不需要解释才能的'实践'。于是，技术概念就取代了实践概念，换句话说：专家的判断能力就取代了政治的理性。"① 可见，伽达默尔批判将实践仅仅当作是科学的应用，批判用技术概念来取代实践概念。伽达默尔认为这正是精神科学失去合法性的缘由，要想恢复精神科学的合法性，必须恢复实践的真正内涵和恢复真正的实践哲学。因为用自然科学的方法是无法获得真理的。伽达默尔坚持以实践理性作为人类全部生活的基础，将解释学的理解理论与关于人类全部生活的实践哲学理论相互沟通起来，使解释学真正具有了实践哲学的意义。伽达默尔的哲学是解释学的实践哲学与实践哲学的解释学的内在统一。伽达默尔的实践哲学就是要通过解释学的一些概念和理论恢复人们的实践理性和实践智慧，为人类的实践行为和生活奠定理论基础与价值目标，并克服科学和技术统治人们思想的现状，阐明精神科学的重要性和合法性。伽达默尔指出："解释学不仅是一门有关一种技术的学问，它更是实践哲学的近邻。因此，它本身也分有那种构成实践哲学的本质内容。"② 伽达默尔的全部解释学的理论归宿就在他的实践哲学中。

　　在伽达默尔那里，实践哲学的原则是哲学解释学的出发点，实践哲学

---

① 伽达默尔著，洪汉鼎译：《真理与方法》（下卷），上海译文出版社 2004 年版，第 752 页。
② 伽达默尔著，薛华等译：《科学时代的理性》，国际文化出版公司 1988 年版，第 85 页。

的原则贯穿他的整个哲学体系。对于哲学解释学与实践哲学的关系，伽达默尔在《科学时代的理性》一书中有明确的论述。该书的第五章的标题就是"作为实践哲学的解释学"。在这一章里，伽达默尔指出："作为解释或说明的理论，它本身并不仅仅是一种理论。从最古老的时代一直到今天，解释学始终都在强调，它关于各种可能性、规则和解释手段的思考将直接有用于和有利于人们的解释实践。"① "早期解释学首先是理解和解释活动中的一种实践因素。它常常表现为一种实践指南，而不是什么理论教科书（古代的所谓'技术'实际上就有这种含义）。"② 伽达默尔从神学解释学和法学解释学两个领域分析了解释学的实践性。他指出："甚至这个例证也说明，对法律的正确解释不仅仅是一门与一种技术技能（一种对这样或那样的文字段落的逻辑归纳）有关的学问，而且也是法律理想的一种实践的具体化。法学家的艺术同时也即是法律的实施。"③ 因此，"解释学不仅是一门有关一种技术的学问，它更是实践哲学的近邻。因此，它本身也有着那种构成实践哲学的本质内容"④。伽达默尔将传统解释学发展成哲学解释学，已把实践哲学的伟大传统蕴含于其中了，正如他指出的那样，"实践哲学的伟大传统继续存活在一种对其哲学内涵有所了解的解释学当中"⑤。

伽达默尔在哲学解释学中恢复了亚里士多德实践哲学的伟大传统，坚持理论是最高意义上的实践。他指出："在两种情况下，我们都可以看到理论兴趣与实践行动之间的同样的相互蕴涵关系。亚里士多德就曾在他的伦理学中十分清醒地思考过这一问题。每个献身理论兴趣的人都假定了实践理性（phronesis）的效能。"⑥ 伽达默尔并不否认自己的哲学解释学是一

① 伽达默尔著，薛华等译：《科学时代的理性》，国际文化出版公司 1988 年版，第 82 页。
② 伽达默尔著，薛华等译：《科学时代的理性》，国际文化出版公司 1988 年版，第 82 页。
③ 伽达默尔著，薛华等译：《科学时代的理性》，国际文化出版公司 1988 年版，第 84 页。
④ 伽达默尔著，薛华等译：《科学时代的理性》，国际文化出版公司 1988 年版，第 85 页。
⑤ 伽达默尔著，薛华等译：《科学时代的理性》，国际文化出版公司 1988 年版，第 98 页。
⑥ 伽达默尔著，薛华等译：《科学时代的理性》，国际文化出版公司 1988 年版，第 99 页。

种理论，但他认为哲学解释学与实践哲学是相互蕴含而不是互相对立的。他指出："当我提及解释学时，我指的是一种理论。我并不打算以这样的说法解答实践的理解情况。解释学的处理对象是一种理论态度，它涉及解释实践以及文本的解释，并且与那些对于文本，对于我们在世界上相互传达着的非隐蔽的倾向的解释经验有关。这种理论态度只能使我们深刻地了解到，究竟哪样一些因素在理解的实践经验中起着作用。……因此，在我看来，正如哲学解释学与人们自己的自我理解之间的关系一样，对理解经验的高度理论认知与理解实践也同样是不可分割的。"① 可见，伽达默尔认为解释也是一种实践，他的解释学是作为实践哲学的解释学。

在建构完哲学解释学的理论体系后，伽达默尔进一步研究了哲学解释学的普遍性和应用问题。这就更多地涉及实践哲学问题，实践哲学这条线索从隐线变成了显线。在《真理与方法》的附录里，伽达默尔明确指出："但实践哲学本身却并不是这样一种合理性。它是哲学，这就是说，它是一种反思，并且是对人类生活形式所必须是什么的反思。在同样的意义上可以说哲学诠释学也并非理解的艺术，而是理解艺术的理论。但这种唤起意识的形式都来自于实践，离开实践就将是纯粹的虚无。这就是从诠释学的问题出发重新证明的知识和科学的特殊意义。这也正是我自《真理与方法》完成以后一直致力的目标。"② 可见，伽达默尔后期的实践哲学思想是他的哲学解释学的进一步展开和继续发展。

从原因上来看，晚期伽达默尔更多地论述了关于实践哲学的相关问题，一方面是因为解释学的应用问题和与哈贝马斯等人的论争需要。《真理与方法》一书出版后，伽达默尔受到了来自外部和内部的批判。来自解释学内部的哈贝马斯的批判集中在两点上。第一，他认为伽达默尔历史观

---

① 伽达默尔著，薛华等译：《科学时代的理性》，国际文化出版公司1988年版，第99页。
② 伽达默尔著，洪汉鼎译：《真理与方法》（下卷），上海译文出版社2004年版，第665页。

中存在保守主义倾向。第二，他认为伽达默尔对方法论做了简单草率的改革。在伽达默尔的反驳回击中，我们可以看出伽达默尔将实践哲学的伟大传统蕴含于哲学解释学之中。伽达默尔在哲学解释学中始终维护传统、成见和权威。在他看来，维护了成见和传统，我们每个人才能有其独有的视界，每个人、每个不同时代的视界的相互融合才能成为可能，"效果历史"才能由此产生。哈贝马斯批判的重点是伽达默尔对传统、成见和权威的依赖。在哈贝马斯看来，伽达默尔对传统、成见和权威的依赖，就是服从，这必将使我们失去社会科学所本来固有的批判意识，从而对历史和现实产生过分的依赖。由此哈贝马斯认为，伽达默尔有保守主义的倾向，因为他只看到了权威与理性的同一性而忽视了它们对立的一面。对此，伽达默尔认为，哲学解释学也试图成为哈贝马斯所说的一种"批判的反思意识"，他解释说："哲学解释学所进行的这种反思，大概在这种意义上是批判的：它揭穿了天真的客观主义偏见，这是一种倾向自然科学的历史科学的自我理解囿于其中的偏见。在这里，由于它从社会角度批判地解释了全部理论所包含的偏见，意识形态批判便利用了这种反思。"① 再者，"解释学的反思是可以变成'实践'的：通过使偏见被意识到，它使得任何意识形态都受到怀疑"②。在这里，他进一步强调了哲学解释学和实践哲学的相通性。"实践哲学并不是……一种对人类社会实践的规则知识。相反，它是对这样一种知识的反思，并因此说到底是'普遍的'和'理论的'。"③

在论及理解的应用性问题时，伽达默尔更多地涉及了实践哲学问题。他指出："在某种意义上，对一条法律的正确解释是蕴涵在它的应用中。"④ 实践总是与理解联系在一起，它从来没有和理解分离过。实践的过程也就

---

① 严平编选，邓安庆等译：《伽达默尔集》，上海远东出版社 2003 年版，第 228-229 页。
② 严平编选，邓安庆等译：《伽达默尔集》，上海远东出版社 2003 年版，第 236 页。
③ 严平编选，邓安庆等译：《伽达默尔集》，上海远东出版社 2003 年版，第 228 页。
④ 伽达默尔著，薛华等译：《科学时代的理性》，国际文化出版公司 1988 年版，第 111 页。

是理解的展开过程，而理解本身就是实践的一个核心要素。这样，对理解的哲学反思和对实践的哲学反思就理所当然地统一起来了，而哲学解释学就不再仅仅是理解的哲学，同时还是实践的哲学。在人的实践和理解中，面临的是同一个基本的解释学问题：关于普遍东西和特殊东西的关系的问题。所以，理解的应用性问题，也不再仅仅是理解本体论的核心问题，它还是实践哲学的关键问题。

另一方面，晚期伽达默尔更多地论述了关于实践哲学的相关问题更主要是因为其晚年的时代背景和时代要求。伽达默尔经历了整个 20 世纪人类的历史征程和历史变迁，经历了两次世界大战的苦难和现代科学技术的高速发展给人类带来的繁荣昌盛和危机与危害。他对时代的定位与反思是非常深刻的。他指出："二十世纪是第一个以技术起决定作用的方式重新确定的时代，并且开始使技术知识从掌握自然力量扩转为掌握社会生活，所有这一切都是成熟的标志，或者也可以说，是我们文明危机的标志。"① "奇怪的是，近代科学却给人类带来了意想不到的后果：这就是自然科学对于人类在一种完全新的规模、新的意义上的统治。"② 这种自然科学对人类的统治使人沦为技术的奴隶，使人失去了自由。而要摆脱这种统治，唯一的办法就是恢复亚里士多德的实践哲学的伟大传统，使人重获自由，形成全社会的共同的团结。

因此，在这种科学技术特别是科技理性统治人类的异化的时代，伽达默尔用他的哲学解释学去关注人类的现实社会问题，从而使他的哲学解释学真正地向实践哲学回归。或者说他晚年真正认识到了哲学解释学的本质。

伽达默尔的实践哲学与语言和对话是分不开的，这也是他的实践哲学

---

① 伽达默尔著，薛华等译：《科学时代的理性》，国际文化出版公司 1988 年版，第 63 页。
② 伽达默尔著，薛华等译：《科学时代的理性》，国际文化出版公司 1988 年版，第 53 页。

的一个突出特点。在伽达默尔看来，语言活动就是人们的最基本的理解活动，也是人的自我理解的实践活动和存在活动，人们的交流活动（也是一种基本的实践活动）就是在语言基础上的交流、理解与达成一致的活动。伽达默尔指出："谈话中的相互了解不是某种单纯的自我表现和自己观点的贯彻执行，而是一种使我们进入那种使我们自身也有所改变的公共性中的转换。"[①] 人们通过语言对话参与到共同意义的理解活动之中，正是谈话的意义本身引导着谈话者的自我改变，引导着谈话的发展，谈话者仿佛并不主导着谈话的过程。伽达默尔的哲学解释学把传统的解释学从解释的方法论或技艺学中解放出来，并使理解活动成为一种对话式的中介现在与过去的事件。为了进一步阐明理解活动的规律，伽达默尔对语言做了深入细致的研究。他指出："语言并不是意识借以同世界打交道的一种工具，它并不是与符号和工具 —— 这两者无疑是人所特有的 —— 并列的第三种器械。语言根本不是一种器械或一种工具。因为工具的本性就在于我们能掌握对它的使用，这就是说，当我们要用它时可以把它拿出来，一旦完成它的使命又可以把它放在一边。但这和我们使用语言的词汇大不一样，虽说我们也是把已到了嘴边的词讲出来，一旦用过之后又把它们放回到由我们支配的储备之中。这种类比是错误的，因为我们永远不可能发现自己是与世界相对的意识，并在一种仿佛是没有语言的状况中拿起理解的工具。毋宁说，在所有关于自我的知识和关于外界的知识中我们总是早已被我们自己的语言包围。我们用学习讲话的方式长大成人，认识人类并最终认识我们自己。学着说话并不是指学着使用一种早已存在的工具去标明一个我们早已在某种程度上有所熟悉的世界；而只是指获得对世界本身的熟悉和了解，了解世界是如何同我们交往的。"[②] 可见，伽达默尔认为语言不是符号，

---

① 伽达默尔著，洪汉鼎译：《真理与方法》（上卷），上海译文出版社 2004 年版，第 491 页。

② 伽达默尔著，夏镇平等译：《哲学解释学》，上海译文出版社 2004 年版，第 63 页。

也不是工具，而是我们理解世界得以实现的媒介，是使过去与现在得以中介的媒介。这样，从本质上来讲，理解作为一种视域融合实质是一种语言的过程。语言包围在我们周围的整个世界之中。我们通过对语言的拥有，最终达到对世界的理解和对世界的构造。

伽达默尔进一步指出，语言不仅不是工具，反而是人拥有世界的一个基础。语言虽然不是独立的存在，但世界却是在语言中得到表述的，"语言并非只是一种生活在世界上的人类所适于使用的装备，相反，以语言作为基础，并在语言中得以表现的是，人拥有世界。世界就是对于人而存在的世界，而不是对于其他生物而存在的世界，尽管它们也存在于世界之中。但世界对于人的这个此在却是通过语言而表述的。……语言相对于它所表述的世界并没有它独立的此在。不仅世界之所以只是世界，是因为它要用语言表达出来——语言具有其根本此在也只是在于世界在语言中得到表述"①。语言支配我们对世界的经验，阐明由它所展现的一切，语言虽不是独立存在，但是揭示它所说东西的存在。为此，伽达默尔指出："语言越是一种活生生的过程，我们就越不会意识到它。因此，从语言的忘却中引出的结论是，语言的真实存在就在于用语言所说的东西。语言所说的东西构造了我们生活于其中的日常世界……语言的真实存在即是当我们听到它时我们所接纳的东西——被说出来的东西。"②语言是理解的普遍媒介，语言的存在方式就是对话，对话使理解得以可能。

通过以上论述，我们看到，伽达默尔将作为一种方法或技术的认识论的解释学改造成一种本体论的哲学解释学，又通过哲学解释学的普遍应用，形成一种以语言、对话、理解为本质特征的实践哲学。

---

① 伽达默尔著，洪汉鼎译：《真理与方法》(下卷)，上海译文出版社2004年版，第575–576页。
② 伽达默尔著，夏镇平等译：《哲学解释学》，上海译文出版社2004年，第22–23页。

二、哈贝马斯的交往实践观

哈贝马斯在《交往行动理论》第一卷中，把人类的行为划分为四种类型。

第一种行为是因果地、有目的地介入客观世界的目的性行为。目的性行为又可以划分为"工具行为"和"战略行为"。"工具行为"行为的相关对象指向一个客体，而"战略行为"行为的对象则指向一个主体。"中心计划"是目的性行为的核心范畴。"中心计划"是指行为者在比较和权衡各种手段的基础上选择一种最为理想的手段来达到自己的目的。从主客体的关系上看，目的性行为是主体指向客体的单向行为，主体为适应自身需要而改变客体的一种行为。所以在目的性行为中，主体和主观世界是主动的，客体和客观世界是被动的，被动与主动的关系是一种最基本的关系。

第二种行为是群体的以共同价值规范为行为取向的规范调节行为。规范调节行为的核心范畴是"遵守规范"。"遵守规范"指的是是否符合规范是规范调节行为正当与否的唯一标准。哈贝马斯在《交往行动理论》中指出："按照一种行为是否正确地涉及一种合法认可的规范关系，或者不正确地涉及一种被合法认可的规范关系来判断这些行为。"[①] 所以规范调节行为不像目的性行为那样是行为主体之间的互动的、主动的行为，而是通过规范这一外在的、既定的方式对人们的行为产生约束和调节。

第三种行为是行为者在观众或社会面前有意识地表现自己主观性的一种戏剧行为。这种行为为吸引观众而进行自我表演，重在自我表现，力求让观众能够接受自己所努力表现出来的东西。戏剧行为的核心范畴是"自我表演"，即"行为者在观众面前，以一定方式进行自我表述，当行为者

---

① 哈贝马斯著，洪佩郁、蔺青译：《交往行动理论》（第 1 卷），重庆出版社 1994 年版，第 126–127 页。

表现出自己主观性的东西时，他是想让观众以一定的方式看到和接受自己的东西"①。表演方和观众方之间也没能构成相互交流的主体之间的关系，因为表演方注重的是观众的观看与接受，而观众方只能被动地接受。

第四种行为是两个或两个以上的具有行为能力和语言能力的主体之间通过语言媒介所达到的协调一致和相互理解的交往行为，这是哈贝马斯所重点强调的、加以深入研究的行为。交往行为的核心范畴是"相互理解"。"相互理解"是指行为者在行为情景和行为计划方面协调各自的行动，通过相互理解而达成一致的行动。通过"理解"使言语的有效性贯彻到人们的互动中并通过互动使"理解"得到论证。这里的"理解"是主体间互相约定、共有知识、相互领会和相互信任所达成的共识，而不只是我们通常所说的一般情况下的语义理解，而是建立在语言相应的可理解性、真诚性、真实性和正确性这四种有效性基础之上的共识。哈贝马斯为此指出："理解最狭窄的意义是表示两个主体以同样方式理解一个语言学表达；而最宽泛的意义则是表示在与彼此认可的规范性背景相关的话语的正确性上，两个主体之间存在着某种协调。"② 所以，这种"理解"赋予了语言一种极其显著的地位，成为哈贝马斯交往行动理论中的重要内容。

总结起来，哈贝马斯所说的交往行为有以下重要的特点：第一，交往行为从主体看是两个或两个以上具有语言能力和行为能力的人的行为；第二，交往行为从手段来看是以语言为媒介的行为；第三，交往行为从原则来看是以社会规范作为自己的准则的行为；第四，交往行为从形式来看是通过主体之间的诚实对话来达到人们之间的相互理解与协调一致的行为。哈贝马斯所说的目的性行为、规范调节行为、戏剧行为和交往行为这四种行为模式的世界关系前提是完全不同的。目的性行为、规范调节行为、戏

---

① 哈贝马斯著，洪佩郁、蔺青译：《交往行动理论》（第 1 卷），重庆出版社 1994 年版，第 128 页。

② 哈贝马斯著，张博树译：《交往与社会进化》，重庆出版社 1989 年版，第 13 页。

剧行为分别与"客观世界""社会世界""主观世界"相关联，分别涉及"真实性""正当性""真诚性"的要求。这三种行为模式都内在地包含着交往行为的一些要素，它们存在与发生机制都离不开主体间的交往。但是这三种行为中的每一种行为都片面性地理解了交往行为，"第一种，把交往看成是仅仅为了实现自己目的的人的间接理解；第二种，把交往看成是仅仅为了体现对既存规范的认可者的争取共识的行为；第三种，把交往看作是吸引观众的表演"①。

交往行为和这三种行为模式则完全不同。交往行为同时与"客观世界""社会世界""主观世界"发生全面性的关系而不是单独地和某个世界发生直接的对应关系。行为者"从他们自己所解释的生活世界的视野，同时涉及客观世界、社会世界和主观世界中的事物，以研究共同的状况规定"②。这样交往行为就克服了它们各自的片面性，综合了其他三种行为模式的合理性。所以交往行为全面体现了目的性行为、规范调节行为、戏剧行为这三种行为模式的合理性和有效性。哈贝马斯认为，相对于目的性行为、规范调节行为和戏剧行为，交往行为则"统一了这三种形式的世界观，而这三种形式的世界观在不同的行为模式中，是单独的或一对对地出现的，言谈者把这三种形式的世界观统一为一个体系，并把这个体系共同地作为解释范围的前提，在这个体系范围内他们才能达到理解的目的。他们不再是那么径直地与客观世界、社会世界和主观世界发生关系，而是按照它们的有效表达被其他行为者所反驳的可能性，相对地进行表达。理解，只是按照交互活动参与者对所要求的有效表达产生的共识，就是说，在主体际承认他们相互提出的有效性要求，才作为行为合作化的机制发挥

---

① 哈贝马斯著，洪佩郁、蔺青译：《交往行动理论》（第1卷），重庆出版社1994年版，第135页。

② 哈贝马斯著，洪佩郁、蔺青译：《交往行动理论》（第1卷），重庆出版社1994年版，第135页。

作用"①。

同时，哈贝马斯指出："交往行为模式并没有把行为与交往等同起来。语言是作为一种交往媒体，是为理解服务的，而行为者通过相互理解，使自己的行为得到合作，以实现一定的目的。"②这就把交往行为概念的关键确定为语言承担的行为的协调功能，突出了语言在交往行为中的核心作用。

哈贝马斯认为交往行为是通过规范调节实现个人与社会和谐的在行为主体共识基础上的行为，而不仅仅是以语言为媒介、理解为目的的对话行为。"在交往行为中，参与者不是首先以自己的成就为方向；他是在一定条件下遵循他们个人的目的，就是说，他们能够在共同状况规定的基础上，相互决定他们的行动计划。"③判断一种社会行为是否为交往行为，则主要看在没有任何内外制约的情况下是否通过对话达到相互理解、相互协调以满足各自的愿望。在这里行为主体采用的协调方法则成为判断是否为交往行为模式的主要标志。

哈贝马斯交往行动理论的中心内容是"交往合理性"。"交往合理性"概念也是交往行动理论的基础。

哈贝马斯实际上从 20 世纪 50 年代开始就已经对合理性问题进行思考，他说："实际上，言和行的理性是哲学历来探讨的重要主题，甚至可以说，哲学思维本身便产生于体现在认识、言说和行为中的理性，哲学的基本问题便是理性。哲学自产生以来，始终致力于用蕴含于理性中的原则来解释世界的总体，解释世界表现于现象多样性中的统一性。"④

---

① 哈贝马斯著，洪佩郁、蔺青译：《交往行动理论》（第 1 卷），重庆出版社 1994 年版，第 140 页。

② 哈贝马斯著，洪佩郁、蔺青译：《交往行动理论》（第 1 卷），重庆出版社 1994 年版，第 142 页。

③ 同上，第 362 页。

④ 章国锋：《哈贝马斯访谈录》，《外国文学评论》2000 年第 1 期，第 31 页。

　　哈贝马斯认为，古典社会学家韦伯是"把旧欧洲社会的现代化理解为一种历史合理化过程的结果的社会学家"①。也就是说他把韦伯看成是唯一用合理性概念来洞悉晚期资本主义社会本质的社会学家。

　　韦伯认为，价值理性行为日益减少而目的工具理性行为随着西方社会的现代化过程的不断深入而日益普遍。因此晚期资本主义社会缺乏实质的合理性而可以说只具有形式的合理性。目的工具理性行为和价值理性行为是韦伯研究社会行为层面上理性的不同行为取向而区分的四种主要行为类型中的两种理性的行为类型。这两种理性行为的区别在于，目的工具理性所支配的社会行为一般倾向于把相关的事物看成是达到目的的"条件"或"手段"，如何更好地达到行为的最终目的则是行为者选择方法手段的准则；价值理性支配的社会行为一般倾向于把道德良心作为准则，去履行宗教、政治或道德的义务。韦伯虽然对理性的不同行为取向作了区分，也指出了两种理性行为类型的差别，但对如何达到合理性却没有给出一个令人信服的答案。

　　哈贝马斯进一步指出，法兰克福学派和卢卡奇对合理性问题也曾提出过有价值的观点。

　　卢卡奇受马克思异化理论的影响提出了他重要的"物化"理论，其中物化也包括人与人之间的社会关系被资本主义社会的商品而物化。这种被资本主义社会的商品而物化的社会关系，使得人们放弃了主观性的理性价值判断，好像获得了在现实的客观世界的活动中的自由和合理性，但这种以物化形式出现的合理性并不够全面。

　　霍克海默和阿多诺为代表的法兰克福学派对这个问题也分四个方面进行了批判。

---

① 哈贝马斯著，洪佩郁、蔺青译：《交往行动理论》（第 1 卷），重庆出版社 1994 年版，第 126 页。

第一，对工具理性进行批判。科学技术是一把双刃剑，虽然它的飞速发展促进了工业文明的进步，也提高了人类改造自然的能力，但从负面影响来看，也导致了人与自然关系的破裂和人与人之间的关系的异化，表现为人类对自然的进一步奴役和一些人对另一些人统治的加剧。这必然从理论上导致工具理性成为现代工业文明社会摧毁人的创造性、个性和自主性的帮凶，成为现代资本主义社会的统治基础和意识形态。

第二，对科学主义进行批判。现代科学忽视了事物的变化和事实与社会过程之间的诸多联系，把世界仅仅看成是一种关于事物和事实的结合体，这就导致了人的"物化"问题和全球问题的大量出现，导致了轻视人的存在意义而只重视个人活动的现实状况。

第三，对大众文化进行批判。现代大众文化借助于现代化的科学技术手段，形成了文化产业，大规模地传播和复制文化产品，实际上是标准化、技术化、商品化的现代文化形态。这种现代大众文化把商业、艺术、哲学、政治以及宗教融合在一起，平息和消除人的反叛意识，在闲暇里操纵和控制人的思想和情感，压抑和抹杀了人的个性，为的是维护和巩固现存社会秩序，明显地具有意识形态的操纵性、欺骗性、压抑性和齐一性。所以，现代大众文化具有欺骗大众和巩固现存秩序的功能而不是服务于大众的通俗文化。

第四，对社会心理进行批判。以霍克海默、阿多诺为代表的法兰克福学派也深刻地揭示了因工具理性的泛滥而使处于现代资本主义社会的人们产生的变态心理，多数是由人们对社会合理化的不满和对文化同一化的不满而产生的人的本性反叛。

哈贝马斯肯定了卢卡奇和霍克海默、阿多诺等老一辈法兰克福学派对理性的批判，但同时也认为他们的批判并没有达到应然的效果，还不够深入。无论是卢卡奇还是霍克海默、阿多诺，他们都认为理性的最主要形式是工具理性，或者可以说是唯一的形式，用"人的主体性丧失""物化"

等为标准来衡量现代资本主义社会发展的程度，描述现代资本主义社会的发展。所以必然得出一种世界末日即将到来的悲观主义论调，这与处于工业化的发达国家的现代社会的人们现实状况是不相符的。另外，他们企图通过人的本性复归与合理的伦理生活引导来实现社会的合理化也是不现实的。现代的科学和技术是导致了一些负面影响，但人们也不可能退回到没有科学和技术的前工业社会中去。

所以哈贝马斯在卢卡奇和霍克海默、阿多诺等老一辈法兰克福学派对理性批判的基础上，去寻找一种与现实社会紧密相连的，主体间双向互动的一种理性关系，这种理性实现了价值理性和目的工具理性的真正统一，这便是哈贝马斯的交往行动理论的核心——"交往理性"。交往理性使"理性结构不仅体现在有目的的、理性的行为的扩展上，即不仅体现在技术、战略、组织和合理手段的扩展上，而且也体现在交往行为的媒介性质上，体现在调整冲突的机制、世界观以及同一性的形成上"①。这种交往理性在日常生活非物化的交往实践中得以重建，也使理性摆脱了由精神虚构而产生的纯粹的思辨性。因为，交往理性"具体的、存在并体现于人的认识、言说和行为之中"②。

可以说，哈贝马斯对理性的界定，是对传统的理性概念的批判和扬弃，完全超越了以往一切哲学对理性的传统界定，"为了突出其理性观念与传统理性观念的不同，哈贝马斯常用'Rationalität'（合理性）取代'Vernunft'（理性）"③。交往理性的界定不同于那种只把理性看成是在认识上获得真理并在实践中实现成功目的的手段，而是让理性成为交往关系的总和，并进一步把理性放到相互交往的生动的现实和人际间广阔的空间中去考察。哈贝马斯的交往理性把目的工具理性行为和价值理性行为紧密地

---

① 艾四林：《当代理性主义的重建：哈贝马斯》，中国社会科学出版社 1998 年版，第 491 页。

② 章国锋：《哈贝马斯访谈录》，《外国文学评论》2000 年第 1 期，第 31 页。

③ 余灵灵：《哈贝马斯传》，河北人民出版社 1998 年版，第 178 页。

结合在一起，形成既受目的工具理性支配又具有价值理性导向的行为规范体系，实现了普遍性与个性的真正统一。既有个性的要求，突出主体为中心的理性；又具有普遍性的要求，并不否定客观理性。这就使社会合理性问题克服了传统哲学那种要么只从主体出发，要么只从客体出发，要么完全从主观理想去建构而导致空想，要么穷究客观规律而导致工具理性的统治。交往理性由于实现了目的工具理性和价值理性的统一而使构建一个合理性的理想社会成为可能，使实现完全的实践理性成为可能。

在理性批判的问题上，哈贝马斯的贡献不在于对理性的清醒的认识和交往理性概念的提出和建构，更重要的是在于他对重建交往合理性的有效途径的探索和阐发。

哈贝马斯在《交往行动理论》一书中指出："交往合理性的概念包含三个层面：（1）认识主体与事件的或事实的世界的关系反映在语言的真实性有效性要求上；（2）在一个行为社会世界中，处于互动中的实践主体与其他主体的关系反映在语言的正确性有效性要求上；（3）一个成熟而痛苦的主体与其自身的内在本质、自身的主体性、他者的主体性的关系反映在语言的真诚性有效性要求上。"[①]

从哈贝马斯对交往合理性的定义来看，交往合理性把目的工具理性、价值理性或实践理性统一于一身，满足了社会整合、个性成长和社会文化再生产的需要。明确了交往合理性概念的定义，哈贝马斯进一步提出了实现交往行为的合理化、使人们的交往行为符合理性的三个途径。

第一个途径是"选择恰当的语言进行对话"。哈贝马斯指出："所谓的'交往行为'合理化，其核心就是让行为主体之间进行没有任何强制的诚实的交往与对话，以求得相互'谅解'。"[②]从哈贝马斯对交往行为合理化概

---

① 哈贝马斯著，洪佩郁、蔺青译：《交往行动理论》（第 1 卷），重庆出版社 1994 年版，第 140 页。

② 陈学明：《哈贝马斯的"晚期资本主义"论述评》，重庆出版社 1993 年版，第 401 页。

念的这个界定来看，所强调的交往行为主要还是一种作为社会进化基础的主体间的理解和认同的行为，是建立在语言行为的基础之上的。所以实现交往行为合理化的首要的途径就是选择恰当的语言进行对话。

对于言语行为，哈贝马斯认为有四类不同的言语行为，即交往性的或互动的言语行为、断言性的或认识式的言语行为、自我表达的言语行为和规范调节的言语行为。这四类言语行为中每个言语行为都由施行性和陈述性的双重结构而构成。从施行性和陈述性两者的地位看，施行性部分是一个言语行为的决定性因素，施行性因素规定着陈述内容的使用意义，规定着言语者和听者之间的关系。

哈贝马斯指出，一个成功的言语行为应该包括三种关系："（1）言说（utterance）与作为现存物总体的外界的关系；（2）言说与作为所有被规范调整的人际关系（在一定给定的社会中，它们被认为是合法的）之总体性的'我们的社会世界'的关系；（3）言说与作为言说者意向经验之总体性的'特殊的内心世界'的关系"①。

语言在交往行为中因其语用学功能而同世界发生关联，即表达出言说者自身的陈述事实、主观性而得以建立起和谐的人际关系。从语用学角度看，在语言的认识、语言的表达和相互作用中，言说者的真诚性、陈述内容的真实性、人际关系的正确性分别居于显著地位，因为它们指涉的分别是主观世界、客观世界和社会世界。言说者必须选择一种可理解的语言表达方式、必须进行真实的陈述、必须真诚地表达他的意向、必须选择正确的语言，这样才能使言说者和听者能够相互理解、使听者能够分享他的知识、使听者能够相信和接受他说的话语，从而使听者和言说者在以大家普遍公认的话语规范中达到相互认同。可见，主体间必须在满足语言的真实

---

① 汪行福：《走出时代的困境——哈贝马斯对现代性的反思》，上海社会科学院出版社2000年版，第181页。

性、真诚性、正确性和可理解性这四种有效性要求的基础上才能达成听者和言说者之间的共识。

因此，哈贝马斯一再强调，交往行为主体在施行任何言语行为时，都不可避免地要满足下列四个有效性要求："第一说出某种可理解的东西；第二提供（给听者）某种东西去理解；第三由此使他自己成为可理解的；第四以及达到与另一个人的默契"①。

这即是说处在交往对话中的对话双方在交往中要选择恰当的语言进行对话，对话双方要在没有任何强制和语句符合语言的各个有效性要求的情况下而达成共识，得到真理。交往中的行为主体在进行对话的时候必须选择能够让对方更好地了解自己的表达的语言，并用符合事实的论证来说服对方并通过语言顺利达到协调行为的目的。

第二个途径是"遵守共同的普遍的规范标准"。美国社会学家帕森斯认为，在市场上的行为主体和其他任何领域建立起正常的人和人之间秩序的前提和基础，是认可社会中存在的共同的规范标准。哈贝马斯对这个观点很赞同，在此基础上他进一步地提出了规范标准的"普遍化"原则。即交往主体在交往过程中必须遵守社会中普遍存在的规范标准，确立这种言语的有效性基础是建立合理交往模式的首要任务。当然这种规范标准应该得到大多数人的尊重和承认，体现大多数人的意志，并能为大多数人共同遵循和普遍接受。这就是哈贝马斯所说的，"从普遍化原则可以直接得出结论说：每个一般地参加论证的人，原则上都能在行动规范的可接受性上达到同样判断"②。所有的人都能参与论证是这种普遍化的原则所要求必须达到的。即使有人不能参与交谈论证的，也得制定出有效的办法来体现出不能参与的人的利益，由参与人代表不能参与的人获得必要的利益。

_____

① 哈贝马斯著，洪佩郁、蔺青译：《交往行动理论》（第1卷），重庆出版社1994年版，第2—3页。

② 薛华：《哈贝马斯的商谈伦理学》，辽宁教育出版社1988年版，第6页。

　　哈贝马斯用他的商谈伦理学进一步回答了共同的规范标准怎样指导实现交往行为合理化的问题。哈贝马斯认为，世界是一个普遍交往的世界，无论是否拥有同一文化形式的人们彼此之间都普遍地发生着交往行为。为了实现文化形式不同或相同的人们之间彼此的相互理解，交往行为的主体就考虑种种必然性的和规范性的交往要求，使得与他人就世界中的某种东西的谈话、讨论等交往得以实现。进行对话交往的基础和前提是遵循共同的规范标准，而怎样使人们能够普遍地接受这种共同遵循的规范？在此，哈贝马斯提出了他的商谈伦理学。他认为，为了在理性基础上建立有效的规范和道德，就必须进行必要的讨论和商谈，一切参与者通过发表不同的意见，通过讨论和商谈而达成一致，形成共同遵守的规范，"只要一切有关的人能参加一种实践的商谈，每个有效的规范就将会得到他们的赞成"①。

　　"实践的商谈"是指原则上规范的论证，是让所有和社会规范的建立有关的人都参与商谈和讨论，对规范的形成献计献策，通过共同寻找真理而使对社会规范的争论达成一致性的意见。这是商谈与讨论的真正的目的所在。参与者们通过讨论和商谈，最重要的是对行为规范的有效性与合理性进行反复的论证而不只是对自己和他人所提出的行为要求以及行为动机进行批判性审议。通过商谈和讨论力求在交往参与者之间建立起普遍都能够同意的道德律令和社会规范。通过这些讨论和商谈活动，参与者们就必须接受规范指导，在社会规范的共识下规范自己的行为以便使自己的行为合理化。哈贝马斯认为："这种基础是在现实的交往过程中实现的，并在政治性公众领域中靠辩论而一再得到确立。"②也就是说，处于现代性中心的社会合理化趋向的特征在于以争论和商谈代替传统，对权威的忠诚被理

---

　　① 薛华：《哈贝马斯的商谈伦理学》，辽宁教育出版社 1988 年版，第 2 页。
　　② 哈贝马斯著，洪佩郁、蔺青译：《交往行动理论》（第 2 卷），重庆出版社 1994 年版，第 81 页。

性态度所代替。把社会从神圣物的合法性通过不懈的努力推向以商谈民主为基础的共同意志。这个过程体现出人类在不断地发展和进步，促使西方历史向独立的司法制度、人权、政治实践和理论理性的分离和自愿结社等方面发展，使交往形式越来越合法化和合理化。

哈贝马斯认为，商谈和交往、道德律令等是通过主体间的对话方式建立的。主体间性提高到最中心位置可以说是哈贝马斯商谈伦理学的最大特色。哈贝马斯的商谈伦理学的论证是以相互承认为中心的，他将论证原则和普遍性原则有机地结合在一起。通过言语行为实现主体间性，主体间进行合理的交往，才能真正超越主体性而实现交往行为合理化的关键环节，也是哈贝马斯商谈伦理学的最重要的任务之所在。

第三个途径是"追求相互理解与意见一致的目标"。哈贝马斯非常重视语言，他认为从一定意义上来说交往行为实际上就是一种言语行为，"交往行动概念，首先把语言作为参与者与世界发生关系，相互提出可以接受和驳斥的运用要求的理解过程中的一种媒体"①。

像伽达默尔重视理解一样，哈贝马斯也非常重视理解，他认为言语行为是以理解为目的的，言语行为本身就是理解的过程。但是哈贝马斯所理解的"理解"与伽达默尔在哲学解释学上所用的"理解"还有一些不同。哈贝马斯所说的"理解"更重要的是指一种主体间的相互作用的交往活动而不仅仅是指对语言表达的理解以及对存在的事物所达成的共识。这种理解以行为的合理性为基础，以在语言的有效性要求基础上双方达成意见的一致而完成。

进一步分析来看，哈贝马斯的理解还有更丰富的内涵。从狭义上来看，理解是把握客观世界的真实性要求的理解，是两个主体用同样的方式对一个语言学表达式的把握和领悟。从广义上来看，理解是在规范的社会

———————————

① 陈学明等：《通往理解之路——哈贝马斯论交往》，云南人民出版社1998年版，第96页。

世界里的正确性要求上达成的理解，两个主体之间存在着建立在与彼此认可的规范性背景相关联的话语的正确性的基础上某种协调关系。理解是参与者符合真诚性上的主观世界的交流和沟通，是彼此之间能使自己的意向为对方所领悟和知晓，是主体进入交往过程通过有效的沟通和交流而达成认同和一致的多种参与过程。

从语用学的角度，哈贝马斯还阐述了有行为能力和语言能力的主体，可以在认可一种有效性要求的基础上通过他们之间的言语行为获得一致的意见。哈贝马斯认为，在具体的交往过程中，为了达到相互理解，言语行为总是处在一种复杂的世界关系中，言说者能够被对方理解必须符合的条件有以下几个：第一，言说者通过叙述、论述、表述、解释、说明或预先假设某种情况或事物而作出论断，听者和言说者试图达成意见一致是在认可一种真实性要求的基础上才能达到的；第二，言说者发出了一道命令或作出了一个许诺，那么在认可一种正确性要求的基础上言说者就可以与参与者达成意见一致；第三，言说者表达了一种经历，承认了、表白了、公布了或暴露了某种事物或思想等，那么在认可一种真诚性要求的基础上听者和言说者之间就可以达成意见一致。从总体来看，这三种达成意见一致的基本模式有三个基础，分别是真实性要求、正当性要求和真诚性要求。这就使理解的运用处于一种支配地位。这三个条件也对应着言说者的三种交往的基本态度：一是客观化态度，这是一个中立的考察者利用语言呈现事实的功能而对世界所发生的某种事物采取的态度；二是符合规范的态度，是利用语言重建合法人际关系的功能的社会成员完成合法行为的要求而采取的态度；三是带表情的态度，这是一个利用语言的主体在公众面前公布自己特有的看法所采取的态度。通过主体间的交往所达到的意见一致，正是通过客观化态度、符合规范的态度和带表情的态度这三种可批判的运用要求来加以衡量的。

虽然理解将主体的行为能力和语言能力统一在一起，但是为做出结论而进行的行为和为理解所进行的行为二者在形成意见一致的途径上还是有很大差异的。以作出结论为目的的行为是一条通过威吓和刺激而使成员达到意见一致的经验的路线，而以理解为目的的行为则是通过论证达到意见一致的理性的路线。所以，参与者的内部动机是由理解达成的意见一致所更为强调的。真正的意见一致不能靠强迫、运用暴力或有意地通过外部影响所形成，而应该在共同信任基础上，使其他人从主观上真正接受语言活动所提供的内容，通过一种语言活动来达到某种目的。

所以，哈贝马斯认为交往行为的最根本的东西就是达到相互理解与意见一致的目标。交往行为通过达到意见一致的目的引导社会主体间的相互理解。通过与伽达默尔的论争，哈贝马斯将解释学发展成他以交往行动理论为特征的实践哲学。

微信扫码，立即获取
☆ PPT总结分享
☆ 更多延伸阅读资源

第二章

解释学是一个包括理解、解释、批判、反思、应用和实践等要素的统一体

　　伽达默尔和哈贝马斯对解释学本质的认识因为不同的学术传承而有很大的差异，但最终他们都认为解释学是一个包括理解、解释、批判、反思、应用和实践等要素的统一体，在这一点上他们的认识是一致而深刻的。

　　从解释学的发展来看，伽达默尔认为，近现代思想演变和社会生活变化必然会产生解释学，解释学也必然会成为一门显学。因为传统哲学和信仰随着人们思想的演变和社会生活的变化，已经不可能解决人类所面临的困境和问题，传统已成为追求真理的负担而不再是真理的负载。人们要求在一个新的人的理性和自我意识的基础上确定价值、知识和真理的合理性基础，以理性来对抗宗教神学和传统哲学，高扬理性的批判已成为启蒙思想家的首要任务。人的理性从 17 世纪到 20 世纪追求着一种自主自明的自我意识，在一步一步地解脱自身的传统羁绊。然而，从笛卡尔到启蒙运动，从通过上帝调节的理性之光到自然理性再到现在的科学技术理性，理性却越来越同传统相对立，凌驾于传统之上，越来越误入了歧途，甚至成为一种专制。所以，启蒙运动一开始就受到传统主义的挑战，因为它不过是一种理性主义乌托邦。伽达默尔认为，解释学产生的历史背景就是这种在启蒙运动批判的激流中出现的旨在抑制理性的过分发展，试图挽回传统逝去的昔日荣光的一股逆流。"解释学之所以在浪漫主义时代兴起是现代传统纽带松懈的结果"，因此从一开始，"拥抱历史和保存历史的因素就深深地浸渍在解释学中，它同社会学基本上把反思视为从权威和传统中获得解放的手段大异其趣"①。解释学理解的目的不是对传统的批判而是对它的享用和占有。早期对经文和法律的解释有一个预设的前提，就是认为圣经和法律文本这些解释的对象是真理的真正源泉，而理解就是为了使沉寂的意义复活而不断地接近文本，并通过对文本的接近和理解来重新获得传统。伽达默尔也是沿着这条路线，坚信传统高于个人的自我意识，在批判传统解释学基础上创立了他的哲学解释学。

---

　　① 伽达默尔：《解释学反思的范围和作用》，《解释学和现代哲学》1986 年英文版，第 279 页。

传统精神随着理性在具体自然和社会领域的运用而分裂为各门实证知识，这些知识虽然提高了人类对自然的控制能力和认识能力，但同时也使人丧失了对生活意义的整体理解和把握，使得人类的生活遭到不断地异化。为了拯救当代已经失落的人生意义和价值，解释学的复兴成为时代的首要任务。伽达默尔的解释学就是要为所有科学的自我反思服务，从人类存在的历史性出发来揭示人类知识的真实的基础。伽达默尔认为，解释学是重新把握人的存在的哲学而不仅仅是人文科学的方法。解释学要在传统的视野中寻回人生价值的真谛，通过对传统的运用和理解重新拥有传统。这正是他的书名"真理与方法"的真实含义。

伽达默尔和哈贝马斯对解释学本质的认识有很大的差异，但最终他们都认为解释学是一个包括理解、解释、批判、反思、应用和实践等要素的统一体。

一、伽达默尔对解释学的本质的认识

伽达默尔的哲学解释学是围绕着传统和语言、反思和理解等范畴展开的。海德格尔关于人的存在的理论是他的出发点。作为海德格尔的学生，伽达默尔深受海德格尔的影响。

首先，伽达默尔哲学解释学是在海德格尔解释学基础上建立的。虽然海德格尔在20世纪30年代就已经放弃使用"解释学"一词，但伽达默尔却在海德格尔《艺术作品的起源》这篇讲演中发现了自己的哲学解释学的出发点和入手点，即在艺术中揭示真理的存在与显现。1960年，伽达默尔编辑出版海德格尔的《艺术作品的起源》，并为这部重要的著作写下了20多页序言。可以说，海德格尔的《艺术作品的起源》是开启《真理与方法》之门的钥匙。伽达默尔的《真理与方法》全书共分为三个部分，其中开篇的第一部分就是"艺术经验里真理问题的展现"。伽达默尔首先批判了"由康德的批判所导致的美学主体化倾向",这种将艺术体验看成与真理无关的享受这样一种流行的传统观点是错误的。伽达默尔认为,艺术作品不仅仅提供享受,同时也提供真理。它们揭示了声音、色彩、空间的存在。在本体论意义上来说,艺术作品中的真理不通过方法就可以被揭示,它是一种自我显现。接着,这一部分的第二节的题目是"艺术作品的本体论以及它的诠释学意义"。在此,伽达默尔在海德格尔的基础上,将本体论、解释学和艺术在《真理与方法》中达到了一致。

《真理与方法》一书的第二部分的题目是"真理问题扩大到精神科学里的理解问题"。在这一部分伽达默尔对他的哲学解释学的几个重要概念(包括前见、视域融合、处境以及效果历史等)作了集中论述,是他的哲学解释学的主体部分。在这一部分中,伽达默尔强调了海德格尔此在的生存论分析对他的哲学解释学的重要意义。伽达默尔说:"面对对此在的这样一种生存论分析的背景,以及这种分析对于一般形而上学的要求所带来的一切深远的和不可测量的后果,精神科学的诠释学问题就突然显得很不一样。本书就是致力于探究诠释学问题这种新的方向。由于海德格尔重新唤起存在问题并因此超越了迄今为止的全部形而上学——这不只是指形而上学在近代科学和先验哲学的笛卡尔主义里所达到的顶峰——因而他不仅避免了历史主义的绝境,而且还获得了一种根本不同的新立场。理解概念不再像德罗伊森所认为的那样是一种方法论概念。理解也不是像狄尔泰在为精神科学建立一个诠释学基础的尝试中所确立的那样,只是跟随在生命的理想性倾向之后的一种相反的操作。理解就是人类生命本身原始的存在特质。如果说米施曾经从狄尔泰出发,把'自由地远离自身'认为是人类生命的一种基本结构,所有理解都依赖于这种基本结构,那么海德格尔的彻底本体论思考就是这样一个任务,即通过一种'对此在的先验分析'去阐明此在的这种结构。他揭示了一切理解的筹划性质,并且把理解活动本身设想为超越运动,即超越存在者的运动。"① 可见，伽达默尔认为他的哲学解释学所探究的正是海德格尔此在生存论所开辟的新的方向。

另外，海德格尔对理解前结构的揭示也深深地影响了伽达默尔。伽达默尔哲学解释学中的"前见"概念正是在海德格尔理解的前结构理论基础上进一步阐发的。在《真理与方法》第二部分的第二节中，伽达默尔论述了海德格尔对理解前结构的揭示。他指出："我们将再次考察海德格尔对诠释学循环的描述，以便使循环结构在这里所获得的新的根本意义对于我们的目的更富有成效。海德格尔写道：'循环不可以被贬低为一种恶性循环，即使被认为是一种可以容忍的恶性循环也不行。在这种循环中包藏着最原始认识的一种积极的可能性。当然，这种可能性只有在如下情况下才能得到真实理解，这就是解释（Auslegung）理解到它的首要的经常的和最终的任务始终是不让向来就有的前有（Vorhabe）、前见（Vorsicht）和前把握（Vorgriff）以偶发奇想和流俗之见的方式出现，而是从事情本身出发处理这些前有、前见和前把握，从而确保论题的科学性'。"② 对于海德格尔的这段话，伽达默尔评价道："海德格尔这里所说的，首先不是要求一种理解的实践，而是描述那种理解性的解释得以完成的方式。海德格尔的诠释学反思的最终目的与其说是证明这里存在循环，毋宁说指明这种循环具有一种本体论的积极意义。这样一种描述对于每一个知道他做什么的解释者来说都是极易明了的。所有正确的解释都必须避免随心所欲的偶发奇想和难以觉察的思想的惯性，并且凝目直接注意'事情本身'（这在语文学家那里就是充满意义的文本，而本文本身则又涉及事情）。"③ 在此基础上，伽达默尔提出了自己的合法的前见的观点："所以，前见其实并不意味着一

① 伽达默尔著，洪汉鼎译：《真理与方法》（上卷），上海译文出版社 2004 年版，第 336 页。

② 伽达默尔著，洪汉鼎译：《真理与方法》（上卷），上海译文出版社 2004 年版，第 344 页。

③ 伽达默尔著，洪汉鼎译：《真理与方法》（上卷），上海译文出版社 2004 年版，第 345 页。

种错误的判断。它的概念包含它可以具有肯定的和否定的价值。这显然是由于拉丁词 praeiudicium 的影响，以致这个词除了否定的意义外还能有肯定的意义。"①

其次，海德格尔后期注重对语言的研究也使伽达默尔转向了以语言为主线的本体论的哲学解释学和实践哲学。《真理与方法》一书的第三部分研究"以语言为主线的诠释学本体论转向"。在这里，语言取代理解的历史性成为伽达默尔哲学解释学的中心。语言已不再是某种工具或符号，而是解释学经验得以发生的媒介。这一部分有三节，分别是"语言作为诠释学经验之媒介""'语言'概念在西方思想史上的发展""语言作为诠释学本体论的视域"。从哲学发展的历史上看，20 世纪哲学普遍发生了语言学转向，这其中也包括海德格尔。在早期海德格尔思想中，无论在 1923 年的系列讲演中还是在 1927 年的《存在与时间》中，在"实存性解释学"（Hermeneutik der Faktizität）的本体论中，语言并没有被赋予一种中心地位。直到 20 世纪 30 年代以后，海德格尔才逐渐转向了语言。语言被赋予了中心地位，被看作是经验发生的媒介，是真理得以澄明的寓所，是存在的家。海德格尔后期的语言转向对伽达默尔产生了很大的影响。伽达默尔说："后期海德格尔则力求克服《存在与时间》所具有的先验哲学立场。但我自己引入效果历史意识概念的动机却正在于开辟通往后期海德格尔的通道。当海德格尔关于形而上学概念语言的思想产生时，他陷入了一种评议困境，这种困境导致他依赖荷尔德林的语言并导向一种半诗化的文风。我在自己关于后期海德格尔的一些短篇文章中试图讲清楚，后期海德格尔的语言态度并不表明他已陷入了诗学，相反，在他的思想线索中已经存在着把我引向我自己的研究工作的因素。"② 伽达默尔认为，后期的海德

---

① 伽达默尔著，洪汉鼎译：《真理与方法》（上卷），上海译文出版社 2004 年版，第 350 页。
② 伽达默尔著，洪汉鼎译：《真理与方法》（下卷），上海译文出版社 2004 年版，第 648 页。

格尔已处在"走向语言之途","诗歌、语言和思想"因此成为他的思考的核心。但是语言态度并不表明他已陷入了诗学。海德格尔正是在语言的转向这个思想线索中把伽达默尔引向了以语言为媒介的哲学解释学和实践哲学。

伽达默尔进一步指出:"我从学于海德格尔是从海德格尔由马堡回到弗赖堡开始的,并以我自己在马堡担任教席而告终。那时海德格尔发表了在今天作为艺术论文而著称的三篇法兰克福讲演。我是在 1936 年听到这些讲演的。在那些讲演中出现了'大地'(Erde)这个概念,由于这个概念,海德格尔就又一次极度地违背了他长期以来从德语的语言精神中更新并在讲课中赋予其生命的现代哲学的词汇。这与我自己的探究和我自己关于艺术和关系的经验是这样对立,以致在我心中立即唤起了一种反响。我的哲学诠释学正是试图遵循后期海德格尔的探究方向并以新的方式达到后期海德格尔所想完成的工作。"① 伽达默尔受到了海德格尔转向语言的启示,但他并没有追随海德格尔把哲学本身变成对荷尔德林诗的阐释。

二、哈贝马斯对解释学的本质的认识

在哈贝马斯看来,虽然伽达默尔的解释学实现了对狄尔泰解释学的超越,取得了长足进步甚至可以说达到了质的飞跃,然而伽达默尔哲学解释学仍存在着十分明显的不足,存在着许多需要改善的地方。

首先,虽然伽达默尔的解释学将解释学发展成为哲学解释学,抓住了人的言语和行动的意义的基本功能,在解释学历史上完成了一次伟大的变革,具有划时代的意义,但是伽达默尔对"完全的前把握"和"前理解结

---

① 伽达默尔著,洪汉鼎译:《真理与方法》(下卷),上海译文出版社 2004 年版,第 648 页。

构"的不加反思和批判的预设和接受，使文化价值理解上出现了一种相对主义的倾向，这正是伽达默尔哲学解释学不自觉地造成的。在这个基础上，人们不得不放弃自己的文化去作出一个具有普遍性要求的价值判断，从而必然走向抽象的同一性。

其次，哈贝马斯批评伽达默尔的哲学解释学在传统和语言问题上缺乏批判和反思的精神，忽视了作为理解活动的媒介本身的语言所具有的意识形态特征。伽达默尔在他的哲学解释学中没有很好地将批判与理解、反思与解释真正地统一起来，而只是在无批判和非反思的立场上消极地考察了理解和同一、共识和解释的统一关系，这是完全不够的。

所以哈贝马斯的交往行动理论拒绝用解释学的方法来解释交往行为的意义，而主张借助哲学中语用学转向的成果改造哲学解释学，并将如此改造过的哲学解释学应用于交往行动理论。哈贝马斯试图建立一种不同于伽达默尔哲学解释学的以问题语境反思和意识形态批判为特征的新的人文社会科学方法论。这是一种致力于理解社会科学中意义问题的全新的方法论，这种新的方法论努力维护人文社会科学的自足与自律，突出人文社会科学研究中批判与反思的重要性，克服解释学那种不加批判地接受人文社会科学方法论的缺陷，反对实证主义用科学模式解释人文社会现象的做法。

在哈贝马斯看来，交往行动理论和普遍语用学的中心任务是重建语言的语用学理论维度，因为哈贝马斯想要用对言语行为的有效性给出了明确说明的语用学意义理论来改造伽达默尔的哲学解释学。哈贝马斯认为，交往是否成功主要看对有效性要求、多维主体关系以及对事物的理解上是否达成了共识。所以可领会性、真实性、真诚性、正确性构成了语言合理使用的有效性基础。也就是说满足了这四个条件，一种言语行为才具有了有效性的基础。

哈贝马斯把他的这样一种强调批判与反思的解释学叫作"深层解释学"

或"批判解释学"以区别于伽达默尔的哲学解释学。哈贝马斯的深层解释学充分突破了哲学解释学理解的界限，坚持意识形态的批判原则和合理谈话的调整原则，认为交往行为"是一件主体间的事情，而非一件客观的事情"[①]，交往行为的"意义并非由说者与外部世界的关系决定，而是由他与他的对话者的关系决定；意义本质上是主体间的，而非客观的，非语词与事物之间的两极关系"[②]。

反思与批判是哈贝马斯对解释学的创造性理解，作为批判解释学的解释方法与结果，反思和批判成了哈贝马斯新人文社会科学方法论的基石。在实践的话语活动中，交往行为者必须进行持续不断的反思与批判，这种不断的反思与批判又使解释学上升为意识形态批判的理论和系统方法，不断超越单纯强调理解的一般人文解释学。

与伽达默尔的以日常语言为先验框架，以对传统的理解为目的和以日常语言的否定性和自我超越性作为人的理性和反思的唯一的可能性的哲学解释学不同，哈贝马斯力求在人类的主体结构中找出一种普遍的非情境化的理性基础，并把它当作人类批判意识形态和追求真理的前提。

哈贝马斯指出，人的理性基础在于人的说话能力而不在于日常语言本身的自我反思，在每个言语行为中都蕴含着达到理解的目的。与伽达默尔在现实的语言传统中寻找理性的基础不同，哈贝马斯是在理想预设原则中去寻找理性的基础的。与伽达默尔强调最高和唯一的理性只能是传统本身的自我反思不同，哈贝马斯追求的则是对解释学反思的反思，只有人的自我反思才能实现人类的自我解放。

哈贝马斯认为，人类的根本利益分为追求物质需求的满足和追求人与

---

① James Gordon Finlayson, *Habermas:A Very Short Introduction*, New York:Oxford University Press, 2005, p38。

② James Gordon Finlayson, *Habermas:A Very Short Introduction*, New York:Oxford University Press, 2005, p38。

人之间相互交往和对文化传统的理解。人类追求物质需求的满足产生了人类改造和认识自然的关系，产生了自然科学知识；人类追求人与人之间相互交往和对文化传统的理解则产生了历史和人文科学知识。人文科学知识和自然科学知识分别是在人与社会交往中和人与自然交往中产生的。它们虽服务于社会同一性的形成以及人类的生存，但却无法实现人类的解放。批判解释学弥补了这个不足而成为服务于人类自身解放这一人类最高的利益的工具和手段。实现人类的解放首先意味着人的自律和自由。人类是一种具有自我意识的动物，只有通过交流而达到自我认识才有可能摆脱一切外在束缚而获得自由。批判解释学与一般解释学那样通过文本的理解共同占有某种传统，实现人际关系的规范性互动从而获得共同的意义不同，它是为了消除意识形态对人的束缚而真正实现人的解放。所以哈贝马斯认为，伽达默尔的哲学解释学虽然从文本转向传统并使解释学成为一种本体论的哲学解释学，在解释学的发展史上掀开了新的一页，但伽达默尔的解释学从根本目的上来说，没有跳出人文解释学的藩篱。因此，对人文解释学的批判也同样适用于伽达默尔的哲学解释学。

在对象、任务和方法上批判解释学和人文解释学是有着根本性区别的。一般解释学的基本方法是透过作者的经验、语言和外在行为的表达达到同作者的内在精神的一致基础上的人际交往的互动和相互理解。任务则是消除文本破损、记忆失误以及时间间距等因素所造成的解释和理解的障碍。一般解释学的理解只能在传统的事实内活动，遵循日常语言的语法规则并把这种语法规则和既得的文化传统和生活方式内化到自我理解结构之中，一般解释学不可能要求我们通过超越传统的一切限制来实现人的真正自律。哈贝马斯的深层解释学或批判解释学认为，人与人的交往同时受制于语言及社会的制度和权力，人们在劳动过程中形成的政治上层建筑和社会关系，一方面可能维持人的合理交往，另一方面也可能歪曲交往，成为强制人的日常交往的异化力量。这种歪曲交往本质上就是意识形态。歪曲交往方式通过内化进入到人性的结构之中并无意识地影响人的行为和理解的"内在陌生领域"，使社会集团和个人无法认识。因此，在施莱尔马赫哪里有误解哪里就有解释学的观点基础之上，哈贝马斯提出哪里有意识形态哪里就需要批判解释学。

与伽达默尔将解释学本体论化的倾向不同，哈贝马斯更加强调方法论的重要性。哈贝马斯的反思的作用是通过自觉的方法论的运用而得以实现的。这种方法论是通过对精神分析的语义学改造而建立起来的批判解释学的方法论。在意识形态批判中，从本质上说启蒙者和被启蒙者的关系也是反思性关系，不管启蒙者和意识形态的受害者在认识上是否存在着差别，批判的目的都是要达到社会成员的解放和自律，都是要通过社会成员的自我的反思认识自身的真正利益和要求，认识意识形态虚假合理性背后的无意识压抑。所以，社会成员的自我反思是实现自身解放的唯一力量，个人的理性是最高法庭，社会成员本身是掌握历史的最高主体。

对于伽达默尔的效果历史观念，哈贝马斯在历史观上求助于对历史的理性重构来批判和超越它。哈贝马斯指出，历史的意义存在于人类自身解放的未来构想中，历史的叙述结构要建立在对生活实践的反思基础之上，"在这个关系中，将来只存在期待的视野中。这些期待试着把以前传统的片段融进直觉的把握的普遍的历史总体，从这方面看，每个相关的事件都在对社会生活历史的实践的自我理解中尽可能地得到描述"①。反思的可能性在于人总是从一定的实践意向所构想的目标中以及对将来的期待中来对待历史。所以，批判解释学既是对历史的叙述，也是对传统的批判。伽达默尔的反思是根据传统的规范价值来反思历史，而批判解释学的反思是根

---

① 伽达默尔：《袖珍著作集》，转引自霍埃：《批判的循环》，辽宁人民出版社1987年，第157页。

据理想的规范价值来反思历史，是从一个设定的理想审视点出发的。历史事实性的权威和传统不是人类反思的基础而是人类反思的对象。从传统和反思的关系来看，哈贝马斯是面向未来去反思传统而伽达默尔是拥抱传统去面向未来。意识形态批判的规范性前提是对未来的理性筹划，理性是对传统反思的基础并且它高于传统，这是哈贝马斯一直坚持的观点。

第三章

马克思的实践哲学是丰富的交往实践观

马克思的实践哲学包含着丰富的交往理论和思想，交往在马克思哲学中不仅是他早期的不成熟的思想之一，也表现在他中期的成熟著作《资本论》之中和他晚期所提出的世界历史思想之中。所以马克思的实践哲学不仅是实践唯物主义，而且是交往实践的唯物主义，是唯物主义交往实践观。

对哈贝马斯和伽达默尔解释学的论争进行分析和概括，最主要的目的不是描述论争的过程而是这场论争带给我们的启示。这场论争对我们重新认识马克思主义哲学和马克思的交往实践观具有更为重要和深远的意义。

马克思的实践哲学从一定意义上说，是交往实践观。马克思的实践哲学是实践唯物主义，而且是交往实践的唯物主义。

一、马克思的实践哲学是关于人的哲学，是以人为本的实践哲学

哲学是理解世界的方式，是一种世界观。从哲学发展史看，理解世界无非有两种方式，一种是从外在方面来理解世界，另一种是从人的内在方面来理解世界。从外在方面来理解世界表现为要么是把世界的本质归结为超人的神而形成各种宗教神学，要么把世界的本质归结为客观的物而形成各种唯物论；从人的内在方面来理解世界则是把世界的本质归结为自身的主观精神或自我意识而形成各种唯心主义哲学。作为客观唯心主义的集大成者，黑格尔把世界的本质归结为超越人和自然的"绝对精神"，实际上"绝对精神"就是神的代名词。黑格尔通过曲折晦涩的方式表达了从人的内在和外在相结合的方式上来把握世界的主张，但没有把内在和外在方式真正结合起来。费尔巴哈既重视人的内在的意识和情感，又强调外部的自然存在，算是真正把这内、外两种方式统一起来理解世界的第一人。他认为世界的主体不是神或物而是人，人是肉体和灵魂的统一，是思维和存在的统一。费尔巴哈的"人本主义"是对世界的一种全新的理解，是在人的内在和外在两方面相统一的基础上的全新理解。

在对世界的理解方式和哲学发展的历史上，出现过神本、物本、心本

和人本等哲学派别。这里所说的"本"有本体论上的本和语义学意义上的本两种含义。一个指世界存在的本原和基础，另一个指哲学研究的实际对象和基本内容。那么，如何看待马克思哲学是以什么为本的问题？在本体论上就是从世界存在的本原和基础上说，马克思的哲学是唯物主义世界观和唯物主义历史观，人们对此确定不移，没有异议。但是在哲学研究的实际对象和基本内容上，马克思哲学到底是围绕什么主题展开的，人们争论不休，意见颇多。自然本体论、唯物史观、实践唯物主义、实践本体论等不同的理解都在马克思哲学唯物主义这个总的前提下各自自圆其说，众说纷纭。应该说，所有这些不同的见解都从某一方面揭示了马克思哲学的特点，也都具有一定的理论价值和说服力。但如果从马克思哲学的形成和发展的整个历史过程和马克思哲学在人类哲学史上实现的根本变革来看，马克思一生各时期哲学研究的中心线索还是对人的全面正确的理解和认识。马克思早期、中期和晚期著作所体现的哲学的革命性、革命精神和新观点，都是以深化对人的正确理解为线索和核心的。虽然这些时期从内容上看不尽统一，但中心线索是一致的，就是以人为本的哲学轨迹。对马克思哲学以人为本的轨迹的揭示和辨析，能够拓宽我们的视野，不断深入地理解马克思哲学的实质，对历史和现实中的一些哲学难题可以提供一个新的解释的思路和方法。

每一种哲学都是时代精神的精华，任何一种哲学都离不开它所处的时代的历史背景和时代要求，这是一切哲学共同的最深层次的本质。从哲学的发展历史来看，早期的宗教神学和早期的唯物主义哲学是人类历史的早期的时代精神的反映。在当时，生产力极其低下，人类征服自然的能力也非常低下，人在人与外部自然界的关系上表现得软弱无力，总是处于被动附属的地位。这时期的哲学无论是唯物的还是唯心的都反映了外部世界对人的强制和人对外部世界的依赖。在自然界这个客体面前作为主体的人表现得软弱无力，无法掌控自己的命运。这就需要有一个外在的实体来支配和统治人们，从而让人们能够在心灵上找到支点和依靠。这样一种时代背景就必然决定了在人类早期的哲学中崇尚外在性而排斥主体意识。于是宗教神学杜撰了一个创造人类的万能的上帝，把整个世界理解为超人的纯粹的客体。早期的唯物主义哲学与宗教神学相对立，意识到了外部世界的客观实在性，无论人类有怎样的主观能动性，客观世界都是不以人的意志为转移的。早期唯物主义在不同发展时期，分别以各式各样的物质存在形态来概括和描述世界的本质。这虽然在科学形态上表现为对宗教神学的超越，然而从更深层的本质上看，与宗教神学在把握世界的方式上还是有很多相似的地方，都把外部世界看成是一个与自己无关的超越自我的自在的世界，从而"对事物、现实、感性，只是从客体的或者直观的形式去理解，而不是把它们当作感性的人的活动，当作实践去理解，不是从主体方面去理解"①。这样，世界就失去了属人的性质，完全成了一个独立于人之外的客观世界。但是唯心主义却发展了能动的一面，不是在人之外来而是从人的主观出发理解世界，把世界看成是人的主观创造的结果，是为人而存在的，这就把世界融会在意识和精神之中了。"所以，结果竟是这样，和唯物主义相反，唯心主义却发展了能动的方面，但只是抽象地发展了，因为唯心主义当然是不知道真正现实的、感性的活动本身的。"②

从 15 世纪开始，时代发生了重大的变化，资产阶级开始登上历史的舞台，全新的生产方式和空前强大的生产力彻底改变了自然界与人的关系，让人在自然界中逐渐树立起勇气和自信。改造世界的人类的伟大实践增强了人的主体意识，确定了人类征服自然为代表的外在世界的信心、勇气和力量，这就要求以人作为主体重新建立起自然与人的统一关系。在这

---

① 《马克思恩格斯选集》（第 1 卷），人民出版社 1972 年版，第 54 页。
② 《马克思恩格斯选集》（第 1 卷），人民出版社 1972 年版，第 16 页。

个人的主观能动性不断增强和生产力飞速发展的时代，人文主义思潮兴旺发达起来。

人文主义也有人将之叫作人道主义，一般都比较强调人的主体地位的重要性，强调以人为中心，从人出发来全面地改造社会的经济、政治以及文化等领域，并以此建立起一种新的社会秩序，使人的价值和意义能够得到充分的肯定。这同以贬损人的价值和将人动物化为特征的中世纪和封建社会相比，是历史的一次巨大的飞跃，也可以说是时代精神发生了根本性的转换。从文艺复兴时起，随着时代精神所发生的转换，各种哲学流派在不同程度上对人和物的关系进行了重新的思考，人学内容得到了丰富，以物为中心开始向以人为中心转变。出现了洛克、贝克莱、孔狄亚克、休谟、莱布尼茨、卢梭、康德等人文主义哲学先驱，他们的《人类理智论》《人类知识原理》《人类知识的起源》《人性论》《人类理智研究》《人类理智新论》《论人类不平等的起源》等著作给人们以很大的影响，"人是目的""人为自然立法"等以人为本的命题和思想都丰富和发展了人文主义哲学思想和理论。通过这些哲学家的努力和这些哲学著作及哲学思想的启迪，人文主义不断深入人心，人对自身的研究掀起了人学研究的高潮。随着这样一股潮流的不断发展，就连黑格尔也不得不从高高在上的对"绝对精神"的研究转向对政治社会以及市民社会中一些现实的哲学的研究。从近代哲学的发展历程来看，自觉地、客观地研究有关人的哲学的哲学家首推费尔巴哈，他是将人本主义和唯物主义相结合得比较典型的哲学家。费尔巴哈对人类理性的力量深信不疑，他倡导人们要把人当作哲学研究的对象和主题，尽管他对人的理解是抽象的，但他的哲学在哲学发展的历史上仍然具有不可替代的划时代的重要意义。

费尔巴哈所创立的人本主义哲学是马克思哲学重要的思想来源之一，费尔巴哈的唯物主义哲学尽管存在很多缺陷，但它无疑成了马克思摆脱黑格尔唯心主义哲学影响的中间环节。费尔巴哈对美好理想的追求以及对人的坚定信念，深深影响和触动了马克思，可以说马克思较早时期的人学思想大部分是从费尔巴哈的人常理论中继承而来的。仔细研究我们会发现马克思在早期的哲学思想建构过程中有不少费尔巴哈人学思想的影子。

在马克思的早期著作未被发现以前，人们一直以为马克思主要讲客观决定主观，很少谈到"人"。但后来由于马克思早期著作的被发现，人们才发现其实马克思很早就已经认识到了"主体是人，客体是自然"①。在马克思的哲学里从来就不缺少"人"，反而人作为主体具有非常突出的地位，人的需求成为人的一切活动的出发点，人本身成为衡量一切事物的标准和尺度。马克思提出："人是人的最高本质"，"人的根本就是人本身"②。马克思认为，哲学经过了以神为本、以物为本和以心为本等发展阶段，而现在必须突破传统哲学对人的那些抽象的理解，发展到以"关于现实人及其历史发展的科学"③为特征的"以人为本"的阶段。历史唯物主义和实践唯物主义就是马克思以人为主要研究对象的现实表现，标志着马克思对人的认识的一种新的突破。马克思哲学与旧哲学的区别主要表现在对人的认识上，马克思哲学开创了一个与以往哲学完全不同的全新的境界。费尔巴哈的哲学较之于旧哲学已经有了很大的进步，但是在对人的理解上仍然带有自然主义的倾向，只把人当作"类"，而缺乏人的生动的本质。所以，虽然费尔巴哈摆脱了黑格尔主义和宗教神学的影响，把诸如意志、感情、爱等因素看成是人的本质，但他关于人的论述是抽象的，脱离了人的实践，不是建立在人的现实生活基础之上的。即便他提到了实践，也只是在粗浅的意义上来讲的。他根本不了解实践的本质和作用。也就是说，费尔巴哈将人的本质理想化和抽象化了。他离开了人的物质生活条件和社会关系去探讨人的本质，这种人的本质必然是抽象的、理想化的。马克思克服了费

---

① 《马克思恩格斯选集》（第2卷），人民出版社1972年版，第88页。
② 《马克思恩格斯选集》（第1卷），人民出版社1995年版，第9页。
③ 《马克思恩格斯选集》（第4卷），人民出版社1995年版，第237页。

尔巴哈在人的问题上的抽象性和理想性，从实践的角度以及人的现实生活世界中去发掘人的规定性，从而揭示了"历来为繁茂芜杂的意识形态所掩盖着的一个简单事实"①。

这个事实就是创造物质生活资料的生产劳动是人类生存的前提和基础。在创造物质生活资料的生产劳动中，人们结成了不以人的主观意志为转移的客观的社会关系以及生产关系。在这种客观的社会关系和生产关系中，人们才能够生产和生活。这就为正确地分析人的本质问题提供了现实的依据。在马克思以前，人们往往从人自身探索人的内在特性问题，这就使人的本质问题没有一个现实确定的标准，只是一种无法说清楚的形而上学的讨论，是脱离现实的和缺乏科学意义的。马克思把人作为实践和认识的主体，从实践和实践所形成的社会关系入手来把握由社会关系体现和决定的人的现实性，对人的本质问题有了突破性的认识。为此，马克思提出："人的本质并不是单个人所固有的抽象物。在其现实性上，它是一切社会关系的总和。"②马克思早期人学研究很丰富、很深刻，马克思人的本质理论实现了哲学史上的真正变革，揭开了研究人和社会历史的新篇章。

纵观马克思哲学思想的发展历史，从马克思的博士论文到马克思和恩格斯的《德意志意识形态》是马克思早期哲学思想发展的时期。从总结1848 年革命经验到 1875 年写作《哥达纲领批判》算作中期。在马克思哲学发展的中期里，马克思主要的精力放在了总结 1848 年和 1871 年两次革命经验和教训，促进科学社会主义理论的不断发展和最终完成；通过为《纽约每日论坛报》等平台撰稿来评论欧洲、亚洲和美洲大陆发生的一些重大的政治事件；通过撰写《资本论》来完成对资本主义社会的经济进行的解

---

① 《马克思恩格斯选集》（第 3 卷），人民出版社 1972 年版，第 574 页。
② 《马克思恩格斯选集》（第 1 卷），人民出版社 1972 年版，第 18 页。

剖，以完善对资本主义的全方位的批判。从马克思这一时期的著作来看，尽管在内容上主要是阐述政治问题和经济问题而似乎与哲学问题无关，但这实际上是他早期哲学思想的进一步阐发，只是形式上和早期的哲学创作有一些差异，并没有完全采用哲学专著的形式，而主要是通过对资本主义的政治、经济的分析和对许多重大政治事件的分析从历史的和经济的角度来阐述自己的哲学思想，这就更使得他的哲学思想有历史感，更加全面，不只是理论上的论述，更具有实践性和革命性。

从马克思哲学发展的历史来看，马克思中期的哲学思想和早期哲学思想也是连贯的、一脉相承的，揭示人的本质是马克思哲学的一贯追求，马克思中期哲学思想的核心仍然是"人"，是他早期所得出的人的本质问题的继续展开和贯彻。如果说变化，主要体现在研究的取向上发生了一定的变化，对人的研究从理想走向了现实，从理论走向了实践，从早期主要对人的内在本质的穷究转向了中期对人的外在本质的追寻。这一时期马克思把握现实的人是从经济解剖和贯彻其中的历史分析着手的。

马克思认为，揭示人的本质首先就要从对社会关系的解剖入手，因为人的本质离不开人的社会关系，而恰恰存在于人的社会关系之中。在列宁看来，马克思"把社会关系分成物质关系和思想关系，思想关系只是不以人们的意志和意识为转移而形成的物质关系的上层建筑，而物质关系是人们维持生存的活动的形式（结果）"①。马克思"所用的方法就是从社会生活的各种领域中划分出经济领域，从一切社会关系中划分出生产关系，即决定其余一切关系的基本的原始的关系"②。抓住生产关系的本质，就等于从经济关系的角度把握住了现实的人的利益，把握住了人的生存之基础，并通过对社会关系这个范畴的不断深化和拓展，将人的本

---

① 《列宁选集》（第 1 卷），人民出版社 1972 年版，第 18 页。
② 《列宁选集》（第 1 卷），人民出版社 1972 年版，第 6 页。

质更为深刻地揭示出来。

生产关系是人类在实践劳动的基础上形成的，它在对人的本质的深入揭示之中起到了决定性的作用。所以生产关系在马克思哲学中有着很高的地位。生产关系是构成人类生存的元素的经济活动的基础，现实的人首先是经济的人，经济也是社会根本利益之所在。人的不同根本上是不同的生产关系或在生产关系中的不同地位而造成的。因此现实中的人"只是经济范畴的人格化，是一定的阶级关系和利益的承担者"，"不管个人在主观上怎样超脱各种关系，他在社会意义上总是这些关系的产物"①。这就是说，生产关系是决定现实的人的现实本质的首要的因素。

马克思极力主张从生产力角度来揭示人的性质和本质，马克思指出："既和他们生产什么一致，又和他们怎样生产一致。因而，个人是什么样的，这取决于他们进行生产的物质条件。"②也就是说，不同的生产力造就了不同的人。当然生产力离不开生产关系，生产力和生产关系是相互矛盾相互促进的统一整体，二者共同构成了生产方式。但是对生产力的考察离不开生产关系，只有把对人的本质的考察同生产关系的发展阶段以及生产力的发展水平结合起来，才能深刻揭示人的本质。因为生产力是生产关系的基础，离开了生产力，生产关系就成为无源之水、无本之木，生产关系只有适应了生产力的发展水平，才能促进生产力的发展。生产关系落后或超越了生产力的发展水平，都会对生产力的发展起到阻碍的作用。

当然，生产关系也有一个产生和发展、从低级到高级的历史进程，人的本质的演变过程正是由生产关系的历史发展所决定的。马克思认为，人不是抽象的人，人是从历史中不断产生的，人是历史上各种力量互相作用的结果，人永远也离不开他的历史性。而具有历史性的个人，是由

---

① 《马克思恩格斯选集》（第 2 卷），人民出版社 1972 年版，第 208 页。
② 《马克思恩格斯选集》（第 1 卷），人民出版社 1972 年版，第 25 页。

不同时期生产力和生产关系的变革所决定的而并不是来自"人类的天性"。马克思通过封建主义和资本主义的对比来阐述了从生产关系和生产力的角度考察人的本质的重要性。马克思批评封建生产关系和封建社会的等级制度把人当成了动物,所以封建社会的人是奴性的化身,在头脑中根深蒂固地存在着严格的等级观念,因为他们遵循着动物的先天血缘原则。在资本主义社会,生产关系以雇佣劳动为基础实行等价交换原则,相对于封建社会来说人是平等的,他在社会中的地位是由后天决定的,资本主义时代人的平等观念和竞争性与进取性得以彰显。封建主义和资本主义因为社会制度和生产关系完全不同,就决定了这两个社会中人的本质有很大的差异,所以对人的本质的把握离不开对生产关系的历史考察。

《资本论》这部著作从一定的意义上来看,也可以说是马克思通过经济解剖的方式对资本主义社会的人的本质的一种分析和揭示。透过对资本主义社会的经济解剖呈现给我们的是具体的、现实的和活生生的人,人的存在的现实基础,经济现象背后所隐含的人与人之间的本质关系得以真切地呈现出来。资产阶级经济学家为商品表面的物性关系所迷惑,不能够理解人和动物之间的真实关系,看不到商品后面所隐藏着的人与人之间的关系而只看到了商品的单纯的物性。马克思却与此完全不同,"凡是资产阶级经济学家看到物与物之间的关系的地方(商品交换、商品),马克思都揭示了人与人之间的关系"①。

马克思对资本主义不同历史发展阶段进行了经济上的解剖,进一步揭示了资本主义制度下资本原始积累、工业化初期以及工业革命以后等各个不同阶段的人的完整形象,通过经济解剖阐述了关于人的理论问题。"用血和火的文字载入人类编年史的"②是马克思对资本主义在资本原始积累时

---

① 《列宁选集》(第 2 卷),人民出版社 1972 年版,第 444 页。
② 《马克思恩格斯选集》(第 2 卷),人民出版社 1972 年版,第 221 页。

期的形象描述，这是一种毫不隐蔽的资产阶级对劳动者的剥夺；资本家完全"丢掉了最后一点羞耻心和良心"①，这是马克思对资本主义工业化初期的现实的批判；资本主义发展到工业革命以后，资产阶级的统治发生了一些新变化。"现在的统治阶级，不管有没有较高尚的动机，也不得不为了自己的切身利益，把一切可以由法律控制的、妨害工人阶级发展的障碍除去。"②从残忍本性、贪婪本性的充分暴露和为了榨取利润运用各种卑鄙手段到贩卖黑奴、雇佣童工、暴力掠夺、鸦片贸易，再到维护的已经牢固地确立起来政治统治的政策调整，马克思通过社会前景和经济分析揭示了各个资本主义阶段的人性的变化，充分地分析和揭示了资本主义社会中的有关人的本质的问题。因此马克思把经济分析作为了揭示资本主义社会的人的本质的一个重要的手段。当然马克思的经济分析具有历史主义的特点，马克思是结合资本主义不同阶段的历史发展来考察资本主义的发展变化了的人性，这给了我们很大的启发。

从马克思哲学的发展历史来看，他在早期、中期和晚期对人的本质的分析有着明显的差异。在早期，马克思从人的理想化本质出发，阐述了通过共产主义革命彻底改变资本主义和私有制将人的本性和本质高度异化现状，实现人的本质的真正复归。这已经充分地体现马克思人学理论的革命性，虽然在论证方法上还有待于进一步地升华和提高，但已经表现出与以往哲学不同的革命性。在中期，马克思依据唯物史观中生产力与生产关系的矛盾运动理论来建立自己的共产主义学说，而不再依靠人的本质和异化理论来揭示人的本质问题，这就克服了他哲学上的理想化倾向，把哲学思想建构在现实的经济关系基础之上，成为有源之水，有本之木。马克思对历史和经济的分析成为唯物史观的核心内容，这种从现实的经济关系入手

①《马克思恩格斯选集》（第 2 卷），人民出版社 1972 年版，第 263 页。

②《马克思恩格斯选集》（第 2 卷），人民出版社 1972 年版，第 207 页。

分析社会本质和人的本质的方法是马克思锐利的思想武器。马克思认为，以前的一切社会形态都是不完善的，对人的本性有着强制和束缚的社会，只有进入共产主义社会人自身的完善和进化才达到了一个标准点，人才在一定意义上最终地脱离了动物界，这时生存斗争才停止而进入一个真正的人类社会。

马克思晚年从《资本论》的研究转向对人类学的研究。时间从 1875 年到 1883 年。马克思晚年适应世界革命形势的新变化，通过晚年的人类学笔记完成了人学理论的新的升华。马克思晚年的人类学笔记对于东方前资本主义土地所有制的前途和性质，以及社会结构、婚姻形式、家庭和氏族等在社会中的作用和东西方社会历史演进的关系等问题的摘记和评述对我们充分地认识他的人学思想提供了可靠的依据。充分地、深入地研究马克思晚年有关人类学问题所做的大量笔记，不断地挖掘、研究和总结马克思晚年有关人学的思想是我们理解马克思以人为本的哲学思想的收官之战。任何轻视和忽视马克思晚年思想的做法都将对马克思人学思想产生片面和不完整的理解和解读。

从世界革命的形势来看，19 世纪 70 年代中期以后发生了新的状况，这些新的状况与马克思原来的设想完全不同。整个西方的革命形势在不断地消退，而东方特别是俄国的革命形势却正在形成，所以马克思预断俄国革命很可能先于西方革命而在近期发生。因而马克思着手为俄国革命胜利后应该走的道路问题进行思索。在这一思索的过程中，马克思进一步升华了关于人的理论和他的人本主义实践哲学。

人的价值问题一贯是马克思哲学所关注的中心问题，但从 19 世纪五六十年代马克思发表的《不列颠在印度统治的未来结果》和《不列颠在印度的统治》这两篇文章中表述的思想来看，人的价值和利益要服从历史的发展，它不构成一个独立的尺度而是处于第二位。

在马克思的《不列颠在印度统治的未来结果》和《不列颠在印度的统

治》两篇文章中，主要批判了英国侵略者赤裸裸的罪行，十分同情印度人民的苦难遭遇。但马克思也从唯物主义历史观的角度，在超越一般的人道主义者的立场上来评价这个问题的本身和由于这些问题所导致的后果。马克思强调，英国的侵略是非正义的战争，但如果站在历史发展的更广阔的角度上来说，在给印度社会带来战争所产生的无比巨大的灾难的同时也不可怀疑地带来了一些资本主义因素，英国的侵略"破坏了这种小小的半野蛮半文明的公社，因为这破坏了它们的经济基础；结果，就在亚洲造成了一场最大的、老实说也是亚洲历来仅有的一次社会革命"①。所以，"英国在印度要完成双重的使命：一个是破坏性的使命，即消灭旧的亚洲式的社会；另一个是建设性的使命，即在亚洲为西方式的社会奠定物质基础"②。也就是说为了在亚洲建立西方式的社会就不得不破坏旧的亚洲式的社会，这种破坏性的使命是在残忍的野蛮征杀中实现的，也是需要人们理性地对待的。资本主义征服封建主义的过程对人的价值产生了很大的影响。马克思指出："从纯粹的人的感情上来说，亲眼看到这无数勤劳的宗法制的和平的社会组织崩溃、瓦解、被投入苦海，亲眼看到它们的成员既丧失自己的古老形式的文明又丧失祖传的谋生手段，是会感到悲伤的……的确，英国在印度斯坦造成社会革命完全是被极卑鄙的利益驱使的，在谋取这些利益的方式上也很愚钝。但是问题不在这里。问题在于，如果亚洲的社会状况没有一个根本的革命，人类能不能完成自己的使命。如果不能，那么，英国不管是干出了多大的罪行，它在造成这个革命的时候毕竟是充当了历史的不自觉的工具。这么说来，无论古老世界崩溃的情景对我们个人感情是怎样难受，但是从历史观点来看，我们有权同歌德一起高唱：'既然痛苦是快乐的源泉，那又何必因痛苦而伤心？'"③

---

① 《马克思恩格斯选集》（第 2 卷），人民出版社 1972 年版，第 67 页。

② 《马克思恩格斯选集》（第 2 卷），人民出版社 1972 年版，第 70 页。

③ 《马克思恩格斯选集》（第 2 卷），人民出版社 1972 年版，第 67–68 页。

　　尽管英国对印度的侵略和殖民统治从某种意义上来说具有一定的推动社会进步的意义，但这种侵略和统治给人民带来了巨大的灾难。难道社会的进步一定要伴之以人的价值的沦丧吗？马克思从历史唯物主义的角度认为，从历史的基本规律看，社会进步与人的价值在私有制社会中是成反比的。马克思指出："英国资产阶级看来将被迫在印度实行的一切，既不会给人民群众带来自由，也不会根本改善他们的社会状况，因为这两者都不仅仅决定于生产力的发展，而且还决定于生产力是否归人民所有。但是，为这两个任务创造物质前提则是英国资产阶级一定要做的事情。难道资产阶级做过更多的事情吗？难道它不使个人和整个民族遭受流血与污秽、穷困与屈辱就达到过什么进步吗？"① 所以，"在大不列颠本国现在的统治阶级还没有被工业无产阶级推翻以前，或者在印度人民自己还没有强大到能够完全摆脱英国的枷锁以前，印度人民是不会收到不列颠资产阶级在他们中间播下的新的社会因素所结的果实的"②。因此，在私有制社会里，生产力的发展而不是人的价值成为衡量社会进步的唯一尺度。在私有制社会里，即使人的价值遭到沦丧和贬损，只要有利于提高生产力，人们为社会进步所付出的牺牲和代价，在历史上也具有一定的进步意义。

　　时间推移到 19 世纪 70 年代中期之后，俄国革命危机到来了，世界的革命形势也随之发生了根本性的变化。俄国革命成功后选择什么样的社会发展道路和方向等问题成为马克思思考的重点。当"资本主义生产向一切人表明了它的纯粹的暂时性。欧洲和美洲的一些资本主义生产最发达的民族，正力求打碎它的枷锁，以合作生产来代替资本主义生产，以古代类型的所有制最高形式即共产主义所有制来代替资本主义所有制"③ 的时候，马克思改变了曾经认为俄国等东方国家必须走资本主义道路的设想，认为俄

① 《马克思恩格斯选集》（第 2 卷），人民出版社 1972 年版，第 73 页。
② 《马克思恩格斯选集》（第 2 卷），人民出版社 1972 年版，第 73 页。
③ 《马克思恩格斯全集》（第 19 卷），人民出版社 1979 年版，第 443-444 页。

国应该直接超越资本主义。因为资本主义的"历史今后只是对抗、危机、冲突和灾难的历史"①，重蹈资本主义的覆辙成为对人的价值的最大的否定。在这种情况之下，马克思果断地提出了俄国等东方国家可以直接超越资本主义阶段的"跨越卡夫丁峡谷"的设想。这是避免重走资本主义道路，避免资本主义本身所必然造成的对人的价值的损害的一种考虑。马克思认为，跨越卡夫丁峡谷设想的出发点是避免使俄国人民陷入资本主义的"灾难""苦难"和"波折"之中。"不经受资本主义制度的一切苦难而取得它的全部成果"，"不再遭受资本主义制度所带来的一切极端不幸的灾难"，"不通过资本主义生产的一切可怕的波折而吸收它的一切肯定的成就"②，是俄国革命所要考虑的。

马克思的跨越资本主义的思想实际上是把生产力尺度和人的价值尺度统一起来了，二者对社会的发展共同起作用。马克思通过跨越卡夫丁峡谷的构想告诉我们，人的价值尺度与生产力尺度一样，也是人类发展所遵循的基本尺度，在前资本主义社会为了摆脱封建主义的束缚可能要对人的价值尺度做出某些牺牲，但在由资本主义向共产主义过渡的过程中，必须把生产力尺度和价值尺度有机地结合在一起，真正实现共产主义革命的最终目的 —— 人的解放。

这样，从马克思早、中、晚三个时期的哲学思想来看。他从来就没有离开过对人的价值和人的本质的探寻。唯物主义历史观不光是通过生产方式的矛盾运动来揭示社会发展的规律，同时也内含着人的价值和本质的追求，归根到底都体现在人的实践活动中。所以人是解开历史之谜的钥匙，历史之谜的真实解答只能是存在于人本身。从这个意义上说，马克思的实践哲学是关于人的哲学，是以人为本的实践哲学。所以恩格斯把唯物史观

---

① 《马克思恩格斯全集》（第19卷），人民出版社1979年版，第443页。

② 《马克思恩格斯全集》（第19卷），人民出版社1979年版，第431页。

称为"关于现实的人及其历史发展的科学"。

二、马克思异化和异化劳动理论揭示了马克思实践哲学是交往实践观

异化和异化劳动理论是马克思早期哲学的重要理论之一。对异化和异化劳动理论在马克思哲学中的地位，国内和国外学者意见不一。国外一些资产阶级学者一直别有用心地歪曲异化概念在马克思哲学中的地位，把马克思的全部学说都归结为异化理论，并把马克思的异化概念看成是黑格尔的哲学思辨和费尔巴哈人本主义相结合的异化观，没有克服黑格尔和费尔巴哈的影响。这就要求我们全面理解马克思的异化劳动理论和有关异化的其他思想，并从马克思的异化劳动理论和其他异化思想中揭示马克思交往实践观的真正内涵。

（一）马克思之前的异化概念

在马克思以前，异化概念就已经存在了。它不是马克思主义所特有的概念。

"异化"最初来源是拉丁语，主要的含义包括受异己力量统治、转让、让别人支配、脱离、出卖等众多意义。中文的意思是对立化、异己化，是与"同化"相对立的范畴。

哲学上的异化是指社会关系或状态出现了对立的状态。异化就是指人的活动和它的结果之间产生了对立关系，也就是人的活动产生了对人的反作用。人们通过物质活动和精神活动所创造出来的产品却给人的生活带来灾难或破坏性的影响，背离了人的主观愿望，行为目的和行为结果完全不符。用哲学的语言来讲，就是客体作为主体的产物却反对主体本身，成为一种主体无法掌控和把握的外在的异己力量，成了主体的对立面。也就是

说，人类自觉的有目的活动的结果超出人的预料和控制，变成了凌驾于人类社会生活之上的敌对力量。异化就是这种由人的主观能动性所创造却又不以人的主观意志为转移的社会现象。

在社会生活当中异化现象是普遍存在的。我们通常看到的社会盲目自发力量对人的控制都是异化现象。在人类改造世界的历史活动中，人的有意识的活动总不免要带来程度不同的异化。只有到了共产主义社会，人类从必然王国步入了自由王国，异化现象才能根本清除。从哲学发展的历史上看，许多思想家都从不同的角度研究异化现象。

从近代哲学来看，霍布斯算是首个使用异化概念的哲学家。在霍布斯看来，国家完全是一种异化的表现。因为，每个人对其他事物从自然权利上来看，都拥有使用和占有的权力。所以人与人总是处于敌对的状态，总是不自觉地要利用一切可以利用的东西来保护自己，防止别人的侵害，这就可能造成人们之间的相互损害。那么怎样避免这种情况一直延续下去？霍布斯认为，人们就应该自愿放弃自己的自抉权利，订立契约，把权利转让给君主或少数人所组成的议会和国家。在霍布斯那里，异化主要是指"转让"。所以他认为公共的权力或者国家的意志就成了个人自然权利的一种异化。从这一点来说，霍布斯还没有真正地了解异化的对抗性质，在异化观上还是很模糊的，他企图通过契约国家能够实现人与人之间关系的普遍协调不过是一种幻想。

卢梭是继霍布斯之后大量使用异化概念的人，异化思想在卢梭的著作中占有很重要的地位。在法国大革命的《人权宣言》中就用到了卢梭的人民的主权按其本性来说不能被异化的思想。卢梭虽然没有明确地给异化概念下定义，但是他在经济、政治以及伦理道德等方面都使用了异化一词。

卢梭认为，私有制的不合理性主要表现在人们通过改造自然的劳动所创造的私有财产并没有成为人们的福利，并没有体现人的本质，却成为人类一切灾难的根源。体现着人类本质力量的劳动没有创造有利于自身发展的条件，反倒造成了自己的不幸，这便是异化。要消除异化就应该摆脱一切财产关系和社会关系，实现财产上的平等，彻底剥夺封建贵族和地主的财产。另外，卢梭的社会契约论和关于人类不平等的起源的理论也是一个政治异化的理论。人类在最初的自然状态中，不存在不平等现象，人们都是自由和平等的。但是随着人类改造自然能力的增加和生产力的发展，出现了剩余产品，便产生了私有制。私有制的产生使社会出现了富人和穷人，这便产生了社会的不平等。社会不平等和私有财产的出现必然造成人与人之间的纷争和矛盾。一部分人为了保护自己的特权地位和私有财产而诱骗另一部分人，通过订立社会契约而形成了国家。但是国家本身便是异化了的社会契约，它不可能使社会平等得以实现，并且甚至通过暴力把社会的不平等进一步强化了。同时，经济和政治上的异化也必然带来伦理和道德上的异化。人们失去了自然状态下的纯朴和爽直，世风日下，道德败坏，盲目的服从，缺乏个性和自我反思。

总体上看卢梭把异化看成是人们利己主义的结果，并不能正确地说明异化产生的真正根源。他对异化根源的分析没有触及问题的本质而显得有些肤浅。认为异化产生的根源在于人们自私自利，竭力追求个人利益反而给人带来祸害。但是卢梭能够从人们的利益出发，从私有财产上来谈异化，还是有一定的价值和意义的。

爱尔维修算是卢梭之后有一定深度的从政治上探讨异化的哲学家。卢梭的社会契约论深深地影响了爱尔维修，使他的政治异化概念在吸取卢梭理论积极的因素的基础上得以形成。爱尔维修认为，人们观念上或判断上有时会因为无知、感情、滥用名词等原因而形成错误的认识，因为人的观念或判断来源于感觉，而感觉有时具有欺骗性的一面。人们自以为正确的判断和追求没有给人们带来好处反而带来了危害，这便产生了异化。爱尔维修从政治角度指出，法国的封建君主专制和民族利益的分离和异化是产生这种异化现象的根本原因，也就是说，异化的社会使良好的愿望事与愿违，使人们好的行为产生了不好的结果。爱尔维修对法国的封建专制制度进行批判，这使他的异化观念含有非常鲜明的政治革命性。政治上的异化概念成为爱尔维修进步的社会政治理想的构成因素。

从哲学发展史来看，异化概念不是天然地和唯心主义结合在一起的，在德国古典哲学形成以前，往往是和唯物主义联系在一起的。从德国古典哲学开始才真正把异化概念纳入唯心主义轨道。德国不像18世纪的法国那样把异化概念作为政治、经济和道德方面的某些特殊事实的概括而提炼出来，只是作为一个唯心主义的哲学概念而逐渐形成，很少或者根本没有找到自己的社会事实方面的根据。

费希特是德国古典哲学中比较早地使用异化概念的哲学家之一。费希特的异化论可称为主观异化论，他的异化概念是与他的"自我"和"非我"的主观唯心主义哲学紧密相连的。费希特认为，"自我"和"非我"的相互作用正是一种异化关系，"非我"是"自我"的异化，"自我"创造了"非我"。异化在"自我"和"非我"之间起着桥梁和纽带的作用。费希特的主观异化论为黑格尔的客观异化论提供了一定的批判素材和理论的先导。

异化概念在哲学中居于重要地位并广泛地流行起来还要从黑格尔算起。因为他赋予异化以深刻而丰富的内容，第一次较为系统和完整地阐述了异化概念。异化是绝对观念演化的机制，是黑格尔的严密的本体论哲学中的一个较为核心的概念，异化概念对黑格尔的全部哲学体系起着不可或缺的支撑作用。黑格尔与费希特的主观异化论不同，他把异化概念完全建立在以客观唯心主义为基础的严密的哲学体系之上。

黑格尔的异化概念有三种基本含义：异化是绝对观念向社会和自然的退化以及外化，异化是思维的物化、客观化以及对象化，异化是对客体的认识和改造。

黑格尔认为，绝对观念是在自然界和人类出现以前就存在着的一种理性或宇宙精神，它作为宇宙万物的本源处在不断的辩证的发展过程之中。绝对观念通过外化为自然界并进入人类社会，经一系列精神的发展阶段而实现自我认识并重新回复到自身，这个绝对观念的发展图式本身就是一个思维的外化和它在的异化过程及由对象返回精神的非异化的过程的统一。所以异化在黑格尔的哲学体系之中完全是一个极端的唯心主义的概念。

异化是指绝对观念由自身发展到社会和自然，非异化则是指绝对观念又在精神阶段实现了自我认识，体现了对异化的克服。

另外，黑格尔从更广泛的意义上认为，向一切物质活动领域的飞跃都可以看作是绝对观念的异化。因为人的精神要不断地外化为对象世界，而这种外化也是一个异化的过程。

异化概念在黑格尔的精神现象学中，是一个认识论的范畴，主要表征认识的主体和客体的关系问题。在黑格尔看来，认识是绝对精神自己认识自己的精神活动，思维和存在之间的异化在认识领域被克服了，于是异化就表现为人对人的关系。所以资本主义社会也像以往人类所经历的其他社会一样，也不过是普遍异化了的王国，因为历史上所发生的各种人奴役人的形式都不过是异化了的社会关系而已。

黑格尔也论述了劳动异化的问题，黑格尔虽然不承认劳动是一种客观的物质的活动，但他也认为劳动构成了人的本质，是人和动物的最根本的区别。但是劳动是抱有一定的目的出发的"理性的产物"和"精神样式"，而不是人们能动地改造自然的自由自觉的活动。黑格尔指出，在资本主义的商品经济的生产条件和制度条件之下，劳动的真正目的是不可能完全得以实现的。人们的劳动和他们的真正需求之间常常是脱节的，人们劳动的目的是为了满足社会和市场的需要而不是为了满足自己的需求，人与人之间的相互依赖不断加深并造成人无法控制的异化力量，这就是劳动的异化。人的劳动所创造出来的产品变成了商品并与他的直接生产者相分离，这种劳动和生产者的愿望发生冲突而成为与他们相对立的异己力量。所以社会上全体人异化劳动的结果就会成为与人们的原初意志相违背的总体局面。

黑格尔关于异化的理论和学说并没有摆脱唯心主义的束缚，他的绝对观念异化为社会和自然界不过是一种上帝创世说的新形式。黑格尔的异化观夸大了异化的范围，把任何对象化都视为异化，混淆异化和对象化的区别，这就把异化永恒化了。只要人类存在，就永远摆脱不了和避免不了异化的发生。这就使社会冲突不能被异化概念所反映出来，在一定程度上受到了掩盖。人民改造社会的能力和历史作用也被否定了。同时，黑格尔所宣扬的扬弃异化的那些手段也必然成为虚幻的和空想的。黑格尔所说的异化是一种自我意识的精神活动，既然是精神活动，那么就只有通过纯粹思维的中介才能够消除异化。从消除异化的手段来看，了解了异化产生的秘密，主体和客体就会融合在一起。在此，马克思对黑格尔提出了严肃的批评："因此，全部外化历史和外化的整个复归，不过是抽象的、绝对的思维的生产史，即逻辑的思辨的思维的生产史。"① 黑格尔盲目地认为在思维中做到了也就等同于在实践中也做到了，这就不只是把思维和存在联系起来，而是把它们等同起来了。

黑格尔的异化观虽然具有唯心主义的缺陷，但它克服了二元论并包含了丰富的辩证法思想，承认社会关系对人的活动的决定性的影响。这对青年马克思创立他与以往不同的异化理论起到了一定的积极的作用。

费尔巴哈的人本主义的异化观是在批判黑格尔的唯心主义异化观的基础上完成的，所以费尔巴哈的异化观成了从黑格尔到马克思异化观的一个中间阶段。费尔巴哈不同意黑格尔把异化和外化、对象化等同起来的做

① 《马克思恩格斯全集》（第42卷），人民出版社1979年版，第161页。

法，不同意黑格尔将自然和人都看成是绝对观念自我异化的观点。费尔巴哈站在唯物主义立场把异化的主体看成是具有感性的人本身而不是人的自我意识，这就使异化概念开始具有唯物主义的内容。费尔巴哈认为，神是自我异化的人而人不是自我异化的神，宗教中的神就是人的幻想对人的反作用。所以人的宗教信仰是人的现实生活内容的表现，是人对苦难和欢乐的一种异化了的反映。从根本上讲不是上帝通过它的神通创造了人类，而是人按照自己的形象并在人的理想形象之上创造了一个全新的上帝，所以由人创造的神是人的本质的异化。

人的本质就是一切人所共有的特性 ——"类"，是人的感情、理性和爱。上帝就是人的本性的净化，是无所不包的全知全能的人的本性。人把上帝当作自己的"类"时，就产生了异化。人与上帝的丰富相比，就变得很贫乏。费尔巴哈指出："为了使上帝富有，人就必须赤贫；为了使上帝成为一切，人就成了无。"[①]人把自己的人性赋予上帝，人和自己本质的分裂就成了这种宗教的表现形式，人和自己本质的对立源于人和上帝的对立。

费尔巴哈在异化观上的贡献在于他揭示了宗教从实质上来说其实就是人的本质的自我异化，揭示了宗教的认识论的根源是人的依赖感和幻想。但从总体上看，费尔巴哈的唯物主义异化观是不彻底的，不彻底的唯物主义使得他在一些重大问题上还是存在着一定的局限。费尔巴哈没有能够克服形而上学唯物主义的直观性，尽管费尔巴哈注意到了人本质的自我异化是宗教产生的根源，但是他无法看到人的社会属性和阶级属性。因此他在社会历史领域不可能摆脱唯心主义的束缚。唯心主义历史观导致费尔巴哈不能说明宗教异化的暂时性，而认为宗教异化是永远消灭不了的，人的宗教感情是与生俱来的。所以费尔巴哈主张建立一种无

---

① 费尔巴哈著，荣震华等译：《费尔巴哈哲学著作选集》（下卷），商务印书馆 1984 年版，第 52 页。

神的爱的宗教来代替有神的宗教。对此马克思在《关于费尔巴哈的提纲》
一文中批判道，费尔巴哈宗教上的自我异化"只能用这个世俗基础的自
我分裂和自我矛盾来说明"。费尔巴哈脱离实践和政治不可能找到宗教异
化的深刻的物质原因。另外，费尔巴哈把异化理解为只有宗教异化这一
种异化，他的异化观具有狭隘性和片面性，把异化概念的范围大大地缩
小了。马克思说："人的自我异化的神圣形象被揭露以后，揭露具有非神
圣形象的自我异化，就成了为历史服务的哲学的迫切任务。于是对天国
的批判变成对尘世的批判，对宗教的批判变成对法的批判，对神学的批
判变成对政治的批判。"①

　　马克思正是在对哲学史上异化概念的继承和批判的基础上，结合对异
化概念实际运用的具体分析提出了自己的异化概念和异化观。

（二）马克思的异化概念

　　除了晚期著作中很少使用异化概念外，马克思在他的早期和中期著作
中都使用过异化概念，其中以早期偏多。这跟马克思本人的思想状况与当
时德国哲学的现实是分不开的。

　　马克思哲学的产生也是在人类文明发展的基础上，继承前人的优秀文
化遗产并对这些遗产进行批判和改造而形成自己的理论的。在马克思哲学
的早期，黑格尔和费尔巴哈哲学的影响还很大，他们的异化思想对人的影
响还很深。马克思也深受黑格尔、费尔巴哈等人异化思想的影响，所以在
建立自己学说的过程中顺理成章地借用了异化概念来表述自己的思想。但
马克思没有停留在青年黑格尔派的高度，而是从激进的革命民主主义者的
政治高度去建立他的哲学学说。马克思借助异化概念对资本主义的社会矛
盾做出探索和说明，这时的他还不可能对资本主义社会进行经济的和历史

---

　　① 《马克思恩格斯选集》（第 1 卷），人民出版社 1995 年版，第 2 页。

的分析。主体行为产生的对立面反过来对人进行支配和奴役，这是黑格尔以及费尔巴哈的异化概念的根本所指。于是在马克思看来资本主义条件下工人阶级的那种痛苦的、非人的生活正是一幅非常绝妙的自我异化的图画。因为在资本主义的社会之中，工人阶级所创造出的巨大的财富却被资本家无偿占有，不能造福于工人反而成为奴役工人的异己力量，这种情形正是人的本质的自我异化。马克思指出，工人阶级"本身表现了人的完全丧失"，"通过人的完全恢复才能恢复自己"[1]。

在马克思看来，异化在资本主义社会里是一个普遍现象。不仅工人阶级的生产和生活能够用异化概念来说明，同样其他的经济、政治、文化等领域的许多事实也都可以使用异化概念来说明，正如马克思所指出的："钱是从人异化出来的人的劳动和存在的本质；这个外在本质却统治了人，人却向它膜拜"[2]。可见马克思认为货币也是人的劳动产品异化的产物。在政治领域同样存在着类似宗教领域里的异化。在费尔巴哈提出天国和尘世的对立所形成的宗教信仰对人本质的异化的基础上，马克思进一步指出，真正的人本质的异化存在于尘世本身，表现为人自身和国家与社会的对立。

从总体上看，早期的马克思也不是不加批判就完全沿袭黑格尔、费尔巴哈等人的关于异化的概念，实际上是在批判的基础上吸收了他们有价值的一面。早在《德法年鉴》时期，马克思就对费尔巴哈的人本学的异化观和黑格尔的唯心主义异化观进行了比较深入的批判。马克思在对费尔巴哈和黑格尔的异化观进行批判的基础上实行了改造。马克思在《论犹太人问题》和《黑格尔哲学批判导言》等著作中所使用和论述的异化概念，与黑格尔、费尔巴哈的异化概念有着原则的区分，根本就不是在一个层次上所使用的概念。首先在异化的主体上马克思的异化概念已经

---

[1]《马克思恩格斯选集》（第1卷），人民出版社1972年版，第14页。

[2]《马克思恩格斯选集》（第1卷），人民出版社1972年版，第448页。

进行了革命性的变革。黑格尔所理解的异化的主体是绝对观念，人是异化的产物和结果；费尔巴哈所理解的异化的主体是生物学意义上的、人本学意义上的和完全脱离现实的抽象的人，而不是历史的、阶级的和社会的人。在早期著作中，马克思的异化思想与黑格尔的唯心主义异化观完全不同，并且在费尔巴哈唯物主义基础上前进了一大步。马克思的异化概念的主体是苦难深重的无产阶级而不是神秘的绝对观念和抽象的人。马克思在《黑格尔法哲学批判导言》中就指出："无产阶级宣告现存世界制度的解体，只不过是揭示自己本身存在的秘密……德国人的解放就是人的解放。这个解放的头脑是哲学，它的心脏是无产阶级。"[①]马克思的异化概念具有重大的实践意义，他把中心点放到了无产阶级身上，把明确、具体的异化概念和时代所提出的无产阶级解放的问题紧密联系起来。

随着马克思的世界观的转变，他的异化概念也由哲学转向经济学，变得越来越具体了。马克思摆脱了从逻辑结构、思辨形式等哲学方面去论述异化概念的贫乏而转向了对现实社会生活的具体内容的分析，从现实社会生活中剖析异化现象，为解决异化的方法和途径探索出了一条新的路线。马克思对他的这一思想变化在 1859 年有过论述："1842—1843 年间，我作为《莱茵报》的主编，第一次遇到要对所谓物质利益发表意见的难事……为了解决使人苦恼的疑问，我写的第一部著作是对黑格尔法哲学的批判性的分析，这部著作的导言曾发表在 1844 年巴黎出版的《德法年鉴》上。我的研究得出这样一个结果：法的关系正像国家的形式一样，既不能从它们本身来解释，也不能从所谓人类精神的一般发展来理解，相反，它们根源于物质的生活关系，这种物质的生活关系的总和，黑格尔按照 18 世纪的英国人和法国人的先例，称之为'市民社会'，而对市民社

---

① 《马克思恩格斯选集》（第 1 卷），人民出版社 1972 年版，第 15 页。

的解剖应该到政治经济学中去寻求。"① 从这段论述来看，对自己在政治经济学方面知识的缺乏马克思当时已经有所感知。于是从 1844 年 3 月开始马克思到巴黎对政治经济学进行了比较系统的研究，主要是对以亚当·斯密和大卫·李嘉图为代表的英国古典政治经济学进行研究，对他们的著作做了大量的摘要和读书笔记，在此基础上马克思开始构思和写作《1844年经济学哲学手稿》，在这本手稿中较为系统地阐述了异化思想和异化劳动理论。

（三）马克思不同于前人的独特的异化劳动理论

马克思通过对英国古典政治经济学的研究，在黑格尔关于劳动和异化的思想合理内核的基础上，提出人的异化从根本上来说也是劳动的异化，人的一切异化的基础和根源就在于劳动的异化。所以揭示人的异化的全部秘密和社会不平等的根源必须从劳动的异化入手，把人的异化最终地归结为劳动的异化，这些问题才能有效地得以解决。从政治经济学出发，马克思通过分析劳动对人的实际作用，提出了异化劳动的概念，揭示了人的异化的实质。马克思异化劳动的概念赋予异化以社会经济的实在内容，找到了一个正确研究资本主义社会的新起点。马克思把经济学和哲学结合起来研究异化和异化劳动，使异化问题上升到实践唯物主义世界观的新高度。马克思指出："我们从国民经济学得到作为私有财产运动之结果的外化劳动这一概念"②，"我用不着向熟悉国民经济学的读者保证，我的结论是通过完全经验的以对国民经济学进行认真的批判研究为基础的分析得出的"③。

异化劳动概念是哲学发展历史上的一次创新，马克思能够提出异化劳

---

① 《马克思恩格斯选集》（第 2 卷），人民出版社 1972 年版，第 81—82 页。
② 《马克思恩格斯全集》（第 42 卷），人民出版社 1979 年版，第 100 页。
③ 《马克思恩格斯全集》（第 42 卷），人民出版社 1979 年版，第 45 页。

动概念，表明他完成了从唯心主义到唯物主义、从革命民主主义到共产主义的转变，表明他已经完全摆脱了黑格尔和费尔巴哈的束缚。

马克思在《1844 年经济学哲学手稿》一书中比较集中地论述了异化问题，创造性地提出了他的异化劳动的理论。在这部著作中，马克思对异化劳动分别从劳动者和劳动成果相异化、劳动者和劳动本身相异化、劳动者和他的类本质相异化以及人和人之间普遍的异化四个方面做了阐述。

马克思对异化和对象化进行了一定的区分。劳动的对象化是劳动的实现，然而在资本主义私有制的条件之下，对象化也就变成了异化。因为资本家无偿占有了劳动者的劳动所创造的产品。因此马克思指出："劳动的产品就是固定在某个对象中、物化为对象的劳动，这就是劳动的对象化。劳动的实现就是劳动的对象化。在被国民经济学作为前提的那种状态下，劳动的这种实现表现为工人的失去现实性，对象化表现为对象的丧失和被对象奴役，占有表现为异化、外化。"[①] 工人劳动创造出来的劳动产品可却 "作为一种异己的东西不依赖于他而在他之外存在，并成为同他对立的独立力量；意味着他给予对象的生命作为敌对的和异己的东西同他相对抗"[②]。工人创造的价值和他们的生活状况成反比，"劳动为富人生产了奇迹般的东西，但是为工人生产了赤贫。劳动创造了宫殿，但是给工人创造了贫民窟。劳动创造了美，但是使工人变成了畸形。劳动用机器代替了手工劳动，但是使一部分工人回到野蛮的劳动，并使另一部分工人变成机器。劳动生产了智慧，但是给工人生产了愚钝和痴呆"[③]。也就是说，工人越创造价值，自己反而越失去价值；越创造财富自己就越贫困。这是多么典型的异化。

因为劳动创造了人，所以劳动是人的内在本性。但是在私有制的条件

①《马克思恩格斯全集》（第 42 卷），人民出版社 1979 年版，第 91 页。
②《马克思恩格斯全集》（第 42 卷），人民出版社 1979 年版，第 91–92 页。
③《马克思恩格斯全集》（第 42 卷），人民出版社 1979 年版，第 93 页。

下，劳动却不是劳动者自己所能支配的活动，劳动变成了一种外在的东西而脱离了人的本性。正如马克思指出的，工人在"劳动中不是肯定自己，而是否定自己，不是感到幸福，而是感到不幸，不是自由地发挥自己的体力和智力，而是使自己的肉体受折磨、精神遭摧残。因此，工人只有在劳动之外才感到自在，而在劳动中则感到不自在，他在不劳动时觉得舒畅，而在劳动时就觉得不舒畅。因此，他的劳动不是自愿的劳动，而是被迫的强制劳动……劳动的异化性质明显地表现在，只要肉体的强制或其他强制一停止，人们就会像逃避鼠疫那样逃避劳动"①。

在私有制的条件下，人失去应有的价值和尊严，劳动变成了用以满足直接的肉体需要的动物性的活动，变成了单纯的谋生手段。人越来越同自己的类本质相分离，越来越成为不具有人本质的人。

人同自己的劳动成果、劳动过程和类本质相异化，结果也就必然要造成人与人之间的异化。马克思认为："人同自身的任何关系，只有通过人同其他人的关系才得到实现和表现。"② 所以人和自己本质的相异化就必然导致和他人的关系相异化。在生产过程中，人在生产出和自己相对立的产品的同时也生产出了和自己相对立的人。"通过异化的、外化的劳动，工人生产出一个跟劳动格格不入的、站在劳动之外的人同这个劳动的关系。"③ 在私有制的资本主义社会里，资产阶级和无产阶级之间的矛盾和对立正是这种异化关系的集中体现和集中反映。

异化歪曲和掩盖了人与人之间的社会关系，掩盖了资本家和工人之间剥削与被剥削的关系。在未来的理想的社会中，异化劳动将被消灭，人与人之间被歪曲的关系也将消失。人和人之间不再是不平等的经济关系和货币关系。马克思指出，在没有买卖关系的情况下，"你就只能用爱来交换

---

① 《马克思恩格斯全集》（第42卷），人民出版社 1979 年版，第 93–94 页。

② 《马克思恩格斯全集》（第42卷），人民出版社 1979 年版，第 98 页。

③ 《马克思恩格斯全集》（第42卷），人民出版社 1979 年版，第 100 页。

爱，只能用信任来交换信任，等等。如果你想得到艺术的享受，那你就必须是一个有艺术修养的人"①。

通过以上分析我们看出，马克思对异化劳动概念的提出和阐述使异化概念建立在人们的经济关系和阶级关系的基础之上，使这一概念更加具体。这就使马克思的异化概念融解在社会的阶级关系和生产关系之中，使马克思的经济学说和政治学说有机地结合在一起。马克思说："有产阶级和无产阶级同是人的自我异化。但有产阶级在这种异化中感到自己是被满足的和被巩固的，它把这种异化看作自身强大的证明，并在这种异化中获得人的生存的外观。而无产阶级在这种异化中则感到自己是被毁灭的，并在其中看到自己的无力和非人的生存的现实。"②

对异化劳动产生的机制和原因以及克服异化的办法和道路，马克思都做了比较明确的论述，这不仅具有重要的理论意义，也具有重大的实践意义。

从异化劳动产生的机制和原因来看，马克思认为，劳动的异化并不是从劳动的自身本性中产生出来，也不应该着眼于劳动的自然属性去分析，不能从劳动的物化、客体化或对象化中产生出来。马克思说："如果劳动产品不属于工人，并作为一种异己的力量同工人相对立，那么，这只能是由于产品属于工人之外的另一个人。如果工人的活动对他本身来说是一种痛苦，那么，这种活动就必然给另一个人带来享受和欢乐。不是神也不是自然界，只有人本身才能成为统治人的异己力量。"③马克思认为，人通过改造自然创造生活所必需的物质和精神资料，不断完善自身来发展自己固有的本质力量，这并不会使自己的本质异化。只有在私有制的商品经济社会，劳动以商品、货币或资本的形式表现出一定的社会关系时，才会发生

---

① 《马克思恩格斯全集》（第42卷），人民出版社1979年版，第155页。

② 《马克思恩格斯全集》（第2卷），人民出版社1995年版，第44页。

③ 《马克思恩格斯全集》（第42卷），人民出版社1979年版，第99页。

异化。也就是说，只有在人类社会不断进化，发展到私有制的形式和条件之下时，劳动才发生了异化而成为异化劳动。因此马克思指出："我们从国民经济学得到作为私有财产运动之结果的外化劳动这一概念。"①

在《1844 年经济学哲学手稿》一书之中，马克思曾用了比较大的篇幅来论述了私有制和异化劳动之间的关系问题。马克思认为，私有制是造成劳动与劳动条件之间的分裂，劳动者和劳动本身、人的类本质、劳动产品以及劳动者和他人之间的关系发生异化的最根本的原因所在。然而，私有制及私有财产本身也是劳动创造出来的，也是异化劳动的产物。所以私有制和异化劳动的关系是互为因果、互相作用的关系。马克思指出："与其说私有财产表现为外化劳动的根据和原因，还不如说它是外化劳动的结果，正像神原先不是人类理性迷误的原因，而是人类理性迷误的结果一样。后来，这种关系就变成相互作用的关系。私有财产只有发展到最后的、最高的阶段，它的这个秘密才重新暴露出来，私有财产一方面是外化劳动的产物，另一方面又是劳动借以外化的手段，是这一外化的实现。"②最初的劳动是怎样异化的？马克思问道："我们已经承认劳动的异化、外化这个事实，并对这一事实进行了分析。现在要问，人怎么使他的劳动外化、异化？这种异化又怎么以人类发展的本质为根据？"③马克思在《1844 年经济学哲学手稿》一书没有能给予确切的回答，而只是说："问题的这种新的提法本身就已包含问题的解决。"④所以我们一般认为《1844 年经济学哲学手稿》是一本并未完成的著作。

在《德意志意识形态》一书中，马克思、恩格斯继续探讨异化劳动的问题，并把《1844 年经济学哲学手稿》中提到但没有真正解决的问题进

---

① 《马克思恩格斯全集》（第 42 卷），人民出版社 1979 年版，第 100 页。
② 《马克思恩格斯全集》（第 42 卷），人民出版社 1979 年版，第 100 页。
③ 《马克思恩格斯全集》（第 42 卷），人民出版社 1979 年版，第 102 页。
④ 《马克思恩格斯全集》（第 42 卷），人民出版社 1979 年版，第 102 页。

一步解决了。在《德意志意识形态》一书中，马克思和恩格斯分析的重心已经由着重分析工人和自己劳动的关系转到了着重分析生产关系和生产力的关系。这就把"分工"这一经济学的概念提到了首位。分工包含着许多矛盾，先于资本主义而出现。分工"不仅使物质活动和精神活动、享受和劳动、生产和消费由各种不同的人来分担这种情况成为可能，而且成为现实"①。分工使劳动和劳动产品的分配以及财产的分配都出现了不平等现象。私有制的产生离不开分工，与分工有着直接的关系。"分工从最初起就包含着劳动条件、劳动工具和材料的分配，因而也包含着积累起来的资本在各个私有者之间的劈分，从而也包含着资本和劳动之间的分裂以及所有制本身的各种不同的形式。分工越发达，积累越增加，这种分裂也就越剧烈。劳动本身只有在这种分裂的条件下才能存在。"②生产发展到一定程度必然会引起分工，而分工最终则进一步导致了私有制的出现。"分工和私有制是两个同义语，讲的是同一件事情，一个是就活动而言，另一个是就活动的产品而言。"③

私有制是由造成了劳动的异化的分工产生的，所以私有制成为异化劳动的结果和劳动进一步异化的原因。私有制产生以后就不断地以国家的力量以及法律的形式确认了劳动分离和劳动条件的合理性和正当性。劳动本身成了反对劳动者的异己力量，劳动本身越来越脱离劳动者。这样私有制的产生便加剧了劳动的异化，异化劳动虽然由分工造成，但却是由私有制的产生和发展而得以加剧。由此，异化劳动同私有制之间就形成了互为因果的关系。

对于如何消除异化，马克思认为，要想消除异化，首先要"以生产力

---

① 《马克思恩格斯全集》（第1卷），人民出版社1972年版，第36页。
② 《马克思恩格斯全集》（第1卷），人民出版社1972年版，第73页。
③ 《马克思恩格斯全集》（第1卷），人民出版社1972年版，第37页。

的巨大增长和高度发展为前提"①。要解放劳动并消灭异化劳动，首先必须要消灭私有制。因为资本主义的劳动异化和异化劳动是以私有制为前提的，资产阶级的统治就是要不断地巩固和加强私有制。所以，消灭私有制从而消灭劳动异化是无产阶级革命斗争的重要目标，消灭异化与无产阶级的解放是同一个过程。

马克思深刻地指出："共产主义对我们说来不是应当确立的状况，不是现实应当与之相适应的理想。我们所称为共产主义的是那种消灭现存状况的现实的运动，这个运动的条件是现有的前提产生的。"② 所以，要消除异化不能只改变对现实的看法，而更应该去改变事物的本身。"要消灭私有财产的思想，有共产主义思想就完全够了。而要消灭现实的私有财产，则必须有现实的共产主义行动。"③

异化和异化劳动概念在马克思哲学形成和发展中起了巨大的作用，不仅是他早期的个别观点，也是马克思辩证唯物主义和历史唯物主义的基石。

马克思在他早期著作中经常使用异化并把它作为分析资本主义社会矛盾的出发点，在此基础上以自己对异化问题的唯物主义理解，提出了异化劳动的概念，这就把历史和经济的实在内容填充到了异化概念里，使异化概念由一个唯心主义的或人本主义的概念发展成一个唯物主义概念。在此基础上马克思全面展开他的政治的、经济的、哲学的和历史的观点，逐步地形成一个独立的崭新的学说，实现了哲学史上的伟大变革。所以异化和异化劳动的概念在马克思哲学中具有很重要的基础地位。

马克思异化和异化劳动概念具有尖锐的革命性和批判性，这为马克思主义研究保持正确的方向打下了坚实的基础，对消灭资本主义、实现共产

---

① 《马克思恩格斯全集》（第 1 卷），人民出版社 1972 年版，第 39 页。
② 《马克思恩格斯全集》（第 1 卷），人民出版社 1972 年版，第 40 页。
③ 《马克思恩格斯全集》（第 42 卷），人民出版社 1972 年版，第 140 页。

主义的观点的形成和发展起着积极的促进作用和推动作用。异化劳动概念揭示了资本主义私有制的罪恶，指出无产阶级的方向，阐明只有铲除私有制，实现共产主义，才能实现人的本质的复归，最终摆脱异化。

异化和异化劳动概念包含着生产力决定生产关系、存在决定意识等历史唯物主义观点的萌芽。异化劳动主张的人的活动后果不以人的意志为转移的观点和历史唯物主义是一致的。所以异化和异化劳动概念对马克思主义的产生起了奠基作用。马克思的异化和异化劳动概念也揭示了社会中人与人的相互关系，为人与人的交往奠定了基础。

三、马克思世界历史理论揭示了马克思实践哲学是交往实践观

1846 年，马克思在《德意志意识形态》中第一次提出世界历史的思想并逐步确立了他的世界历史理论。世界历史理论包含着丰富的交往理论和思想，是马克思交往实践观的基石。马克思世界历史理论揭示了马克思实践哲学是交往实践唯物主义。

（一）马克思以前的世界历史思想

欧洲史学界在黑格尔之前很久就一直存在着世界历史的思想传统，所以世界历史思想在黑格尔之前就已经被提出来了。早在古希腊罗马时期，波立比、希罗多德等历史编纂学家在编写"世界史"的时候，就指明了历史过程具有世界性，就已经致力于在民族史的差异性和一致性方面寻求一种平衡。到了近代，资本主义的发展促进了世界市场的形成，地域史和民族史越发明显地汇合成了世界历史。为此，马克思指出："各个相互影响的活动范围在这个发展进程中越来越扩大，各民族的原始闭关自守状态则由于日益完善的生产方式、交往以及因此自发地发展起来的各民族之间的

分工而消灭得愈来愈彻底，历史也就在愈来愈大的程度上成为全世界的历史。"① 普遍交往的时代背景和社会现实推动了近代世界历史观念的逐步形成。意大利思想家维科在他的《新科学》一书中论述了各民族历史发展的共同性，将世界历史思想发展到了一个全新的高度。维科把民族史和地区史中的世界性理解为普遍的共同性，认为一切地区和民族都将普遍经历觉醒、繁荣、衰落三个发展阶段，都受着这种循环规律的制约。但是维科的世界性概念不讲历史的前进和发展而只讲历史循环，世界历史成为各个民族依次排列的闭合的互不联系的集合体。18 世纪下半叶，德国世界历史观念得到充分的发展和体现。1784 年赫尔达在他的《关于历史哲学的观念》一书中突出强调民族史是世界历史背景下人类前进上升的发展过程链条上的一个环节。这标志着世界历史循环说向世界历史进步说的转变。康德在他的《从世界主义观点出发的世界通史观念》一书中认为人类历史充满了混乱，从全世界历史而不是狭小的民族圈子的角度揭示历史发展的进步性和规律性，才能使残忍、虚荣和狂妄转化为历史发展的条件和动力。黑格尔在前人世界性概念的基础上发展出了他宏大的世界历史观念，成为马克思世界历史思想的主要理论来源，只不过它不是现实的写照而只是一种理性的反思和理论的建构。黑格尔认为，民族历史的小溪不断汇流成世界历史的大河，人类历史是前进有规律的运动。人类历史发展的主流是一致性，主要特征是自由。主流的自由的特征是通过民族历史的支流来体现的。每一个时代以对自由的追求而相互联结并孕育出后一个时代，所以世界历史的共同趋向蕴含于内在的联系本身而不是来自外部的继承，世界历史的发展是源于内部的自身的发展。可以说在马克思之前黑格尔把世界历史的观念发展到了最高阶段。黑格尔对世界历史思想的发展无疑作出了重大的、独特的贡献。当然，黑格尔作为一个客观唯心主义者不可能把深刻

---

① 《马克思恩格斯选集》（第 1 卷），人民出版社 1972 年版，第 51 页。

的理论应用于实践，所以在实践上并未真正做到，只是在理论上从历史出发来说明了历史。在黑格尔那里，世界历史最终成了绝对观念的世界性的体现。

以上可以看出，在马克思之前，世界历史观念作为宝贵的思想遗产源远流长，在对历史的把握中给了人们多方面的启迪。这些思想启示我们，有着共同性和一致性的不同地区和民族的丰富多样的历史克服了杂乱无章的偶然性而汇成了世界历史的洪流。在这种世界性的历史洪流中，我们必须站在全人类统一的世界历史的高度来把握各个国家、各个民族的历史，以世界历史的眼光预测它的未来走向，才能在纷繁复杂的民族史中发现它的世界意义。黑格尔在他的《历史哲学》一书中就是运用世界历史的理论，来深入地研究了法国大革命"这个革命怎样变作世界历史"[1] 的，认为"这件大事依照它的内容，是'世界历史'性的"[2]，因为"它的原则差不多灌输到了一切现代国家，或者以军事战胜方式，或者明白地推行到了各该国的政治生活中"[3]。当然，黑格尔的世界历史思想有明显的唯心思辨色彩和欧洲中心论的局限，这是马克思需要克服的。对马克思来说，处理好历史发展的多样性和一致性的关系以及揭露传统世界历史观念的唯心主义实质则成了马克思确立自己的科学的世界历史理论首先要解决的问题。

（二）马克思的世界历史思想

马克思的世界历史思想是在以《德意志意识形态》为标志的唯物史观正式诞生的同时随之形成的。马克思用唯物史观的基本精神对传统的世界历史观念进行了改造和审视，使世界历史思想得到了提高和升华。

马克思认为，在历史发展中存在着由民族历史向世界历史的转变的历

---

① 黑格尔著，王造时译：《历史哲学》，生活·读书·新知三联书店 1956 年版，第 494 页。

② 黑格尔著，王造时译：《历史哲学》，生活·读书·新知三联书店 1956 年版，第 499 页。

③ 黑格尔著，王造时译：《历史哲学》，生活·读书·新知三联书店 1956 年版，第 499 页。

史必然性。推动这个伟大转变的是在生产力普遍发展基础上形成的现实的各民族的相互交往，而不是以往思想家们所认为的抽象的世界精神或人类本性。"各民族之间的相互关系取决于每一民族的生产力、分工和内部交往的发展程度。"① 也就是说，随着生产力的发展，分工和交往不断扩大，人们打破了民族的和地域的界限，处于深入的交往和普遍的联系之中，任何民族的生产和生活都只能在相互依赖和相互制约中才能得以维持，民族与民族之间，人与人之间形成了前所未有的紧密的关联。这就决定了历史"在愈来愈大的程度上成为全世界的历史"②。马克思在谈到世界历史尺度和世界历史概念时指出："如果在英国发明了一种机器，它夺走了印度和中国的无数工人的饭碗，并引起这些国家的整个生存形式的改变，那么，这个发明便成为一个世界历史性的事实。"③ 所以"历史向世界历史的转变，不是'自我意识'、宇宙精神或者某个形而上学怪影的某种抽象行为，而是纯粹物质的、可以通过经验确定的事实，每一个过着实际生活的、需要吃、喝、穿的人都可以证明这一事实"④。马克思克服了从前一切的世界历史观念的理想主义的、唯心主义的色彩并把他的世界历史思想建立在唯物主义基础上，从生产力的发展以及各民族的普遍交往等角度出发来说明世界历史的成因，把世界历史思想建立在坚实的唯物主义基础之上，并成为历史发展规律的生动的外在表现。

　　唯物史观与世界历史思想彼此配合，互相补充，共同说明历史的发展的规律，是表和里的关系。从唯物主义历史观来看，生产力与生产关系和上层建筑与经济基础的矛盾运动是人类社会永恒发展的最根本的动力和最基本的矛盾，也是人类社会得以发展的最根本的机制和最核心的内涵。人

　　·① 《马克思恩格斯选集》（第 1 卷），人民出版社 1972 年版，第 51 页。

　　② 《马克思恩格斯选集》（第 1 卷），人民出版社 1972 年版，第 51 页。

　　③ 《马克思恩格斯选集》（第 1 卷），人民出版社 1972 年版，第 51–52 页。

　　④ 《马克思恩格斯选集》（第 1 卷），人民出版社 1972 年版，第 51–52 页。

类历史发展和社会基本矛盾运动离不开一定的空间，并具有一定的形式和一定的规模。在生产力不断发展的基础上，人类活动的空间和规模也在不断地扩大。随着人们彼此之间交往的深入和扩大，历史也便越来越超出了民族的和地域的范围而转变成世界历史。世界历史虽然是人类活动的空间尺度和外在表现形式，不是人类活动的内在形式，但是它却构成与生产力水平不同的社会发展的外在规定性，任何民族在交往和生产力水平达到一定的程度时，都必然由区域史和民族史转向进入世界历史。所以马克思认为，历史向世界历史的转变对社会发展起着至关重要的作用。从这个角度讲，世界历史思想也是马克思唯物主义历史观和交往实践观的重要组成部分。

运用世界历史的眼光看待历史时代的划分，更能使我们认清时代的性质和根本任务，更能使我们深入地理解历史的变迁。1640年的英国资产阶级革命标志着资本主义新时代的开始，这个总趋向影响和制约此后发生的一切事件，从世界历史思想的角度我们更能够认清它的性质和意义。1848年的法国大革命、俄国的农奴制改革以及美国的独立战争等，都具有共同的阶级属性，都是资产阶级革命的一部分。虽然它们在形成的原因和背景以及表现方式上不尽相同，但它们都体现为这个时代世界历史总链条上的不同环节，都发生在向资本主义世界历史转变的时代，所以从世界历史的角度看待历史发展更能找到一些表面上难以觉察的细节和思路，更能给事物发展提供一个整体思维路径。比如不能单纯地把十月革命仅仅看成是俄国一个国家的事件。而从世界历史思想的角度来看，在生产力、生产关系矛盾基础上，更能看到十月革命改变世界历史方向的一面，十月革命后所发生的一切反对帝国主义和反对资本主义的斗争，都已经是无产阶级世界革命的一部分，已经超越了阶级的或民族的界限。所以近代以来的历史，已经不能用孤立的眼光来分析和观察历史事件了，而更多的是应该从世界历史的角度，从不同国家、不同地域、不同民族的普遍交往中去寻求历史发展的规律，不能孤立地而应该从社会发展的共同趋向去寻求历史发展的共同规律。

马克思的世界历史理论体现了马克思交往实践观的本质特征。世界历史理论把无产阶级的历史使命上升到世界历史的视野和高度，使最终实现共产主义成为全世界人民的共同目标和任务。马克思指出："对实践的唯物主义者，即共产主义者说来，全部问题都在于使现存世界革命化，实际地反对和改变事物的现状。"① 从这个角度来说，世界历史思想对于马克思来说，也是改变世界的实现共产主义理想的有力武器而不只是解释世界及其历史的一种方式，世界历史思想由此成为科学共产主义理论不可缺少的一部分。马克思认为，世界历史通过将民族史汇入世界史，形成了一个世界性的交往过程，这使得"狭隘地域性的个人为世界历史性的、真正普遍的个人所代替"② 而具有更加深广的意义，"而各个个人的世界历史性的存在就意味着他们的存在是与世界历史直接联系的"③。但是，"个人的世界历史化并不能直接带来个人的解放，相反，单独的个人随着他们的活动扩大为世界历史性的活动，愈来愈受到异己力量的支配，受到日益扩大的、归根到底表现为世界市场的力量的支配"④。在此马克思正确地阐述了世界历史的意义，认为世界历史也并不等于真正人的历史，实现全人类的解放，靠单纯的世界历史发展是不行的，还要靠推翻资本主义的社会革命，世界历史的形成为共产主义革命奠定了各民族的密切交往和高度发展的社会生产力等物质基础。实现全人类的解放，使历史真正进入人的历史的唯一途径就是无产阶级革命。这就辩证地看待了世界历史思想与无产阶级革命的关系，将二者有机地联系起来，将世界历史思想推向共产主义理想实现的

---

① 《马克思恩格斯选集》（第 1 卷），人民出版社 1972 年版，第 48 页。
② 《马克思恩格斯选集》（第 1 卷），人民出版社 1972 年版，第 40 页。
③ 《马克思恩格斯选集》（第 1 卷），人民出版社 1972 年版，第 41 页。
④ 《马克思恩格斯选集》（第 1 卷），人民出版社 1972 年版，第 42 页。

更深层次。

从无产阶级革命和世界历史的关系来看，在狭小的地域和民族的范围内，不可能实现真正的共产主义；同样没有无产阶级革命，世界历史就只能停留在资本主义范围内。为此，马克思指出："每一个单独个人的解放的程度是与历史完全转变为世界历史的程度一致的。"① 也就是说，个人在多大的程度上能够获得解放，完全依赖和取决于历史完全转变为世界历史的程度，世界历史的不断深入推进，形成"每个人的自由发展是一切人的自由发展的条件"②，个人的解放才是可能的。因此，世界历史是共产主义前提，共产主义是世界历史的更深层次的发展。马克思说，在共产主义社会里，"各个个人的全面的依存关系、他们的这种自发形成的世界历史性的共同活动的形式，由于共产主义革命而转化为对那些异己力量的控制和自觉的驾驭"③。因此，共产主义从根本上来说是真正的人的历史与深远的世界历史的有机结合和统一。最终实现共产主义首先就是作为近代世界历史的产物的无产阶级肩负起历史使命和责任。因为无产阶级已不是某一个地域、某一个民族的特殊群体，其本身就是世界性的。马克思说："当每一个民族的资产阶级还保持着它的特殊的民族利益的时候，大工业却创造了这样一个阶级，这个阶级在所有的民族中都具有同样的利益，在它那里民族的特性已经消灭，这是一个真正同整个旧世界脱离并与之对立的阶级。"④ 世界历史思想明确了无产阶级的世界性，也明确了无产阶级所肩负的共产主义事业的世界历史性。从世界历史的视域看，共产主义绝不是某种地域性的东西，"交往的任何扩大都会消灭地域性的共产主义。共产主义只有作为占统治地位的各民族'立即'同时发生的行动才可能是经验

---

① 《马克思恩格斯选集》（第 1 卷），人民出版社 1972 年版，第 42 页。
② 《马克思恩格斯选集》（第 1 卷），人民出版社 1972 年版，第 273 页。
③ 《马克思恩格斯选集》（第 1 卷），人民出版社 1972 年版，第 42 页。
④ 《马克思恩格斯选集》（第 1 卷），人民出版社 1972 年版，第 67 页。

的，而这是以生产力的普遍发展和与此有关的世界交往的普遍发展为前提的"①。马克思把共产主义理想和世界历史思想有机地统一起来，认为共产主义的实现离不开生产力和世界交往的普遍发展，这是前提和基础。"无产阶级只有在世界历史意义上才能存在，就像它的事业 —— 共产主义一般只有作为'世界历史性的'存在才可能实现一样。"②

对于资本主义在历史上的功绩以及资本主义发展所带来的以各个国家和各民族的普遍交往为特征的世界历史向纵深的发展，马克思是持肯定态度的。马克思认为，资本主义和资本主义的大工业"首次开创了世界历史，因为它使每个文明国家以及这些国家中的每一个人的需要的满足都依赖于整个世界，因为它消灭了以往自然形成的各国的孤立状态"③。这样，在资本主义这个坚实的基础之上，通过资本主义所创造的普遍交往的物质前提和物质基础，才能实现"历史向世界历史的转变"。也就是在资本主义的基础之上，通过革命消灭资本主义才能建立共产主义。这是一条沟通了历史、现实和未来的革命之路。但是从世界历史的视角来看，这条道路是复杂的、曲折的。因为从生产力和生产关系的矛盾来看，各个国家都是一致的，但从世界历史角度来看，从全世界范围来看，东西方情况有很大的不同，通往世界历史的层次和道路也不尽相同。当时西方国家很早就已经步入资本主义的道路，并已经完全地跨入了世界历史的行列，他们的首要任务是进一步地深化世界历史的水平和层次问题，《共产党宣言》《资本论》和《哥达纲领批判》论述了这些国家怎样通过革命向共产主义前进。但对于东方世界的一些国家来说，它们还普遍处在没有跨入世界历史的前资本主义时代，所以必须先进行资本主义化，进入世界历史进程并进一步得以深化。马克思坚定地指出："资产阶级，由于一切生产工具的迅速改

---

① 《马克思恩格斯选集》（第 1 卷），人民出版社 1972 年版，第 40 页。
② 《马克思恩格斯选集》（第 1 卷），人民出版社 1972 年版，第 41 页。
③ 《马克思恩格斯选集》（第 1 卷），人民出版社 1972 年版，第 67 页。

进，由于交通的极其便利，把一切民族甚至最野蛮的民族都卷入到文明中来了……它使一切民族 —— 如果它们不想灭亡的话 —— 采用资产阶级生产方式……正像它使乡村从属于城市一样，它使未开化和半开化的国家从属于文明国家，使农民的民族从属于资产阶级的民族，使东方从属于西方。"[①] 马克思认为，这个世界历史的形成过程虽然充满着肮脏和血污，伴随着剑与火，但这也是在所难免的一种进步和一种必然趋势，"不管反派怎样惋惜，资产阶级还是挖掉了工业脚下的民族基础"[②]。因此，马克思认为，从世界历史潮流来看，消除"民族的片面性和局限性"[③]，将东方国家纳入资本主义轨道是符合历史发展的需要的，是历史的必由之路。

但马克思认为，从全世界来看，西方和东方的解放道路是不同的，西方可以直接通过无产阶级革命来推翻资产阶级统治，直接进入共产主义社会。而东方先要发展生产力，奠定步入世界历史的物质基础，等进入了世界历史以后再完成西方革命的道路，步入共产主义社会。这是当时马克思的认识和设想。

从理论上来讲，马克思的这个设想是符合逻辑的，也符合他的整体战略构想。马克思的这个战略构想也是区分不同情况，实事求是的一种思维。马克思根据西方资本主义国家和东方前资本主义国家的不同情况，预设了东、西方跨入世界历史的不同层次目标、步骤和具体的纲领，对后来列宁制定的世界革命战略以及在俄国革命和中国革命中实行的民主革命和社会主义革命两种不同阶段的策略有很大的借鉴意义。然而欧洲现实革命的失败表明，推动欧洲先进的资本主义国家深化世界历史进程，需要国际和国内一系列成熟的客观条件，也需要无产阶级及其政党成熟的主观条件。

所以马克思中晚期更多地把研究转向了东方社会。随着东方殖民化

---

① 《马克思恩格斯选集》（第 1 卷），人民出版社 1972 年版，第 255 页。

② 《马克思恩格斯选集》（第 1 卷），人民出版社 1972 年版，第 254 页。

③ 《马克思恩格斯选集》（第 1 卷），人民出版社 1972 年版，第 255 页。

进程的加速，马克思在 19 世纪五六十年代，大量地接触到了东方世界的实际材料。亚洲的社会现实不同于欧洲和美洲，这极大地拓宽了马克思的视野，使马克思能够站在全球的视野来研究无产阶级革命理论，亚洲的社会现实状况所提供的素材也使马克思原有的一些看法发生了一定的转变。1859 年，马克思在《政治经济学批判》序言中首次提出了与以往理论完全不同的亚细亚生产方式的全新概念，开始深入细致地研究了东方社会革命理论。亚细亚生产方式是一个不同于西方社会的全新的范畴，是同西方的奴隶社会、封建社会和资本主义社会平行发展的一个人类社会的原生形态，是从原始公有制向土地私有制转变的出发点或中介，是东方和亚洲许多国家直到 19 世纪中叶为止的基本的土地所有制形式。农村公社、土地公有和集权国家三大特征是亚细亚生产方式所固有的，这个相对落后的生产方式使东方各国长期封闭、停滞因而被西方资本主义远远抛在后面。马克思认为，东方世界摆脱落后状态必须要经过资本主义的冲击而跨入世界历史，不加入世界历史的行列和征程，不经过这个阵痛就永远也发展不起来。所以马克思一方面揭露了英国侵略印度的丑恶罪行，另一方面也认为"英国在印度要完成双重的使命，一个是破坏性的使命，即消灭旧的亚洲式的社会，另一个是建设性的使命，即在亚洲为西方式的社会奠定物质基础"①。马克思认为，英国的侵略起到了为印度的未来奠定物质基础的作用，客观上促进了印度摆脱落后的亚细亚生产方式，加快了前进的时代步伐，进一步融进了世界历史的洪流之中。马克思肯定了这一历史事件的意义，他说："历史中的资产阶级时期负有为新世界创造物质基础的使命：一方面要造成以全人类互相依赖为基础的世界交往，以及进行这种交往的工具，另一方面要发展人的生产力，

---

① 《马克思恩格斯选集》（第 2 卷），人民出版社 1972 年版，第 70 页。

把物质生产变成在科学的帮助下对自然力的统治。"① 马克思从世界历史思想的角度辩证地分析英国对印度的侵略，在一定程度上也肯定了资本主义对印度摆脱亚细亚生产方式的进步作用。

马克思在 19 世纪 70 年代中期以后随着世界形势的变化，思想又发生了一些变化，对东、西方世界的革命形势和走向又有了新的判断。从西欧形势看，巴黎公社失败后革命进程有所延缓，处于相对稳定，短期内爆发大的革命的可能性比较少。但在东方却出现了相反的趋势，俄国和土耳其于 1877 年 4 月爆发了大规模的战争，这场战争使社会冲突不断加剧，革命危机也空前爆发了。马克思对此看到了希望，他高兴地说："要是老天爷不特别苛待我们，我们该能活到这个胜利的日子。"② 马克思之所以如此乐观，是因为他看到世界历史的发展方向已经发生根本性的转变，俄国将取代西方先进的国家而成为革命的突破口，无产阶级革命的重心已经由西方转向了东方。马克思面前必须回答的紧迫课题变成了革命胜利后的俄国怎样去发展的问题了。这正是马克思晚年提出跨越卡夫丁峡谷思想的大的历史背景。

1877 年 4 月爆发的俄土战争，促使马克思从世界历史发展方向的角度思索俄国等东方国家的发展道路走向问题。并于同年 11 月致查苏利奇的信中和给俄国《祖国纪事》杂志编辑部的信中，第一次提出跨越资本主义卡夫丁峡谷的思想，具体地论述了俄国等东方国家的革命道路问题，完全改变了关于东方国家必须经历资本主义发展阶段的主张。这不能看成是马克思前后期思想的矛盾，而是反映了马克思理论与现实紧密结合，理论完全建立在现实基础上的本质特征。马克思提出的东方国家通向世界历史的一条全新的道路的思想并没有完全否定 19 世纪 70 年代中期以前关于无产

---

① 《马克思恩格斯选集》（第 2 卷），人民出版社 1972 年版，第 75 页。
② 《马克思恩格斯全集》（第 34 卷），人民出版社 1960 年版，第 275 页。

阶级革命道路的主张和认识，而恰恰是在新的历史形势下对世界历史思想的丰富和补充。后来俄国和中国革命成功的事实表明，马克思晚期的理论是完全正确的，成了指导新的时代无产阶级革命和社会主义革命的有利的思想武器，马克思的远见卓识和他的理论的指导意义是不容置疑的。

从以上的论述来看，从本质上说，马克思的实践哲学不仅是实践唯物主义，而且是交往实践的唯物主义，是唯物主义交往实践观。交往在马克思哲学中不仅是他早期的不成熟的思想之一，也表现在他中期的成熟著作《资本论》之中和他晚期所提出的世界历史思想之中。

微信扫码，立即获取

☆ PPT总结分享
☆ 更多延伸阅读资源

第四章

马克思的实践哲学与伽达默尔的实践哲学

　　伽达默尔和马克思从继承实践哲学传统来看是不同的，实际上亚里士多德的实践哲学传统和黑格尔的实践哲学传统的差异。所以两种实践哲学在内涵上、时代背景上以及阶级立场上都是不同的，甚至表面上看正好是相反的。但究其根本，它们又在哲学人类学的向度上和哲学理想上是相通的，"自由人联合体"与"共同的团结"、"社会一体性"有着异曲同工之意义。

伽达默尔和马克思不是同一时代的哲学家，但深入分析伽达默尔的实践哲学和马克思的实践哲学，还是能够找到其内在的相互关联的。

任何一种学说或理论都不是凭空产生的，都会有一定的传统和渊源。从二者所继承的实践哲学传统来看，伽达默尔实际上是继承了亚里士多德的实践哲学传统，马克思则继承了黑格尔的实践哲学传统。

伽达默尔实践哲学与马克思实践哲学由于实践哲学传统上存在着很大的差异，这必然导致了两种实践哲学在内涵上、时代背景上以及阶级立场上都是不同的，甚至表面上看正好是相反的。但究其根本，它们又在哲学人类学的向度上和哲学理想上是相通的，可以说是殊途同归。

一、伽达默尔实践哲学与马克思实践哲学在哲学传统上的差异

伽达默尔与马克思在实践哲学传统上存在很大的差异性。主要表现在以下几个方面：

第一，伽达默尔的实践哲学是对亚里士多德的实践哲学的继承和发展。伽达默尔的实践哲学继承了亚里士多德的实践哲学传统，它的主要目的是要恢复亚里士多德把实践看成是以自身为目的的活动这一根本传统，把实践建基于人的生活世界的基础之上让实践重新回到关注人、关注人的生存和发展的正路上来。

在亚里士多德之前，实践作为一个常识性的概念就已经存在了，但当时并不是哲学概念。用实践范畴思考和分析人类的各种行为，使实践真正成为一个哲学概念，从而形成一定的关于实践的系统理论，还是从亚里士多德开始的。从这一点上说，亚里士多德开创了西方的实践哲学。

亚里士多德的实践哲学首先对理论问题和实践问题进行了划分，在实践问题和理论问题之间划分出一条明确的界限。亚里士多德在他的著作《形而上学》中，把学科划分为理论之学、实践之学和制作之学，三种学科分别有自己不同的研究对象。亚里士多德又进一步依据事物自身或其本原是否动变将实践领域和理论领域、实践之学和理论之学区分开来。其中属于理论之学的有数学、神学和物理学等。他们研究的对象是不动变的或研究对象动变但动变的根据在事物自身；而实践之学和制作之学所研究的是出于目的的某种人事活动。"实践的智慧要靠经验来积累，制作的技艺离不开运气，这两类学科不可能形成稳定可靠的认识。理论领域是由可定义的形式所决定的领域，理论之学所求的是关于这些形式的确定性知识（episteme）；实践领域（以及制作领域）则是由人的目的所引导的领域，实践之学（以及制作之学）所求得的只能是意见（doxa），其结论只能基本为真，而不能像理论知识那样确定。"①

相应地，亚里士多德将人类的活动划分为实践的、创制的与理论的三种。在这三种活动中，理论无疑还是具有优先的地位的。较之实践和制作来说，理论是一种人们通过它能够达到对世界本质的认识的沉思活动。最高的理论就是亚里士多德所谓的"第一哲学"，是用来处理最高层次的原因和原理的学问。对这种用来处理最高层次的原因和原理的学问的研究能够使人超越自己有限的存在而向神性所趋近。

但是，理论活动只能有效地涵盖自然所具有的普遍性。对于与其他存在物的运动完全不同的选择性的人，理论原则是不能完全有效地覆盖的。所以亚里士多德还要再创立一套实践哲学，专门研究不同于自然存在物的人的一切行为。亚里士多德把政治学和伦理学等与人事活动有关的，探讨人如何通过他的特有的选择性参与而使自身的行为趋向好的目标的科学

① 徐长福：《亚里士多德实践哲学的理论特质》，《学习与探索》2006年第4期，第33页。

看成是与数学、物理学和第一哲学等理论不同的另外一类科学，这就是实践。在实践中，政治学处于较高的目的层次，而伦理学则处于基础层次，所以最基本的实践还是伦理学意义上的实践。亚里士多德实践哲学的一个重大的理论贡献就在于他的实践概念凸显了一个不同于理论活动的由人自主选择的、以自身为目的人的活动的领域。在亚里士多德之前，目的性活动只包括理论活动，不包括人的行动、做。而亚里士多德将实践与理论并列起来，将理论的沉思与人的行动、做这种目的性实践活动并列起来。这是亚里士多德的一个创新。这一创新思想对其后的实践哲学的发展产生了很大的影响。

伽达默尔深受亚里士多德实践哲学的影响，他指出："但与此同时，另一位更伟大的导师引起了我的注意。我指的是亚里士多德。他首先是由青年海德格尔提示给我的，当时我还相当年轻。与亚里士多德关于 phronesis（即实践智慧）的理论相关，我开始懂得如何从概念上阐明那种存在哲学的情绪，这种情绪典型地体现了当时克尔凯郭尔所受到的欢迎。"①

伽达默尔认为，亚里士多德是实践哲学的开创者，亚里士多德实践哲学的传统一直影响着西方哲学的发展。正如他指的，"亚里士多德宣称，对于柏拉图的辩证法——亚里士多德将它理解为理论的知识——来说，实践哲学具有一种特殊的独立性。正是他启迪了这种实践哲学的传统，其影响一直延续到 19 世纪，只有在我们这个世纪，这个传统才被所谓政治科学或政治学所终结"②。

然而，从近代开始，出现了实践与理论的对立和分离，实践仅仅指理论的实际应用阶段，对理论的把握和理解通常不属于实践的范畴。对于这种实践概念的"衰亡"状况，伽达默尔指出："实践概念在科学时代以及

① 伽达默尔著，薛华等译：《科学时代的理性》，国际文化出版公司 1988 年版，第 42 页。
② 伽达默尔著，薛华等译：《科学时代的理性》，国际文化出版公司 1988 年版，第 102 页。

科学确定性理想的时代失去了它的合法性。因为自从科学把它的目标放在对自然和历史事件的因果因素进行抽象分析以来，它就把实践仅仅当作科学的应用。但这是一种根本不需要解释才能的'实践'。于是，技术概念就取代了实践概念，换句话说，专家的判断能力就取代了政治理性。"[1] 伽达默尔认为这是"实践"概念的一种畸形发展，他指出："当亚里士多德使用'实践哲学'一词时（他所谓的'哲学'也即那种相当广泛意义上的'科学'），实践哲学确实是运用论证并形成学说的知识，但还不是希腊人意义上的理论知识，如数学。为了有别于物理学（关于自然的知识）、数学，以及神学（或第一科学，或形而上学）等所谓理论哲学，人们将这种科学称为政治科学。既然人是一种政治存在物，因此，政治科学也成了实践哲学中最主要的部分。并且，直到19世纪，人们也还是在古典政治学的题目下，对之进行着研究和阐述。在这样一种背景下，现代所谓的理论与实践的对立便显得十分奇怪了。因为，古典意义上的对立归根结底只存在于知识当中，它并不表现为科学及其应用的矛盾。"[2]

伽达默尔认为，实践哲学"这种实践的科学，必须和人类生活中包容一切的善的问题打交道，它不像技术学（technai）仅限于某个确定的领域"[3]。伽达默尔晚年将哲学解释学进一步发展成一种实践哲学，就是为了在亚里士多德的实践哲学传统上进一步抑制科学和技术理性膨胀对当时人类生活所带来的负面影响，恢复实践和实践哲学的真正内涵。

第二，马克思的实践哲学是对黑格尔的实践哲学的继承和发展。马克思的实践哲学无疑也受到亚里士多德实践哲学的影响，但在实践哲学传统上却另有出处。马克思的实践哲学从实践哲学传统来看，还是继承了黑格尔的实践哲学传统。黑格尔建立了一整套体系严密的理论哲学，但马克思

---

① 伽达默尔著，洪汉鼎译：《真理与方法》（下卷），上海译文出版社2004年版，第752页。
② 伽达默尔著，薛华等译：《科学时代的理性》，国际文化出版公司1988年版，第78页。
③ 洪汉鼎：《理解与解释——诠释学经典文选》，东方出版社2001年版，第498–499页。

却从中体会到了内含于其中的真正的实践哲学的传统。

黑格尔的实践哲学内含于他的严密的哲学体系中，其中"精神"是黑格尔哲学的核心概念。分析黑格尔的实践哲学，必须从他的"精神"概念开始。黑格尔的"精神"（geist）一词，通常是指所有的意识阶段和形态，这是从在宽泛的意义上使用的。但有时则是指最高的心灵境界，这是在更深刻的含义上使用的，我们所说的黑格尔的实践哲学就包含于这种包括有限精神（即自我）和绝对精神的最高的心灵境界和形态的"精神"之中。

黑格尔强调，"精神"是自在和自为的统一，精神只有外化自己，通过与他物的和解才能真正实现自我。理念只有通过发展才能成其为自身，这是自在和自为的真正统一。黑格尔认为，精神的运动是通过走出自身——外化为物——重返自身的"过程"认识到自身的现实性，从而通过自身超出、自身分离并且是自身回复而实现自在和自为的统一的过程。这样，从一定的意义上讲，"精神"就是一种将自己实现在外的能动的实践活动，而不仅仅是能动的理论活动。黑格尔严密的理论体系哲学中蕴含着强大的实践哲学要素。黑格尔认为，传统哲学把精神看作是一个凝固不变的"物""实体"。他指出："精神不是一个静止的东西，而宁可是绝对不静止的东西、纯粹的活动，一切不变的知性规定的否定或观念性；不是一个在其显现以前就已经完成的、躲藏在重重现象背后的本质，而是只有通过其必然自我显示的种种确定形态才是真正现实的，而且不是如理性心理学所臆想的那样，一个与身体处于外在联系中的灵魂物，而是由于概念的统一性而与身体内在地联结在一起的。"① 这是说，精神虽然是"观念性"活动，但它是能动的。这种能动的活动使主体让事物如其所是地保持为自身，因为精神将事物纳入自身进行观念化，而这种纳入是因为外物本身就是精神的对象化和外化的结果。这正是精神的能动性的表现。

---

① 黑格尔著，韦卓民译：《精神哲学》，华中科技大学出版社 2006 年版，第 4 页。

"精神的本质在于它的存在就是它的活动"①，所以自我表现在外就是一种使精神成为"现实的自由"的实践活动。自我通过认识到自己是自由和绝对的否定性，从自身的单纯的确定性中走出来，实现真正的现实性。

黑格尔的"精神"实现了内容和形式、可能性和现实性的统一。因为最高的思维必然是实践的。在黑格尔那里实现了理性和感性的和解。因为自我被把握为活生生的统一的"精神"，意志是"要把自己转变为定在的那种思维"②。

通过"精神"这一概念和庞大而严密的哲学体系，黑格尔强调理念应该通过自在向自为的转化而在现实中实现出来。这就超越了近代以来的各种二元对立，可以说实现了各种二元对立的和解，这一点也开辟了实践哲学的又一种新的进路。

马克思的实践哲学深受黑格尔的影响。黑格尔严密的唯心主义体系哲学中包含着正确的历史观，那就是黑格尔认为历史的发展是一个含有必然性的进步过程。但黑格尔却以绝对精神作为历史发展的最终决定力量，所以他的历史观只能局限在他的理论体系之中。马克思则把物质生产作为历史发展的最终决定力量，从而走向了更为广阔的人类实践。这就超越了德国的观念论传统。作为马克思实践哲学的核心概念劳动（人通过最基本的实践活动——劳动，改造了自然和人自身，实现了人与自然的和解）确实吸取了黑格尔哲学的营养成分。马克思的感性的生产劳动和黑格尔的"精神"活动虽然有着本质的差别，但都是对人类实践的批判和说明，只不过角度不同，一个是意识层面的批判，一个是现实层面的批判，两者在对未来社会的构想上具有互补性。

马克思之前的实践哲学把物质生产活动贬低为一种卑污的和低下的

---

① 黑格尔著，贺麟、王太庆译：《哲学史讲演录》（第 1 卷），商务印书馆 1978 年版，第 36 页。
② 黑格尔著，范扬、张企泰译：《法哲学原理》，商务印书馆 1961 年版，第 12 页。

利己主义活动，不了解物质生产活动是整个人类社会生存和发展的基础，是人的一种创造性的能动的活动，是一种满足人的基本生存需要和物质欲望的活动。而认为只有反映人的自由本性以及人生意义和价值的理论活动才是实践。这就把实践活动与物质生产活动、理论活动对立起来。只有马克思才真正将实践活动与理论活动和物质生产活动统一起来。马克思曾在《德意志意识形态》中指出："首先应当确定一切人类生存的第一个前提，也就是一切历史的第一个前提，这个前提是：人们为了能够'创造历史'，必须能够生活。但是为了生活，首先就需要吃喝住穿以及其他一些东西。因此第一个历史活动就是生产满足这些需要的资料，即生产物质生活本身。"[①] 所以任何生产实践，都不可能离开人们自己所需要的生活资料的生产，因为这是人类生存和发展的基础。马克思认为人类活动是人与周围的自然环境不断相互结合与作用的物质变换的过程。人不同于动物，动物没有实践活动，只是处于自身本能的需要，被动地去顺应自然活动需要。人与动物是有本质区别的，人是具有本能和潜能的，人有思维、有主观能动性，人类通过实践活动达到对客观世界的改变，而这种客观世界的改变要满足人类自身发展的需要。人类的不同实践活动都是在继承不同时期和历史阶段人类的实践成果的基础上，创新和发展自己的活动。实践活动在某些方面看是单独孤立的个人的活动，但是人类实践却无时无刻不与周围的自然社会发生关系。马克思对实践做出了很全面和系统的客观理解。

马克思不仅在物质生产上阐述了人类的实践活动，同时他也在精神生产上做了一定的阐述。因为在人类实践活动不断向前发展的基础上，人类实践也会相应地在自身的精神层面有所发展。马克思指出："思想、观念、意识的生产最初是直接与人们的物质活动，与人们的物质交往，与现实生

---

① 《马克思恩格斯选集》（第 1 卷），人民出版社 1995 年版，第 78–79 页。

活的语言交织在一起的。人们的想象、思维、精神交往在这里还是人们物质行动的直接产物。表现在某一民族的政治、法律、道德、宗教、形而上学等的语言中的精神生产也是这样。"① 这就是说，精神生产是在物质生产发展到一定阶段而分化出来的是一种相对独立的生产部门。物质生产（以体力劳动为主）和精神生产（以脑力劳动为主）共同构成了人类的全部生产。无论是物质生产的发展还是精神生产的发展，都是为了满足人类的生存和发展的需要，都是人类实践活动的发展。

第三，不同的实践哲学传统导致伽达默尔实践哲学和马克思实践哲学存在本质上的差异。亚里士多德开创了实践哲学，把实践看作是实现终极的"善"的活动，维护了实践的超验性。但这超验性却把生产性活动（创制）变成没有思想的非实践的活动。而对这种超验性的反抗又导致了实践技术化、功利化甚至庸俗化的发展。马克思批判把实践技术化、功利化和庸俗化，维护了实践的超验维度。另外，马克思也反对把生产劳动看成是"没有思想的活动"，而是把生产劳动看成是人的自由自觉的活动。这种现实的运动也是达到终极的善的根本途径。马克思说："共产主义对我们来说不是应当确立的状况，不是现实应当与之相适应的理想。我们所称为共产主义的是那种消灭现存状况的现实的运动。这个运动的条件是由现有的前提产生的。"② 马克思把亚里士多德实践的超验性与人类的现实实践过程统一起来。

伽达默尔力图恢复亚里士多德的实践哲学传统，但不是要恢复到亚里士多德原初的实践哲学传统。伽达默尔也想把理论、实践和创制统一起来，从而彻底改变由于科学和技术的发展所带来的人的分裂状态，实现"完整的人"的理想。但伽达默尔并没有真正把理论、实践和创制统一

---

① 《马克思恩格斯选集》（第 1 卷），人民出版社 1995 年版，第 72 页。
② 《马克思恩格斯选集》（第 1 卷），人民出版社 1995 年版，第 87 页。

起来，而是通过"理解"以及语言的对话把三者混淆在一起，掩盖了三者之间的区别。通过"实践是最广泛意义上的生活"避开了对理论、实践和制作三者关系的回答。这种哲学上的含混不清也导致伽达默尔实践哲学的"人"是具有实践智慧和实践理性的片面的"人"，因为他的"人"缺乏感性活动的基础——生产劳动。伽达默尔的实践哲学更多的是停留在理性反思的层面上。

伽达默尔的实践哲学总体上说仍然是资产阶级学者的理论，他公开宣称他并不反对资本主义制度，同时也不赞成马克思所倡导的社会革命，他的主导思想还是想通过一种新的思想上的启蒙去使人们意识到科学和技术统治人们思想的异化的时代背景，从而在思想上获得一种正确的认识。希望实践理性能重新战胜科技理性，恢复人们的实践理性和实践智慧。然而这样能够真正改变社会，形成所谓的"共同的团结"吗？答案是否定的，这不过是作为一个学者的美好的愿望。但伽达默尔作为一个学者，毕竟不是革命家，能够在思想上认识到如此深度已经是难能可贵了。

二、伽达默尔实践哲学与马克思实践哲学的异同

伽达默尔实践哲学与马克思实践哲学由于实践哲学传统上存在着很大的差异，这必然导致了两种实践哲学在内涵上、时代背景上以及阶级立场上都是不同的，甚至表面上看正好是相反的。但究其根本，它们又在哲学人类学的向度上和哲学理想上是相通的，可以说是殊途同归。

第一，内涵上的差异性。两种实践哲学在内涵上差异很大。伽达默尔的实践概念比较宽泛，可以说不如马克思实践概念那么具体和明确。

伽达默尔认为，实践的概念和作用从近代开始发生了一定的变化，这主要是科学和技术的发展造成的。实践失去了它原有的真正的含义而越来

越成为科学理论的应用。伽达默尔指出，实践是"一个整体，其中包括了我们的实践事务，我们所有的活动和行为，我们人类全体在这一世界的自我调整——这因而就是说，它还包括我们的政治、政治协商，以及立法活动。我们的实践——它是我们的生活形式（lebensform）"①。可见，伽达默尔认为，实践不仅仅是对理论的应用，还应该有更多的含义。

在《科学时代的理性》一书中，伽达默尔指出："'实践'这一语词和概念置身其中的概念系列，其自身规定根本不是从与理论的对立中获得的。正如约西姆·利特尔（Joachim Ritter）在其书中已经指出的那样，构成实践的，不是行为模式，而是最广泛意义上的生活。"②"实践与其说是生活的动力（energeia），不如说是与生活相联系的一切活着的东西，它是一种生活方式，一种被某种方式（bios）所引导的生活。"③伽达默尔从本体论的哲学解释学的角度，把实践定义为人的一种生活方式、人的最广泛意义上的生活。

伽达默尔继承了亚里士多德"实践智慧"的思想，认为实践哲学不同于一般的科学，虽然也是一种知识，是一种可被传授的知识，但它却不是仅仅为了掌握一种技能，它是人们对生存活动和生存方式的一种反思过程，是指向善的目标的。他指出："实践哲学……同时明确地提出了善的问题——例如什么是最好的生活方式，什么是最好的国家法律等。技术上的专门知识，其任务是由一种外部权威，即产品的服务目的决定的，但是，所谓实践科学却并非如此，它不是仅仅为了掌握一种技能（ability）。"④

相对于伽达默尔的实践概念，马克思的实践概念和实践哲学是非常明确的。马克思认为，实践的首要内容就是生产劳动，生产劳动是包括物质

---

① 伽达默尔、杜特著，金惠敏译：《什么是实践哲学——伽达默尔访谈录》，《西北师大学报》（社会科学版）2005年第42卷第1期，第7页。

② 伽达默尔著，薛华等译：《科学时代的理性》，国际文化出版公司1988年版，第79页。

③ 伽达默尔著，薛华等译：《科学时代的理性》，国际文化出版公司1988年版，第79页。

④ 伽达默尔著，薛华等译：《科学时代的理性》，国际文化出版公司1988年版，第82页。

生活和精神生活在内的整个人类社会活动的基础，也是人类历史发展的基础和动力。马克思指出："人们生产自己的生活资料，同时间接地生产着自己的物质生活本身。"① 也就是说，人的生活方式是由人们的生产劳动决定的，生产方式本身也可以说就是生活方式。生产劳动这种最基本的实践活动决定了人们的生活方式。"个人怎样表现自己的生活，他们自己就是怎样。因此，他们是什么样的，这同他们的生产是一致的——既和他们生产什么一致，又和他们怎样生产一致。"②

马克思的实践哲学通过建基于生产劳动这种人的自由自觉的活动，完成了对整个西方实践哲学的批判和改造。马克思实践哲学的最终目标是要实现"完整的人"，是要使人获得全面发展，使人成为人的最高目的，使人真正回归到自由自觉的本质上来。共产主义就是通过人类的实践活动而最终获得的彻底解放的一种生活形式。共产主义的实践就是要克服劳动的异化性，使人的产品最终回到人的自身，从而通过资本主义并超越资本主义而达到一个理想的社会状态。所以完整的实践活动只能是生产劳动。只有人的生产劳动才把人和动物真正区分开来，并创造人类的历史。

第二，时代背景的差异性。马克思的实践哲学产生于十九世纪三四十年代，资产阶级战胜了封建地主阶级，使得社会生产力得到了极大的提高。现代工业文明逐步取代传统的农业文明，大机器化生产取代工场手工业，科学技术在生产中得到普遍的运用，生产的社会化程度在不断提高。商品经济取代了自然经济使人的主体性得到加强，人类增强了改造自然的信心和决心，提高了改造自然的能力。在这样一种时代背景下，作为人类生产劳动的实践成了马克思实践哲学的基础。马克思从生产劳动出发，建构了他的主体性的实践哲学，从而超越了唯心主义和旧唯物主义，实现了

---

① 《马克思恩格斯选集》（第 1 卷），人民出版社 1995 年版，第 67 页。
② 《马克思恩格斯选集》（第 1 卷），人民出版社 1995 年版，第 67–68 页。

哲学史上真正意义上的革命。

马克思在肯定资本主义战胜封建主义所取得的伟大成就的同时，又进一步揭示了资本主义所产生的劳动的异化限制了人的自由、平等的本性，使人失去了人的根本，即人的本身。异化劳动使人与人的产品相分离，使人的自由自觉的劳动变成了痛苦的谋生手段。而且人越劳动越贫穷，越劳动越与人的本质相分离。这些表面上人与物的矛盾实质是人与人的矛盾，是资本家与工人阶级之间的矛盾。要想改变这个异化的世界必须进行无产阶级革命，用一种更高级的生产方式代替资本主义的生产方式，使生产劳动这种实践实现它的真正目的和意义，使人回到人本身。所以马克思的实践哲学是真正意义的革命的哲学、阶级的哲学。

伽达默尔的实践哲学是以 20 世纪为时代背景的。20 世纪是一个繁荣与危机并存的时代，科学技术的发展带来了社会的繁荣昌盛，但同时也导致了科技理性的膨胀，甚至出现了两次世界大战。正如伽达默尔指出的，"二十世纪是第一个以技术起决定作用的方式重新确定的时代，并且开始使技术知识从掌握自然力量扩转为掌握社会生活，所有这一切都是成熟的标志，或者也可以说，是我们文明危机的标志。"[①] 科学技术逐步掌握了社会生活，扼杀了人们的自由，使人沦为技术的奴隶。"奇怪的是，近代科学却给人类带来了意想不到的后果：这就是自然科学对于人类在一种完全新的规模、新的意义上的统治。"[②] 伽达默尔深刻地领悟到，科学技术在推动社会发展的同时却在更大规模上实现了对人的统治。这是一种新的异化的时代，不是劳动的异化，而是科技理性的异化，即人类创造的科技理性反过来成为统治人的力量。

要想克服这种异化，摆脱科技理性对人的统治，首先要恢复人的实践

---

① 伽达默尔著，薛华等译：《科学时代的理性》，国际文化出版公司 1988 年版，第 63 页。

② 伽达默尔著，薛华等译：《科学时代的理性》，国际文化出版公司 1988 年版，第 53 页。

意识和实践智慧。因为科技理性的统治最根本的原因是人类丧失了亚里士多德实践哲学意义上的实践智慧。通过恢复人的实践意识和实践智慧，形成社会一体性，实现人类的共同的团结。所以伽达默尔晚年真正认识到了哲学解释学的本质，即哲学解释学必然是实践哲学，是关注人类社会现实社会问题的实践哲学。哲学解释学向实践哲学的回归更加突显哲学解释学的现时意义。

第三，阶级立场上的差异性。马克思的实践哲学是具有明确的阶级性，是为无产阶级大众服务的，也可以说的它的任务首先是一项"政治任务"。实践活动首先是一种具有政治性的"批判的、革命的活动"。马克思在《德意志意识形态》中指出："对实践的唯物主义者即共产主义者说来，全部问题都在于使现存世界革命化，实际地反对和改变现存的事物。"① 在这种改变现存事物的活动中，"哲学把无产阶级当作自己的物质武器，同样，无产阶级也把哲学当作自己的精神武器；思想的闪电一旦彻底击中这块素朴的人民园地，德国人就会解放成为人"②。

马克思的实践哲学具有鲜明的阶级性和彻底的革命性。与任何资产阶级学者的理论和学说都有着本质的区别。

在马克思看来，思辨的哲学必然造成社会生活中的个人的主体性与共同体之间的分裂状态。只有通过对人的实践活动的理解和反思并通过实际的实践活动才能克服这种分裂。马克思指出："社会生活在本质上是实践的。凡是把理论引向神秘主义方面去的神秘东西，都能在人的实践中以及对这个实践的理解中得到合理的解决。"③ 马克思认为，劳动这种人的最基本的实践活动在本性上是自由自觉的，是人的本质力量的体现。但是资本主义私人占有制却扭曲了人的实践活动：劳动脱离了真实的主体而成为一

---

① 《马克思恩格斯选集》（第1卷），人民出版社1995年版，第75页。
② 《马克思恩格斯选集》（第1卷），人民出版社1995年版，第15-16页。
③ 《马克思恩格斯选集》（第1卷），人民出版社1995年版，第56页。

种为劳动主体之外的资本和资本家阶级服务的工具。在资本主义私有制条件下，劳动这种最基本的实践活动就成为一种被资本所掌控并为资本服务的异化的活动，这就是马克思所批判的"异化劳动"。资本主义私有制使劳动者和劳动产品相分离，劳动产品属于资本家而不属于劳动者本人；同时劳动也与劳动活动相分离，劳动者的劳动"不是他自己的，而是别人的；劳动不属于他；他在劳动中也不属于他自己，而是属于别人"①。

　　伽达默尔的实践哲学是亚里士多德实践哲学和康德的实践哲学之后又一个新的实践哲学，是对二者的继承和发展。伽达默尔的实践哲学在哲学层面上突出和强调了实践理性在人类具体实践活动中的作用与力量。它研究"善"的同时也在考察在各种具体情况下如何去实现这种"善"。这既不同于亚里士多德只研究为人的善而不研究善本身，也不同于康德只研究善本身而不研究人类具体的实践活动。伽达默尔是在哲学解释学基础上来突出他的实践哲学的。伽达默尔认为理解与实践是不可分割的，可以说理解活动本身就是实践活动，因为理解是实践的基础和前提。甚至可以说一切理解活动本身就是实践活动，这实际上就将解释学与实践有机地结合起来。伽达默尔进一步认为，只有实现在实践理性反思基础上的对话和交流，才能走向人类共同的团结一致，实现以善为目的的社会一体性。

　　但是，伽达默尔毕竟只是个理论家、学者，他的实践哲学还只停留在理论探讨上，他还不能真正把他的实践哲学运用到改变社会的发展上去。

　　第四，哲学人类学向度上的共同性。伽达默尔的实践哲学和马克思的实践哲学都具有哲学人类学的向度，从本质上来说，都是实践人类学。

　　伽达默尔的实践哲学关注人的现实生活状态，关注人的生存和发展，因此具有明显的哲学人类学向度。主要体现在以下三个方面：

　　一是对"科学技术统治人类"的异化的时代进行了批判。伽达默尔认

①《马克思恩格斯选集》（第 1 卷），人民出版社 1972 年版，第 94 页。

为，随着科学和技术的发展，在人们欢呼庆祝科技给人们带来的不断增加的社会财富的同时，忽视一个实质性的问题，即人们得到这一切的前提是从根本上放弃了自由，放弃了"和自己全部活动能力相关的自由"，而把自己委托给了技术的作用。在人类运用技术改造自然的过程中进一步增加了自信心，对自然和自然环境的技术化已经成为一种合理性的东西。追求最大化的经济效益已成为最强烈的社会目的。因此，技术知识从"从掌握自然力量扩转为掌握社会生活"，从而导致我们的文明危机。这种技术统治社会的观念，使人们失去了自我判断而求助于专家。指望专家能为大家提供实际的、政治的和经济的决策。然而专家是不可能真正达到社会所对于他们的期望。在这种被技术化的畸形社会之中，人的适应能力取代了人的创造性能力而显得更加重要。人们成为社会这部机器上为了平稳运行而被安排在某个位置上的东西，人们只要适应社会而不需要创造性地工作。这一切最终导致实践堕落为技术，导致一切堕落为社会非理性。伽达默尔对时代的批判主要是要人们意识到这种科技理性的膨胀必然导致人们失去社会理性，失去人类共有的家园。而要解决这一切，则必须恢复人们的实践理性，重新认识实践和实践在人们生活中的地位。

二是把实践哲学建基于"生活世界"理论之上。伽达默尔的晚期哲学思想转向了对社会、政治、伦理等问题的分析，转向了对人类的协商、团结和友谊以及人际关系中的"善"的追求等社会问题的论述。通过对当代生活状况的反思，展开了对科学理性的弊端的批判。伽达默尔认为科学和技术的发展最终限制了人们的自由，应该把哲学、科学和理性引向生活世界上来。他指出："因为对于沉淀在我们语言中的我们的生活世界的理解，不能通过那种适宜于科学的知识可能性完全实现。"[①]伽达默尔把实践哲学建基于"生活世界"理论基础之上，目的是为了把理论和实践统一于生活之中。

---

① 伽达默尔著，薛华等译：《科学时代的理性》，国际文化出版公司1988年版，第10页。

三是在哲学理想上强调"走向共同的团结",实现"社会一体性"。伽达默尔解释学的实践哲学强调理性的反思,强调"理解中的对话",通过对话使人与人之间达成相互认同和相互理解,最终建立起一种真正团结的人类共同体。这个共同体以善为目的,以理解、对话为基础,是一个团结的社会、和平的社会、协调的社会。为此,伽达默尔指出:"实践正在指导某人,并在团结中活动。因此,团结是决定性条件和全部社会合理性的基础。"①

马克思的实践哲学与伽达默尔的实践哲学一样,也是一种实践人类学或者说人类学实践论。马克思把实践哲学置于人类学的视野内,继承和发展了实践哲学发展史上的宝贵资源,从而实现了实践哲学史上的一场新革命。在马克思看来,实践是人最基本的一种生存方式,是人的自由自觉的活动。因此,实践体现着人与自然、个体与社会、思维与存在、精神与生命的矛盾,这些矛盾使人处于分裂的生存困境之中。克服这一分裂状态,重建完整的生活世界、实现人的全面发展正是马克思的社会理想。

马克思的实践哲学与哲学人类学一样也想要重建完整的生活世界和完整的人。马克思在《1844年经济学哲学手稿》中把他的理想社会蓝图明确地表述为:"人和自然之间、人和人之间的矛盾的真正解决,是存在和本质、对象化和自我确证、自由和必然、个体和类之间的斗争的真正解决。"②在这一理想社会中,就是要通过实践实现人的全面发展。马克思把实践看作是历史的生成过程,把实践建基于生活世界的基础之上,所以马克思的实践就是完整的生活世界。在哲学人类学的视野内,马克思的实践观是一种总体性的实践观,它克服了实践的二元论。

第五,哲学理想上的共通性。伽达默尔的实践哲学和马克思的实践哲

---

① 伽达默尔著,薛华等译:《科学时代的理性》,国际文化出版公司1988年版,第76页。
② 《马克思恩格斯全集》(第42卷),人民出版社1960年版,第120页。

学在哲学理想上是相通的，"自由人联合体"与"共同的团结""社会一体性"有着异曲同工之意义。

伽达默尔把"走向共同的团结"，实现"社会一体性"作为他的哲学理想。"走向共同的团结"，实现"社会一体性"是伽达默尔实践哲学对人类未来的一种规划。伽达默尔指出："我们所有的计划和行动都是在一种由我们的生活条件所决定的、不太稳定的平衡状态下实施的"①，"平衡在根本上就是一种生活的基本要求，在它身上集中了生者的所有不明确的、还未确定的可能性"②。那么怎样才能使这种"不太稳定"保持相对的稳定？伽达默尔还是力图从人类生活的差异中去寻求共同之处，从人类生活的不平衡中去确立一种平衡。通过他的实践哲学，不同视域的人们相互间通过理解、对话和交流，形成视域的融合，达成共识、一致和团结。从这可以看出，伽达默尔的哲学解释学本身就是一种实践哲学。以"理解""对话""视域融合"为核心的哲学解释学最终还是寻求一种人类普遍理性反思的共同目标，即"共同的团结""善"。伽达默尔认为，自然科学的发展和强大为人类解决生存的矛盾提供了一种可能，使人类不断地增长了自己的力量。但科学的无限的可能性与人的有限的生活之间总是存在一种潜在的冲突。解决这种冲突必须通过人们的对话、交流和协商以获得一种科学本身所不能提供的知识，从而达到相互理解和相互认同。这种对话、交流和协商与人的理解视域相关，"它不仅涉及为一个明确的目的寻找一种正确的手段，而是要找到一种什么应该、什么不应该，即什么对、什么不对的观点"③。这种对话、交流和协商的最终结果是要达到"大家齐心的团结"④。

---

① 严平编选，邓安庆等译：《伽达默尔集》，上海远东出版社 2003 年版，第 126 页。
② 严平编选，邓安庆等译：《伽达默尔集》，上海远东出版社 2003 年版，第 126 页。
③ 严平编选，邓安庆等译：《伽达默尔集》，上海远东出版社 2003 年版，第 129 页。
④ 严平编选，邓安庆等译：《伽达默尔集》，上海远东出版社 2003 年版，第 129 页。

马克思的实践哲学赋予了实践以真正的革命的意义，是实践哲学发展史上的一次彻底的革命。马克思的实践哲学是无产阶级获得自由和解放的武器，是要在解释世界的基础上进一步去改变世界。马克思指出："对实践的唯物主义者即共产主义者来说，全部问题都在于使现存世界革命化，实际地反对并改变现存的事物。"① 马克思在不同的著作里对未来的理想社会作出了很多种规定，如"自由人的联合体""人的本质的复归""自然主义和人道主义的统一"等。而这种理想社会也并不只是一种理想，也是一种现实的运动。正如马克思指出的，"共产主义对我们来说不是应当确立的状况，不是现实应当与之相适应的理想。我们所称为共产主义的是那种消灭现存状况的现实的运动。这个运动的条件是由现有的前提产生的"②。这种现实的运动就是实践。实践的过程就是人类趋向于理想社会的现实的历史运动。因为只有在实践中并通过实践人与自然之间的矛盾才能得到真正有效的解决。个体与类、对象化与自我确证、自由与必然、存在与本质等冲突才能得到真正的和解。马克思指出："在思辨终止的地方，在现实生活面前，正是描述人们实践活动和实际发展过程的真正的实证科学开始的地方。"③ 马克思的实践哲学是从哲学的角度和高度对无产阶级的现实的解放运动的理论阐述，是真正具有实践意义和革命意义的实践哲学。

马克思和伽达默尔都批判了哲学史上对实践的总体性割裂和对人的完整性消解。"自由人联合体"与"共同的团结"和"社会一体性"都力图实现实践的总体性和人的完整性。内在地蕴含着一种对人类的终极关怀，都是一种人类学实践论。

所以，"共同的团结"和"自由人联合体"虽然内涵上有很大的差异，但从哲学理想上看，有异曲同工之妙。

---

① 《马克思恩格斯选集》（第 1 卷），人民出版社 1995 年版，第 75 页。
② 《马克思恩格斯选集》（第 1 卷），人民出版社 1995 年版，第 87 页。
③ 《马克思恩格斯选集》（第 1 卷），人民出版社 1995 年版，第 73 页。

综上所述，马克思的实践哲学和伽达默尔的实践哲学在内涵上、时代背景上以及阶级立场上都是不同的。但究其根本，它们又在哲学人类学的向度上和哲学理想上是相通的，可以说是殊途同归。

微信扫码，立即获取

☆ PPT总结分享
☆ 更多延伸阅读资源

第五章

马克思交往实践观与哈贝马斯的交往行动理论

交往实践观是马克思哲学思想的最基础的部分。马克思的交往实践观贯穿于他的整个哲学学说之中，无论是他的哲学、经济学、政治学、历史学还是人类学的研究都从来没有离开过对人类物质交往和精神交往的探索和揭示。

哈贝马斯所创立的交往行动理论是现代资本主义理论中的一个重要思想，他借鉴和吸收了马克思历史唯物主义的一些成果，与资本主义社会的现实结合起来，所形成的理论对资本主义社会具有重要的理论指导意义，同时，对我们研究马克思交往理论也有一定的借鉴意义。借鉴哈贝马斯的交往行动理论有助于探索马克思主义哲学与现代西方哲学对话研究的切入点和新的增长点。

马克思的交往实践观是在理论的总结和无产阶级革命实践的反思基础上，在批判地继承了人类自文艺复兴以来的交往思想的基础上逐步发展而来的。马克思的交往并不只限于物质交往，它还包括了精神交往和语言交往，应该说是一个系统。同时包括了物质交往、精神交往、语言交往及其他形式的交往。

交往实践观是马克思哲学思想的最基础的部分。马克思的交往实践观贯穿于他的整个哲学学说之中，无论是他的哲学、经济学、政治学、历史学还是人类学的研究都从来没有离开过对人类物质交往和精神交往的探索和揭示。交往在马克思一生著述中处于核心地位。

马克思和哈贝马斯在不同的角度用不同的方法对社会交往的基本规律进行了探索，既存在着很大的差异又有一些相通之处。探讨和分析马克思的交往实践观与哈贝马斯的交往行动理论之异同有助于进一步理解马克思的交往实践观以及马克思交往实践观的现实意义。

一、马克思交往实践观的具体内涵及理论来源

关于马克思交往理论的来源，有学者指出："马克思的社会交往思想的理论来源，主要是以亚当·斯密、大卫·李嘉图、詹姆斯·穆勒、德斯杜特·德特拉西为代表的资产阶级政治经济学家的社会交往思想；以康德、黑格尔、费尔巴哈为代表的德国古典哲学家，以麦克斯·施蒂纳为代表的青年黑格尔派，以卡尔·格律恩为代表的'真正的社会主义'的社会交往思想；法国空想社会主义者的社会交往思想。此外，还有以爱尔维修、霍尔巴赫为代表的18世纪法国唯物主义者的社会交往思想，以及摩尔根的

社会交往思想。"① 这说明马克思的交往实践理论不是凭空产生的，是吸收了前人丰富的理论成果，并适应了无产阶级解放运动的实际需要和时代的要求发展而来的。

马克思的交往实践观贯穿于他的整个哲学学说之中，但关于交往实践观最主要的论述还是集中在《1844 年经济学哲学手稿》《关于费尔巴哈的提纲》和《德意志意识形态》这几部著作之中。对于"交往"的基本含义，马克思指出："为了不致失掉文明的成果，人们在他们的交往（com-merce）方式不再适合于既定的生产力时，就不得不改变他们继承下来的一切社会形式。我在这里使用'commerce'一词是就它的最广泛的意义而言，就像在德文中使用'Verkehr'一词那样。"② 从这个论述来看，在《德意志意识形态》这部著作中，"交往"的含义十分宽泛，交往不仅包括国家、集体和个人等方面的物质交往，同时也包括精神交往，甚至"战争本身还是一种经常的交往形式"③。可见，马克思的交往并不只限于物质交往，它还包括了精神交往和语言交往，应该说是一个系统。同时包括了物质交往、精神交往、语言交往及其他形式的交往。

马克思认为，交往是社会发展和世界历史的最根本的动力。前文已经论述了马克思早期、中期和晚期思想中关于实践哲学的思想变化，尽管对交往的论述不尽相同，但总体来看交往实践观是他哲学的最基础的部分。无论是他的哲学、经济学、政治学、历史学还是人类学的研究都从来没有离开过对人类物质交往和精神交往的探索和揭示，交往在马克思一生著述中的核心地位也使马克思的学说具有了真正的现实性和革命性，成了指导世界无产阶级革命的有力的思想武器。

在马克思看来，包含交往在内的实践活动是人类最本真的、最基本的

---

① 王武召：《社会交往论》，北京大学出版社 2002 年版，第 43 页。
② 《马克思恩格斯选集》（第 4 卷），人民出版社 1972 年版，第 533 页。
③ 《马克思恩格斯选集》（第 3 卷），人民出版社 1972 年版，第 26 页。

存在方式。人类要生存和发展首先必须与自然界发生关联，并同其他人发生交往，一个是人与自然的关系，一个是人与人的社会关系。通过交往才能把自身置于更广和更深的自然关系和社会关系之中，也使人在交往中获得了完整的自然属性和社会属性。由于交往，人们由自然关系上升到了以生产关系为核心的社会关系，人从自然属性上升到社会属性，这使得人具有了完满性。

随着实践的发展，马克思对交往实践的认识也在不断地深化，他强调人的意识、语言的产生是人类交往的结果。人的意识、语言是人区别于动物的根本标志，人在与他物和他人的不断深入的交往中人的意识和语言得以产生和不断发展。马克思说："意识起初只是对周围的可感知的环境的一种意识，是对处于开始意识到自身的个人以外的其他人和其他物的狭隘联系的一种意识。"① 并且"语言也和意识一样，只是由于需要，由于和他人交往的迫切需要才产生的"②。劳动和交往促使了语言和意识的产生与发展，语言和意识的产生同时也促进了交往的不断深入和扩大，二者形成了良性的互动关系。

人类社会物质交往和精神交往的不断扩大和深入对物质生产起到了前所未有的巨大的推动作用，马克思赞扬资本主义在不到一百年的时间里所创造的生产力比以前一切世代所创造的生产力还要多、还要大，交往的扩大和深入使得资产阶级不断强大起来。资本主义之所以能够战胜封建主义，得益于人们的交往的扩大和深入并使生产力高速发展。物质生产是社会性的生产，是以人们的交往为前提的，物质生产是以许多个人共同的交往活动为前提和基础的。正如马克思所说："生产本身又是以个人之间的交往为前提的"③，而作为个人的力量的生产力"只有在这些个人的交往和

---

① 《马克思恩格斯选集》（第 3 卷），人民出版社 1972 年版，第 70 页。
② 《马克思恩格斯选集》（第 3 卷），人民出版社 1972 年版，第 53 页。
③ 《马克思恩格斯选集》（第 3 卷），人民出版社 1972 年版，第 64 页。

相互联系中才能成为真正的力量"①。

在马克思哲学中，交往的重要作用主要体现在以下几个方面：交往是促进生产发展的动力；在民族和国家的发展中，交往和生产一样处于基础地位；交往的不断深入发展是人类文明程度不断提高的手段和根本动因；交往的不断深入发展促使民族历史不断地超越民族的界限而转变为世界历史；全世界普遍交往的扩大和深入是实现人类解放和共产主义的支柱。

马克思的交往范畴是宽泛而深刻的。如果说早期在《1844 年经济学哲学手稿》中马克思还是在不完全的意义上论述了交往和异化等问题，但是到了《德意志意识形态》时期，马克思和恩格斯对交往问题的论述则显现出更加全面而深刻的迹象了。马克思和恩格斯从物质生产和精神活动等人类生活的基本领域和全部领域深入地论述了物质交往和精神交往、人与人之间的交往、民族和国家内部的交往以及民族与国家之间外部的交往等内容。按照历史唯物主义的原则，从物质交往和精神交往这两大基本的交往形式的关系来看，精神还是从属于物质交往的，物质交往起决定作用。

一方面，物质交往是从个体的人转化为社会的人，从个体活动转化社会活动的中介，是人类生存与发展的基本途径和物质基础，人们为了生存和发展必须相互协作而从事劳动、生产，这种劳动、生产就是最基本的物质交往。交往和生产的发展是相互促进的，人类不断深入和扩大的交往促进了生产力的发展和社会的进步，推动世界步入普遍交往的世界历史时代；同时不断发展的社会又进一步促进交往向更深层次发展，使整个世界成为一个地球村。所以人们的交往活动并不是脱离社会的完全精神上的交往，而是与社会的发展紧密联系在一起的，甚至我们也可以从交往的角度

---

① 诺齐克著，何怀宏等译：《无政府、国家与乌托邦》，中国社会科学出版社 1991 年版，第 76 页。

去阐述社会形态的变化。马克思就曾经指出:"人的依赖关系(起初完全是自然发生的),是最初的社会形态,在这种形态下,人的生产能力只是在狭窄的范围内和孤立的地点上发展着。以物的依赖性为基础的人的独立性,是第二大形态,在这种形态下,才形成普遍的社会物质变换,全面的关系、多方面的需求以及全面的能力的体系。建立在个人全面发展和他们共同的社会生产能力成为他们的社会财富这一基础上的自由个性,是第三个阶段。第二个阶段为第三个阶段创造条件。"[①] 也就是说,资本主义通过大工业所带来的生产力的巨大发展,促进了无产阶级的更加普遍的交往,这种普遍的交往也促使无产阶级不断地打破了狭隘的地域性,不断地形成世界历史性的、普遍交往的无产阶级的革命的联合,必将推翻资本主义的统治而建立一种更高的社会制度。因此马克思说:"只有随着生产力的这种普遍发展,人们的普遍交往才能建立起来。"[②]

另一方面,随着物质交往的不断扩大,人类的精神交往也不断地丰富起来。精神交往是社会成员之间,人和人之间不断地交流信息、情感、思想和各种愿望等方面的精神活动,这种活动是在物质交往的基础上建立起来的。人的精神交往不可或缺,它对人们的物质交往同时具有能动的反作用。精神交往对物质交往的反作用体现对社会本身发展的影响作用。精神交往通过社会意识产生的反作用对人们的物质交往起到重大的影响作用,这种影响作用有正面的也有负面的,需要加以引导。马克思对社会意识对物质交往的反作用是持肯定态度的,他说:"批判的武器当然不能代替武器的批判,物质力量只能用物质力量来摧毁;但是理论一经掌握群众,也会变成物质力量。"[③]而理论只有通过交往、宣传和学习才能被群众所掌握,所以从另一个角度来说,理论掌握群众的过程也是精神交往得以实现的过程。

---

① 《马克思恩格斯全集》[第 46 卷(上)],人民出版社 1979 年版,第 104 页。
② 《马克思恩格斯选集》(第 1 卷),人民出版社 1995 年版,第 86 页。
③ 《马克思恩格斯选集》(第 1 卷),人民出版社 1995 年版,第 9 页。

二、马克思的交往实践观与哈贝马斯交往行动理论之异同

尽管哈贝马斯的交往行动理论和马克思交往实践观对交往的阐述角度和方法都不同，甚至有时是不在同样一个层次上进行的论述，但深入细致地分析后，还是能发现他们之间存在着许多关联。

作为西方马克思主义哲学家，哈贝马斯对马克思主义的历史功绩是持肯定态度的。以马克思的交往实践观作为重要的资源，哈贝马斯构建自己的交往行动理论。但从哈贝马斯的交往行动理论的具体内容来看，他用交往和劳动代替马克思的生产力和生产关系范畴，可以说是对马克思交往实践观的一种改良。哈贝马斯肯定了马克思关于社会劳动的观点在解释人类社会产生和发展以及人类社会生活方式变革中所具有的重要意义，同时也进一步地肯定了马克思对康德和黑格尔的继承和批判。认为马克思用人类物质生产活动和精神发展过程的基础的劳动来解释人类历史的发展是对人类历史发展的最杰出的贡献。当然，哈贝马斯也觉得马克思的社会劳动概念存在着一定的不足之处，需要进一步的改造和完善。他以马克思的交往实践观为基础，以交往行为代替了生产方式，以系统和生活世界代替了上层建筑和经济基础，用劳动和交往替代了马克思的生产力与生产关系，从而建立了自己的交往行动理论。但总体上看，哈贝马斯并没有超越马克思，他的交往行动理论是以马克思的交往实践观为基础和起点的。

但是由于哈贝马斯和马克思两个人阶级立场不同，所处的时代不同，各自理论的使命也明显不同，所以还是存在着很大的差别的。

首先，两种交往理论的立论基础不同。马克思的交往实践观建立在物质生产劳动的基础上，哈贝马斯的交往行动理论则建立在言语行动的基础之上。

马克思的交往实践观认为物质生产和交往之间，虽然后者是前者的前

提条件，但是前者起着决定作用，交往同时又是物质生产的前提条件，两者的相互统一促进了社会向前发展。马克思认为交往虽然是物质生产的前提，但人们只有在最基本的物质生产活动中来把握和理解社会交往现象，才能理解人与人之间的交往关系，任何脱离物质生产单独考察交往的行为都将步入歧途。哈贝马斯则把交往与物质生产对立起来，坚持言语行为的基础地位，强调了交往的自身发展。哈贝马斯认为人们的社会交往行为就是言语行为，是意义沟通行为。言语、交谈是交往最基本的形式。

在劳动观和语言交往观上的不同是两种理论有着不同立论基础的主要原因。总体上说，马克思认为劳动是最本质、最基础的东西，而语言是人们的工具；哈贝马斯恰恰相反，认为语言是最基础的东西，而劳动是一种纯粹生产性的活动，是一种工具性行为。

哈贝马斯认为劳动和交往都是人们最基本的生活方式，但却不是一个领域的范畴。他认为马克思简单地遵循着再生产发展所走的道路，忽略了社会主体的规范性结构，忽略了人们交往行为领域内的理性化过程。虽然不能否认马克思在揭示社会劳动的本质方面作出了一定的贡献，但这并不能说明马克思真正地触及了现代社会人类行为规范的一般本质，从深层次角度讲，还是不够的。相比于劳动，哈贝马斯认为语言更能体现人类与动物界的根本区别，语言具有先验的约束性力量，通过语言，人们之间的交往才能够达成共识，所以语言是行为的先导，语言先于行为而又指导行为。哈贝马斯认为交往活动是以语言为基础的，交往活动以理解为最终目的，人类最基本最重要的活动就是这种交往活动。

但是从马克思前后一贯的整个学说体系的总体把握来说，哈贝马斯并没有全面地理解和认识马克思的劳动理论和交往理论，甚至可以说是一种带着一个资产阶级学者的偏狭的误读。马克思的劳动理论和交往理论并不像哈贝马斯理解的那样狭窄。正如有的学者指出的那样，马克思以劳动为基础的交往理论概括了全部社会生活（包括物质生活和精神生活）中"人与人之间的物质的和精神的变换过程，是人与人之间交换其活动、能力及其成果的过程，是人与人之间以一定的物质和精神手段为媒介的互为主客体的相互作用过程"①。与其他任何交往相比，物质交往是基础，在物质交往的基础上形成了人与自然的关系和人与人的社会关系。对于语言，马克思承认它是交往活动中重要的媒介，但它是由物质生产的需要而产生的并随着生产和交往的扩大不断地发展和进化的。所以言语是物质生产实践和交往的产物，它对实践和交往并不产生决定性的作用。因为在人类产生语言以前，人类就已经有了生产活动和交往，只是由于生产活动和交往的需要语言才得以产生，并随着语言的产生，生产活动和交往走向更深更高的层次。

其次，两种交往理论在关于交往动力的论述上有很大的差异。马克思认为交往关系发展的根本动力源于生产力的不断进步和提高，哈贝马斯则认为"学习机制"才是交往关系形成和发展的内在动力。

马克思认为，生产力决定交往关系，交往关系必须适应生产力的发展，生产力的发展推动交往关系的变革，同时交往关系的变化也促进生产力的发展。为了促进生产力的发展，新的交往形式必须代替已经成为桎梏的旧的交往形式以适应生产的要求。而在交往关系和生产力的共同作用下各地域、各民族间打破了闭关自守的原始状态，实现了普遍交往，人类的历史便成为世界历史。所以马克思认为生产力与交往形式之间的矛盾运动是推动人类社会形态演进的根本因素。

哈贝马斯对此则与马克思有着不同的观点，他认为高度发达的生产力对社会制度的稳定具有一定的保护作用，但是它对社会制度的变革和社会形态的转变并不起决定作用。他指出："导致第一个文明的出现或导致欧洲资本主义产生的伟大的内在的进化性进步，尽管是跟随着生产力有意义的发展，却不能以生产力有意义的发展为条件。在这些场合中，生产力的

①　陈筠泉、刘奔：《哲学与文化》，中国社会科学出版社1996年版，第176页。

发展并没能导致某种进化挑战。"①而社会进化的根本条件——交往的内在动力则是"学习机制"，社会进化过程的快慢并不取决于生产力的高低，而完全在于学习活动及其学习水平高低。因为人与人的交往以语言为基础，通过言语传递自己的意向和知识，双方在共同的言语背景中达成理解和共识。同时又要遵守反映大多数人意志的，为大家普遍遵循和接受的道德规范。所以，社会的进化源于道德的真实掌握，交往水平的提高依赖于道德实践知识的增长。社会变革不是通过生产力和生产关系的调节所能达到的，必须依靠社会的学习机制。通过学习将原有的学习水平不断提高，形成一种新的、更高的学习水平，新的学习水平使一种新的普遍性的社会规范得以形成和保证，这就使交往行为的合理性得到保证，并通过个体交往能力普遍提升来促进整体社会交往的水平的提高。

最后，两种交往理论在理论高度和理论革命性上是不同的。由于马克思和哈贝马斯对交往的理解不同、研究的视角不同、关注的焦点不同、所处的时代也不同，所以他们各自的交往理论在理论高度和理论革命性上也有很大的差异。

马克思的交往实践观产生的时代背景是资本主义发展早期的自由资本主义时代，当时生产力成为社会发展最主要的革命力量，生产力的高度发展又促进了交往形式的不断扩大和深入，并成为一种新的革命力量。在生产力高度发达的前提下，在各民族国家普遍交往的基础上，通过推翻资本主义来促进共产主义革命运动的发展和成功。历史进入世界历史阶段，被压迫的个人获得真正的解放，无产阶级革命在全世界范围内的成功，这是马克思交往实践观的真正目的。所以马克思的交往理论是无产阶级革命运动的指南，具有真正的革命性。而哈贝马斯主要探讨了晚期资本主义社会的现实问题，总体上看是立足于资本主义统治阶级或者资产阶级学者的

---

① 哈贝马斯著，张博树译：《交往与社会进化》，重庆出版社1989年版，第151页。

角度来考虑社会交往问题，寄希望于通过交往理性的复归和理性交往的普及，促使世界公民意识和世界民主制度的形成。如果说马克思交往实践观是一种革命学说，那么哈贝马斯的交往行动理论顶多算一种改良学说，其革命性不强。但客观地说，哈贝马斯的交往行动理论对于我们认识当代人类社会所面临的一系列共同的困境和复杂的问题还是具有重要的理论价值和实践意义，为我们能够深入地、客观地研究当代问题提供了一个全新的视角和全新的思维方法。

三、哈贝马斯的交往行动理论对马克思交往实践观的借鉴意义

哈贝马斯所创立的交往行动理论是现代资本主义理论中的一个重要思想，他借鉴和吸收了马克思历史唯物主义的一些成果，与资本主义社会的现实结合起来，所形成的理论对资本主义社会具有重要的理论指导意义，同时，对我们研究马克思交往理论也有一定的借鉴意义。

第一，从哈贝马斯对马克思的理解来看，纯粹是一种误读。误读的原因在于哈贝马斯没有看到马克思在理论上的创新和突破，仍然把马克思的理论当作传统的意识哲学来对待。哈贝马斯没有看到马克思是在存在论上而不是在认识论上理解实践和交往的，从而也不了解马克思在哲学历史上所实现的真正变革。马克思的交往实践观充分地蕴含着现代哲学的意义。马克思把交往看作是人的社会性的存在方式，是实践结构中的必不可少的要素，生产和交往一同构成了社会实践活动中互为前提的、不可分割的两个基本方面。这是按着传统的马克思主义哲学的框架所无法解释的，传统的马克思主义哲学只将实践范畴作为认识论的范畴，无法把握实践的真正本质。只有将交往和生产结合起来，注重实践的存在论意义，拓展马克思交往理论的思维空间才能突破传统思维真正认识到马克思哲学的革命性和

在哲学发展史上所实现的真正变革。所以哈贝马斯对马克思的误读更使我们清醒地认识到，对马克思哲学的理解必须站在时代的高度，将马克思的生产劳动实践和交往实践结合起来，与时俱进地理解马克思主义哲学。

第二，哈贝马斯主体间性的思想和理论对我们拓展和加深对马克思主义交往理论的研究有很大的帮助。主体间性是行为主体之间达到相互理解和共识的条件和基础，强调了语言符号系统在交往行动行为和社会进化中的作用，是哈贝马斯交往行动理论的核心范畴。

"主体间性"是历史性的概念，它标志着哲学由主体哲学范式向主体间性哲学思维范式的转向。"主体间性"首先在萨特那里出现，是指作为自为存在的人之间的和平共存和相互联系。"主体间性"概念与主体自我意识或先验自我相对应。哈贝马斯认为，主体间的相互理解是言语行为的普遍性要求。显然"主体间性"是一个先验的概念，似乎与马克思主义哲学毫不相干。但我们传统上的理解只是把马克思哲学放在主客体两极之中去理解，从主体—客体结构去理解，使马克思哲学缺乏生动性和现实的说服力。从交往实践历史发展来看，主体之间的相互作用是任何交往理论的研究对象。马克思也不例外，只不过马克思哲学的主体是在不同的劳动分工基础上的与生产劳动相结合的主体。从另一个角度讲，哈贝马斯的交往理论对我们研究马克思交往实践观具有重要的实践意义。虽然哈贝马斯的交往行动理论并没有研究当代中国社会的现实，而只是对晚期资本主义社会现实状况的积极分析。但是我国现实社会中出现的大量交往异化问题，使我们不得不重新看待和审视哈贝马斯的交往行动理论，借鉴和吸收哈贝马斯交往行动理论的合理因素来丰富马克思交往实践观，并以新的马克思交往实践观来指导和解决当代中国社会的交往问题，这是解决当前我国社会问题的根本途径。哈贝马斯的交往行动理论为我们提供了一个哲学思维的平台，为进一步研究和发展马克思交往实践观提供了一些可借鉴的思想。

第三，借鉴哈贝马斯的交往行动理论有助于探索马克思主义哲学与现代西方哲学对话研究的切入点和新的增长点。加强马克思主义的中国化和推动马克思哲学的研究不能关起门来闭门造车，在充分研究马克思主义哲学历史发展的轨迹的基础上，还要把对马克思主义哲学的研究和现代西方哲学的研究结合起来。现代西方哲学虽然大多站在资产阶级立场上，对西方资本主义社会进行批判和反思，大多数的主张都是对资本主义的一种改良，但其对当代人的思想上的深层反思也客观上促进了人的思想的解放和人类理性的发展。世界也进入深层的世界历史的时代，各民族、各国家不仅进行了深入的经济交往，也有着广泛的政治交往和文化交往。任何一个时代的哲学和文化都是时代精神的精华，所以对现代西方哲学的辩证分析和去伪存真的研究，通过"取其精华、弃其糟粕"的发展，本身也是时代的要求和马克思主义哲学的要求。伽达默尔的哲学解释学和哈贝马斯的交往行动理论虽然和马克思交往实践观不是一个层次和同样意义的研究成果，但它们的精华部分对我们在当今这样一个全人类大发展的时代进一步推动马克思实践哲学的研究提供了新的切入点和增长点。

结　语

　　伽达默尔和哈贝马斯的论争属于解释学内部的论争，他们是在一定的一致性的基础上的论争。他们都对实证主义的古典解释学持否定态度，都拒斥形而上学和客观主义，都突出语言在交往和实践中的本体论地位。他们的论争没有改变他们各自哲学的方向，并都使各自的哲学进一步走向成熟。通过伽达默尔和哈贝马斯的哲学论争，我们应该进一步反思马克思哲学的交往实践观。通过马克思与伽达默尔和马克思与哈贝马斯的实践观和交往观的对比进一步挖掘马克思的交往实践观，并结合全球化时代的政治、经济和文化特征进一步探讨马克思交往实践观的现实意义，是我国当前马克思主义中国化的重要课题。本文只是通过对解释学内部论争来反思马克思哲学的交往实践观的特质，算是管中窥豹，还只是刚刚起步，进一步的深入研究仍是荆棘满丛、任重道远，但马克思主义的光辉必将照亮人类前行的道路。

主要参考文献

一、中文著作类

1. 亚里士多德著，吴寿彭译：《形而上学》，商务印书馆 1991 年版。

2. 亚里士多德著，廖申白译：《尼各马可伦理学》，商务印书馆 2003 年版。

3. 亚里士多德吴寿彭译：《政治学》，中国人民大学出版社 2003 年版。

4. 康德著，邓晓芒译：《实践理性批判》，商务印书馆 1999 年版。

5. 康德著，苗力田译：《道德形而上学原理》，上海人民出版社 1986 年版。

6. 康德著，何兆武译：《历史理性批判文集》，商务印书馆 1990 年版。

7. 黑格尔著，贺麟、王玖兴译：《精神现象学》，商务印书馆 1979 年版。

8. 黑格尔著，贺麟、王太庆译：《哲学史讲演录》，商务印书馆 1965 年版。

9. 黑格尔著，范扬、张企泰译：《法哲学原理》，商务印书馆 1982 年版。

10. 黑格尔著，贺麟译：《小逻辑》，商务印书馆 2004 年版。

11. 黑格尔著，贺麟译：《精神哲学》，商务印书馆 1997 年版。

12. 费尔巴哈著，荣震华、李金山译：《费尔巴哈哲学著作选集》（上下），商务印书馆 1984 年版。

13. 费尔巴哈著，荣震华译：《基督教的本质》，商务印书馆 1984 年版。

14. 马克思、恩格斯:《马克思恩格斯选集》(第1-4卷),北京人民出版社1972年版。

15. 马克思、恩格斯:《马克思恩格斯全集》(第1、2、20、27、46、49卷),北京人民出版社1957年版。

16. 马克思、恩格斯:《马克思恩格斯全集》(第3、4、19卷),北京人民出版社1960年版。

17. 马克思、恩格斯:《马克思恩格斯全集》(第24卷),北京人民出版社1972年版。

18. 马克思、恩格斯:《马克思恩格斯全集》(第25卷),北京人民出版社1974年版。

19. 马克思、恩格斯:《马克思恩格斯全集》(第42卷),北京人民出版社1979年版。

20. 马克思、恩格斯:《马克思恩格斯全集》(第1、30卷),北京人民出版社1995年版。

21. 马克思、恩格斯:《马克思恩格斯全集》(第31卷),北京人民出版社1998年版。

22. 马克思、恩格斯:《马克思恩格斯全集》(第3卷),北京人民出版社2002年版。

23. 马克思、恩格斯:《马克思恩格斯全集》(第47卷),北京人民出版社2004年版。

24. 马克思:《1844年哲学经济学手稿》,北京人民出版社2000年版。

25. 伽达默尔著,洪汉鼎译:《真理与方法》(上),上海译文出版社2004年版。

26. 伽达默尔著,洪汉鼎译:《真理与方法》(下),上海译文出版社2004年版。

27. 伽达默尔著,夏镇平等译:《哲学解释学》,上海译文出版社1994年版。

28. 伽达默尔著,薛华等译:《科学时代的理性》,上海国际文化出版公司 1988 年版。

29．伽达默尔著，夏镇平译：《赞美理论 —— 伽达默尔选集》，生活·读书·新知三联书店 1988 年版。

30．哈贝马斯著，李黎、郭官义译：《作为"意识形态"的科学与技术》，学林出版社 1999 年版。

31．哈贝马斯著，张博树译：《交往与社会进化》，重庆出版社 1989 年版。

32．哈贝马斯著，洪佩郁、蔺青译：《交往行动理论》，重庆出版社 1994 年版。

33．哈贝马斯著，郭关义译：《重建历史唯物主义》，社会科学文献出版社 2000 年版。

34．哈贝马斯著，曹卫东等译：《现代性的哲学话语》，译林出版社 2004 年版。

35．哈贝马斯著，曹卫东等译：《后形而上学思想》，译林出版社 2001 年版。

36．哈贝马斯著，郭官义、李黎译：《认识与兴趣》，学林出版社 1999 年版。

37．严平：《伽达默尔集》，上海远东出版社 1997 年版。

38．章启群：《伽达默尔传》，河北人民出版社 1998 年版.

39．丸山高司：《伽达默尔 —— 视野融合》，河北教育出版社 2002 年版。

40．余灵灵：《哈贝马斯传》，河北教育出版社 1998 年版。

41．郑召利：《哈贝马斯的交往行为理论—兼论与马克思学说的关联》，复旦大学出版社 2002 年版。

42．汪行福：《走出时代困境—哈贝马斯对现代性的反思》，上海社会科学出版社 2000 年版。

43．龚群：《道德乌托邦的重构—哈贝马斯交往伦理思想研究》，商务印书馆 2005 年版。

44．龚群：《生命与实践理性 —— 诠释学的伦理学向度》，中国社会科学出版社 2004 年版。

45．阮新邦：《批判诠释与知识重建》，社会科学文献出版社 1999 年版。

46．严平：《走向解释学的真理》，北京东方出版社 1998 年版。

47．洪汉鼎：《理解的真理 —— 解读伽达默尔〈真理与方法〉》，山东人民出版社 2001 年版。

48．洪汉鼎：《诠释学 —— 它的历史和当代发展》，北京人民出版社 2001 年版。

49．洪汉鼎主编：《理解与解释 —— 诠释学经典文选》，东方出版社 2001 年版。

50．刘钢：《哈贝马斯与现代哲学的基木问题》，北京人民出版社 2008 年版。

51．张能为：《理解的实践 —— 伽达默尔实践哲学研究》，北京人民出版社 2002 年版。

52．王永昌：《实践活动论》，中国人民大学出版社 1992 年版。

53．俞吾金：《实践诠释学》，云南人民出版社 2002 版年版。

54．张伟胜：《实践理性论》，浙江大学出版社 2005 年版。

55．孙周兴、孙善春：《德法之争 —— 伽达默尔与德里达的对话》，同济大学出版社 2004 年版。

56．何卫平：《通向解释学辩证法之途》，生活·读书·新知三联书店 2001 年版。

57．欧力同：《哈贝马斯的“批判理论”》，重庆出版社 1997 年版。

58．丁立群：《哲学·实践与终极关怀》，黑龙江人民出版社 2000 年版。

59．李红：《当代西方分析哲学与诠释学的融合》，中国社会科学岀版社 2002 年版。

60．章启群：《意义的本体论 —— 哲学诠释学》，上海译文出版社 2002 年版。

61．赵全洲：《走向共同的团结 —— 伽达默尔实践哲学思想研究》，黑龙江教育出版社 2010 年版。

62．丁立群、李卓、赵全洲：《实践哲学：传统与超越》，北京师范大学出版社 2012 年版。

二、论文类

1．张能为：《伽达默尔"实践哲学转向"及其意义理解》，《世界哲学》2020 年第 5 期。

2．孙国东：《阐释学与政治哲学的公共阐释》，《探索与争鸣》2019 年第 12 期。

3．何卫平：《西方解释学的第三次转向 —— 从哈贝马斯到利科》，《中国社会科学》2019 年第 6 期。

4．王向华：《哈贝马斯的"合理交往"》，《中国社会科学报》，2019 年第 4 期。

5．李锦程：《理性危机与主体重建 —— 哈贝马斯、伽达默尔与泰勒的现代性反思》，《理论界》2018 年第 2 期。

6．魏琴：《当代德国思潮中的两种传统观 —— 伽达默尔和哈贝马斯之传统理解》，《关东学刊》2016 年第 4 期。

7．杨生平、李鹏：《论哈贝马斯对伽达默尔解释学的批判》，《哲学动态》2016 年第 5 期。

8．李茂盛、殷小烽：《论伽达默尔的艺术观 —— 从〈真理与方法〉谈起》，《文艺评论》2016 年第 6 期。

9．陶永生：《理论之后？传统之后？—— 间性视域下西方"新历史（后传统）"主义诠释观批判与反思研究》，《福建论坛》（人文社会科学版）2016 年第 8 期。

10．胡军良：《现代西方哲学的"对话"之维：从布伯、伽达默尔到哈贝马斯》，《哲学社会科学》2016 年第 11 期。

11．赵全洲：《理解的实践与交往的实践》，《牡丹江师范学院学报》

（哲学社会科学版）2016 年第 4 期。

12. 郑丽娜：《哈贝马斯后形而上学思想的理论建构》，《沈阳师范大学学报》（社会科学版）2015 年第 1 期。

13. 安婷：《20 世纪西方解释学发展概况 —— 从狄尔泰到伽达默尔》，《大众文艺》2014 年第 9 期。

14. 魏强：《合理性理解何以可能：交往实践的历史构境》，《临沂大学学报》2014 年第 8 期。

15. 杨礼银：《论哈贝马斯"话语"概念的反映性质》，《云南大学学报》（社会科学版）2014 年第 3 期。

16. 张能为：《伽达默尔与中国哲学的解释学效应意义》，《武汉大学学报》（人文科学版）2014 年第 9 期。

17. 张能为：《伽达默尔实践哲学下的"宽容"理解与意义诠释》，社会科学家 2013 第 7 期。

18. 张能为：《伽达默尔的实践哲学与价值伦理学》，《学术界》2012 第 12 期。

19. 张能为：《伽达默尔的实践哲学与生活世界》，《高校理论战线》2013 第 3 期。

20. 傅永军：《从哲学诠释学到批判诠释学》，《世界哲学》2013 年第 9 期。

21. 傅永军：《交往行为的意义及其解释》，《武汉大学学报（人文科学版）》2011 年第 3 期。

22. 洪汉鼎：《诠释学与中国经典诠释问题及未来》，《武汉大学学报》（人文科学版）2012 年第 7 期。

23. 张向东：《主体间性、深层解释学与自我的确定性 —— 哈贝马斯对个体性建构的研究》，《河南大学学报》（社会科学版）2012 年第 7 期。

24. 孙琳：《"合理性"的理解何以可能》，《山西广播电视大学学报》2011 年第 5 期。

25. 孙琳：《现代性理性话语的反思与重建 —— 以出场学的视域来

看》,《前沿》2011 年第 4 期。

26．鲁路：《对话与交往 —— 伽达默尔与哈贝马斯之争的一个角度》,《山东社会科学》2010 年第 8 期。

27．徐长福：《亚里士多德实践哲学的理论特质》,《学习与探索》2006 年第 4 期。

28．徐长福：《论亚里士多德的实践概念 —— 兼及与马克思实践思想的关联》,《吉林大学社会科学学报》2004 年第 1 期。

29．杨泽树：《同调与异趣 —— 评哈贝马斯与伽达默尔的诠释学对话》,《兰州学刊》2008 年第 12 期。

30．张俊：《"视域融合"及其现代性意义检审》,《保定师范专科学校学报》2005 年第 3 期。

31．汪行福：《解释学：意义的理解还是意识形态批判？ —— 伽达默尔和哈贝马斯的解释学之争》,《复旦学报》(社会科学版) 1995 年第 6 期。

32．刘凯：《试析伽达默尔《真理与方法》中的"传统"理论》,《西安石油学院学报》(社会科学版) 2002 年第 4 期。

33．曹卫东：《批判与反思——哈贝马斯的方法论述评》,《哲学研究》1997 年第 6 期。

34．郁振华：《哈贝马斯的后形而上学的哲学观》,《学术月刊》1998 年第 5 期。

35．丁爱云：《马克思主义交往实践观与构建社会主义和谐社会》,《黑龙江教育学院学报》2008 年第 2 期。

36．夏宏：《交往理论与意识形态批判 —— 一种批判解释学的视角》,《广州大学学报》(社会科学版) 2008 年第 10 期。

37．王婷婷、张博：《哈贝马斯与马克思交往理论之比较研究》,《淮海工学院学报》(人文社会科学版) 2014 年第 4 期。

38．段媛、王杰康：《对哈贝马斯交往行为概念的思考》,《红河学院学报》2008 年第 12 期。

39．郑召利：《哈贝马斯"重建"历史唯物主义辨析》,《当代国外马克思主义评论》2004 年第 4 期。

40．郑召利：《论哈贝马斯对历史唯物主义的"重建"》,《福建省社会主义学院学报》2002 年第 2 期。

41．郑召利：《哈贝马斯和马克思交往范畴的意义域及其相互关联》,《教学与研究》2000 年第 8 期。

42．韩志伟：《生产与技术：马克思实践哲学的嬗变》,《学术研究》2005 年第 11 期。

43．贺来：《论马克思实践哲学的政治意蕴》,《哲学研究》2007 年第 1 期。

44．丁立群：《实践观念、实践哲学与人类学实践论》,《求是学刊》2000 年第 3 期。

45．何卫平：《解释学与伦理学 —— 关于伽达默尔实践哲学的核心》,《哲学研究》2000 年第 12 期。

46．彭启福：《理解的应用性与伽达默尔的"实践哲学走向"》,《哲学动态》2005 年第 9 期。

47．彭公亮：《一种真正的交往、对话如何成为可能 —— 兼论伽达默尔后期实践哲学》,《湖北教育学院学报》2003 年第 5 期。

48．任畔：《析哈贝马斯的"交往异化论"》,《中国社会科学院研究生院学报》,1998 年第 6 期。

49．陈树林：《交往行为理论：社会批判理论的范式转变》,《北方论丛》2001 年第 1 期。

50．任脆：《哈贝马斯"生活世界"学说管窥》,《马克思主义研究》,2002 年第 4 期。

51．韩红：《论交往行为合理化实现的途径—哈贝马斯的交往行动理论的核心问题》,《学术研究》2002 年第 4 期。

52．赵全洲：《伽达默尔实践哲学对研究马克思实践哲学的启示》,《学术交流》2010 年第 9 期。

53．赵全洲：《再论伽达默尔哲学的分期问题》,《学术交流》2008 第 2 期。

后　记

　　本书的写作始于 2010 年。从 2010 年博士论文《伽达默尔实践哲学思想研究》完成后，本人一直致力于现代西方哲学与马克思哲学的比较研究。在博士论文的末尾实际上已经涉及伽达默尔的实践哲学与马克思实践哲学的比较研究，但由于博士论文以研究伽达默尔的实践哲学为主，所以对伽达默尔实践哲学与马克思实践哲学的比较研究还不够深入。在研究伽达默尔实践哲学的过程中，伽达默尔与哈贝马斯的争论进入了我的视野，正是这场争论使得伽达默尔晚年将他的解释学发展成为了实践哲学。所以博士论文完成后，我致力于从伽达默尔与哈贝马斯的争论入手，并把二者的争论与马克思实践哲学的研究联系起来，将伽达默尔、哈贝马斯和马克思在实践哲学方面进行了深入的比较研究。

　　从国内研究现状来看，专门研究伽达默尔的解释学、哈贝马斯的交往实践和马克思的实践观等著作和论文较多，但把三个思想家的三个标志性思想放到一起进行比较系统的学理性分析研究，目前在国内学术界还是非常少见的。从内容上看，本书对解释学的反实证主义、伽达默尔的哲学解释学与哈贝马斯的批判解释质检的争论进行了比较深刻而系统的厘清。并分别对伽达默尔与马克思和哈贝马斯与马克思在实践哲学方面进行了深入的比较研究，使得本书的内容全面而深刻。

　　因此，本书的出版能够在某种意义上填补三个思想家的三个标志性思想比较研究的空白，能够为相关方面的学术研究提供一种分析研究的范式。

本书入选《马克思主义研究文库》，出版得到了中共广东省委宣传部的资助，在此表示深深的感谢。同时要感谢广东人民出版社的伍茗欣编辑，在本书的出版过程中给予了很大的支持和帮助，为本书的出版付出了很多劳动。

赵全洲

2020 年 6 月